中国新闻传播教育年鉴书系

# 新闻传播史论
## 课程群教学改革研究

主　编　张　昆

副主编　李华君　陈　薇

WUHAN UNIVERSITY PRESS
武汉大学出版社

图书在版编目（CIP）数据

新闻传播史论课程群教学改革研究/张昆主编.—武汉：武汉大学
出版社,2022.7
ISBN 978-7-307-22955-6

Ⅰ.新…　Ⅱ.张…　Ⅲ.新闻事业史—教育改革—文集
Ⅳ.G219.19-53

中国版本图书馆 CIP 数据核字（2022）第 038927 号

责任编辑:韩秋婷　　　责任校对:汪欣怡　　　版式设计:马　佳

出版发行: **武汉大学出版社** 　（430072　武昌　珞珈山）
（电子邮箱:cbs22@whu.edu.cn　网址:www.wdp.com.cn）
印刷:武汉中科兴业印务有限公司
开本:720×1000　1/16　印张:18　字数:258 千字　插页:2
版次:2022 年 7 月第 1 版　2022 年 7 月第 1 次印刷
ISBN 978-7-307-22955-6　　定价:63.00 元

# 序一
# 关于新闻传播史论课程群教学改革的思考

张　昆

随着新闻生产与消费的转型及信息传播流程的再造，在新闻传播教育领域，从教育模式、专业定位、师资队伍、课程体系到教学环节等，无不显现出滞后于传播实践的窘态。新闻传播教育要延续其存在，显示其存在的合法性，必须果断地进行改革。而课程是教育的核心元素，对于新闻传播专业教育而言，新闻传播史论课程群是决定专业底色的重要因素，它联结着该专业的通识教育与专业教育，为新闻传播实务的教学提供理论的支撑。新闻传播教育的一切改革，自然应该从新闻传播史论课程群开始。

## 一、课程·课程群·课程体系

关于新闻传播专业的课程建设，笔者曾经专门写过一篇文章《高校新闻传播类专业课程建设的思考》，① 专门从词源上考察了中外教育史上"课程"一词的来源及其含义的流变。笔者认为教育界对课程的理解大体可以归纳为四种：教学科目、教学进程、学习者的学习经验或体验、教育者和学者预期要达到的学习目标或结果。这些解释看起来存在着不小的差异，其实是基于不同的视角对同一事物的观察和判断。从便利使用和避免误读

---

① 张昆. 高校新闻传播专业课程建设的思考[J]. 新闻与写作，2020(2).

的角度，笔者倾向于把课程理解为"教学科目"。事实上，当前官方文件和学校都是在这个意义上使用这一概念的。其他的几种看法其实与教学科目也有着千丝万缕的联系。一定的教学科目在人才培养过程中，总会处于一定的时间和空间方位，所以说课程是教学进程也是可以的；每门课程或教学科目的学习，总会带给学生一定的体验或经验；同时每门课程或教学科目的学习总会或多或少地达成一定的效果，从而实现一定的学习目标。

在教育领域，课程是实现教育目标的基本手段。正是课程将教育者的教育理念、责任与使命意识转化为师生互动、教学相长的交往实践，其成果最后落实到优秀人才的养成。这些优秀人才总会在知识、能力、人格等方面达到一定的水准，从而能够满足社会或行业的人才需求。要达到这一水准，必须经过长期复杂的教育过程。千百年来，东西方教育家们不约而同地发现，人才培养目标的达成，必须适当地分解教育内容，将整体的教育内容按照一定的原则，分解成若干不同的科目或课程，再根据科学逻辑和学生接受的心理规律，确定这些课程教学的次序，待这些课程的教学一一完成，人才培养的总体目标就水到渠成了。

一个学科、专业的人才培养往往需要众多的课程或教学科目。这些课程基于统一的培养目标而构成完整的课程体系。所谓课程体系，"是指诸多课程相互联系而构成的整体。从层次上来说，课程体系可以分为宏观、中观和微观三个层次"。① 一般而言，宏观课程体系指的是学校层面的课程体系，不同的学校在课程体系建构方面大不相同。中观层面的课程体系，应该是指一级学科的课程体系。而微观层面的课程体系则是针对一级学科下面的专业，如作为一级学科的新闻传播学科下面就设有十个本科专业。每个本科专业的课程体系也存在着重大的差异。

在此处，课程体系主要是在中观与微观层面而言的。一套完整的课程体系，往往包含若干课程群(组)。以新闻传播类专业为例，就有新闻传播史论课程群、新闻传播实务课程群等。课程群(组)基本上是由知识内容相

---

① 刘道玉. 中国高等教育改革论[M]. 武汉：武汉大学出版社，2018：485-486.

关、教学时空毗邻的若干门课程组成的。如新闻传播史论课程群，就包括马克思主义新闻观、新闻学理论、传播学原理、中外新闻传播史、广告学原理、网络新媒体导论等课程。这些课程既是专业核心课程，又是学生的必修课程。

在新闻传播专业的课程体系中，新闻传播史论课程群占有举足轻重的地位。根据美国新闻传播评审委员会制定的《美国新闻传播教育评审委员会九项评审标准》，新闻传播类专业的课程设置和教学指导应该确保学生能够学到委员会所确定的在一个多元化社会中工作所必备的知识、能力和价值观。无论学生个人有何特点，评审委员会要求所有毕业生应该认识到某些核心价值并掌握应有能力。[①] 而在这一评审标准文件所列出的学生应该具备的十种核心能力中，至少前面的六种能力和素质与新闻传播史论系列课程直接相关。我国对于新闻传播从业者和在校大学生的要求更加全面和严格，从世界观、人生观、价值观，从专业精神、职业理想到综合素质、政治意识和理论功底的养成，新闻传播史论课程群在其中都扮演着不可或缺的角色。

笔者以为，在新闻传播类专业人才培养过程中，新闻传播史论课程群的重要地位和作用，主要表现在如下几个方面：

第一，新闻传播史论课程群是联系普通(通识)课程群教育与专业实务课程群教育的中介。通识课程群旨在帮助学生了解自然和人类文明的历史，形成正确的世界观、人生观、价值观和健全的人格。它"是一个体系宽泛、内容丰富多彩的课程集合，它以人类所创立的基础学科为主要范畴，但不限于某一学科领域，而着眼于通用性、基础性、永久性的知识及其所蕴含的生活意义，它求通而不求专，求博而不求深，求悟而不求授"。[②] 从通识到专业还有一段距离，需要有一个沟通的桥梁或平台，新闻传播史论课程群就扮演了这一角色。

---

① 辛欣，雷跃捷，等. 中外新闻传播教育发展研究[M]. 北京：中国传媒大学出版社，2009：212-213.

② 别敦荣，王根顺. 高等学校教学论[M]. 北京：高等教育出版社，2008：357.

第二，新闻传播史论课程群在教学内容上，实际上承担了与新闻传播专业相关的人文教育。通过这些课程的教学，形成学生的世界观、人生观和价值观，使学生受到人文精神的洗礼，使学生懂得敬畏生命、服膺真理，养成独立的人格，强化其社会责任。这样的学生才是大写的人、舒展的人，其生命因为人文精神的熏陶显得"情韵悠长，光明磊落"。①

第三，新闻传播史论课程群的教学，最终决定了新闻传播人才的专业底色。新闻传播类专业之所以不同于其他人文社会科学专业，在于其专业底色。这种底色源于长期系统的史论系列课程教育，在学生心灵累积丰富的新闻传播专业知识和理论素养，进而形成独特的新闻价值观和使命意识，熔铸无可替代的专业精神和职业理想。在人人都有麦克风的时代，面对社会需求，面对公共利益与商业利益的博弈，不管是职业传媒人还是自媒体作者，有没有这种专业底色，其表现一目了然。

第四，在新闻传播过程中，新闻传播史论课程群的教学还会为新闻传播实务课程群的教学提供支撑。专业实践是需要理论指导的，没有理论的引领，犹如盲人摸象。处理新闻报道事务，不仅需要新闻的价值判断，也需要历史的洞察力。只有具备史论系列课程的知识储备，具备一定的专业素养、新闻敏感和思维能力，具备坚实的理论功底，学生们才能够正确地面对和处理实践中出现的种种问题。

第五，对于新闻传播专业人才而言，新闻传播史论课程群的教学及其效果，决定了他们职业行为的高度、温度和强度。所谓高度，指的是思想的深邃旷达，能不能透过现象看本质，能不能抓住主要矛盾，能不能前瞻未来，就取决于这种高度和深度。温度则是指人性、人情味，就是爱人，就是敬畏生命、同情弱者，就是慈悲心肠。一个传媒人应该具有悲天悯人的情怀，对于弱者，能够自然地流露出关爱之情，应该推己及人。当专业追求与人性的善良发生冲突时，应该回归人性本身，在新闻传播实践中，不能去挑战人伦的底线。所谓强度，则是指新闻从业者和新闻学子的政治

---

① 夏中义.大学人文读本[M].桂林：广西师范大学出版社，2002：导言.

与伦理原则。在信息化社会，新闻传播具有鲜明的政治性，其言论报道关系到政治的稳定与族群的和谐，一个没有政治意识、政治修养的人，一个没有政治立场的人，在新闻传播领域必然会碰得头破血流。新闻伦理也不能忽视，新闻传媒及其从业者还要具备起码的职业道德，只有良心未泯才能善尽自己的社会责任。职业传媒人在政治、伦理方面的修为，与新闻传播史论课程群的教学是分不开的。

## 二、新闻传播史论课程群教学存在的问题

面对来自新闻业界的倒逼压力，高校新闻院系已经行动起来，以全面的改革回应社会的期待。总的来说，当前新闻传播教育改革在办学模式、宏观思路方面讲得比较多，在具体教学方面落实得比较少。在课程建设与改革方面，新闻传播实务课程与时俱进，改革的力度比较大，但新闻传播史论课程群教学存在的问题比较多，甚至可以说是积重难返。

### (一) 单一课程自我封闭，课程间缺乏关联度

新闻传播史论课程群内的各门课程，内容上彼此相关、相互支撑，是组成群的重要条件。在课程设计方面，无论是在内容空间，还是授课时序方面，都应该有所呼应和彼此关照，才能相辅相成、相得益彰。但是，新闻传播专业作为普通的文科专业，长期以来受到社会科学个体生产模式的影响，一门课程一名教师，各人只管自己的那门课，从备课、授课到考试，不太容他人置喙。这种自我封闭式的知识生产，带来的直接后果就是同一专业同一课程群(组)的教学内容要么彼此隔离、互不相关，要么彼此冲突，或者相互覆盖。中国新闻传播史和外国新闻传播史的教学，往往就由不同的教师来承担，从接受任务到备课、授课很少交流，在授课过程中如何处理中外新闻传播史的相互关系，很少有成功的尝试。在全球化的背景下，中国离不开世界，世界也不能缺少中国，中国与世界是一体的，世界是中国置身的环境，中国是世界的一部分。在新闻传播史进化发展过程

5

中，它们之间彼此影响和相互依存。其他课程，如新闻传播史、新闻学理论、传播学理论，从科学的逻辑来看，彼此间相互渗透。解读历史事实，要有一定的历史观和理论的指导，否则很难揭示事件的历史意义。

### (二)历史与现实的脱节

作为常识，人们认定历史是昨日的现实，今日是明天的历史。通过历史的轨迹，人们有可能准确地评估现在，在此基础上前瞻未来。历史的基因是解读复杂现实的钥匙，故古人云：以史为鉴，知兴替，明得失。在流变不居的历史长河中，从来没有凝固不变的现实，即使是企图维持现状者，也把这种企图寄托在将来。客观历史没有断裂，也没有空白，只是因为现实环境和研究者自身的缘故，造成了历史叙事的禁区，从而给人留下了不少空白，造成了历史与现实的距离。意大利历史哲学家克罗齐说：一切真历史都是当代史。① 意为发生在历史上的事件，只有与今天、与现实发生关联，才有研究的价值。在新闻传播史研究领域，恰恰出现了历史与现实的脱节，出现了不少空白。在新闻传播史教学中，历史的终点大多不是刚刚过去的昨天，而是更加久远的过去。如中国新闻传播史，在20世纪末，无论是教师讲授还是教材，都只讲到1949年。如今，不少学校的中国新闻史教学，从远古一直讲到改革开放之前。由此至今，存在着相当长的距离，将历史与现实硬生生地隔开，历史课程的魅力也因此大打折扣。

### (三)理论与实践的分离

新闻传播史论课程群中，包括新闻学理论、传播学原理及马克思主义新闻观。这些课程旨在关照和解释当下的新闻传播实践，通过对新闻传播现象的分析，对新闻传播规律的阐释，累积新闻传播的系统知识，增强学生的理论素养。这一目标能否达成，取决于课程与当下的新闻传播实践的

---

① ［意］贝耐戴托·克罗齐. 历史学的理论与实际[M]. ［英］道格拉斯·安斯利，傅任敢，译. 北京：商务印书馆，2005：2.

契合度。如果理论性课程脱离当下的专业实践，解释不了今天的新闻传播现象，自然难以帮助学生认识新闻传播规律。① 现在显著的问题，就是理论性课程与专业实践的严重脱节。如今，传媒行业一日千里，各种新媒体层出不穷，新闻生产流程再造，传媒生态转型，相对于 20 世纪的新闻传播实践，恍若隔世。可是多数新闻院系的新闻学原理、传播学概论课程，其传授的内容还是基于 20 世纪七八十年代的现实，很少涉及当今业界最新的发展，如社交媒体、自媒体、算法新闻、AI、媒介融合、智能传播等，如此陈旧的内容自然难以引起大学生的兴趣。在部校共建的趋势下，马克思主义新闻观进课堂也日益普遍，但是马克思主义新闻观究竟讲授哪些内容，是否只限于古典马克思主义经典作家？怎样把 19 世纪和 20 世纪初经典作家的论述与中国特色社会主义新闻理论联系起来？这方面的工作做得还不充分。

## (四) 国外与本土的割裂

在全球化时代，国与国、地区与地区的关系犹如邻里，彼此命运相关，难以分离。信息传播的全球化与经济全球化成为驱动全球化进程的双轮。要解读当今的国际关系，国际传播、跨文化交流是一个重要的切入点。但是新闻传播史论课程群的教学，基本上还是立足于国家本位，中外的界限十分清晰。新闻传播史论课程群教学，绝大多数新闻院系分设中国新闻传播史、外国新闻传播史两门课程；理论课程教学方面，无论是新闻学理论还是传播学理论，也都是立足于中国的历史与现实，中外割裂，缺乏开阔的、一体化的全球视野。2020 年在全球蔓延的新冠肺炎疫情，风助火势，进一步催化了跨国界、超越民族国家的全球传播的发展。其中涉及诸多议题，如新冠肺炎病毒究竟起源于何处？谁应该对此次新冠肺炎疫情的蔓延承担责任？为了遏制病毒蔓延，是否应该采取强制隔离措施？自由

---

① 宋秋前. 行动研究：教育理论与实践相结合的实践性中介[J]. 教育研究，2000(7).

与生命之间孰重孰轻？在新冠肺炎疫情报道上，如何处理爱国主义与人道主义、新闻专业主义的关系？对这些问题的思考，是新闻传播理论教学的题中之义。新闻传播史论课程群的教学应该与时俱进，以更开阔的视野弥合中外的裂隙，实现全球一体化的包容性理论建构，以满足社会和业界的期待。

### (五) 玄学化与政治化两个极端

玄学化与政治化也值得关注。所谓玄学化，就是脱离新闻传播实际的极端抽象化，故弄玄虚，把简单的问题复杂化，把具体的问题抽象化，把现实的问题神秘化，① 不直接地面对现实问题，忽视新闻传播的焦点。玄学化倾向在一些高校尤其是重点高校得到部分老师的追捧，这与新闻传播教育的本质要求和使命是相背离的。玄学化还有一个倾向，就是与现实贴得太近，直接把史论课程群的教学功能窄化，没有从学理上解剖新闻传播现象、阐释新闻传播规律，引领学生自己去思考课程涉及的历史与现实、理论与实践问题。教育尤其是新闻传播教育有很强的政治性，这是不容否认的，但是教育要注意教育规律和教育方法。马克思主义的真理、新闻传播规律最终为人们所掌握，不是靠生硬的灌输，而是靠启发，引领学生去自主探索，经过质疑、辩论、切磋的心理过程，自然地获得真理，才能让人由衷地信服。

## 三、新闻传播史论课程群教学改革的路向

上述问题在国内新闻院系普遍存在，已在一定程度上影响了教学效果。2020 年 7 月 4 日，华中科技大学新闻与信息传播学院与湖北省新闻传播史论教学团队、湖北省新闻传播史论名师工作室联袂举办了"首届新闻传播史论课程群教学改革研讨会"，教育部新闻传播学科教学指导委员会

---

① 袁盛勇. 九十年代以来鲁迅研究的玄学化倾向[J]. 甘肃社会科学，2002(6).

的主要负责人及国内主要高校承担马克思主义新闻观、新闻学理论、传播学理论、中外新闻传播史、品牌传播概论的主讲教授70多人参加了研讨。专家们就新闻传播史论核心课程的教学改革，进行了深入的探讨，并提出了具体的改革路向。

第一，与时俱进，重构课程体系。目前新闻传播教育改革，从顶层设计看，已经涉及专业定位的调整。基于新的专业定位，有必要重构课程体系。课程体系重构有两大原则。一是遵循科学的逻辑。一个专业的知识体系，有其内在的逻辑结构和不同层级的核心概念，从核心到边缘、部分与部分、局部与整体俨然有序。课程或教学科目的设置，自然应该遵循知识的内在逻辑，合理地确定每门课程的内涵与外延，厘清不同课程的边界。二是基于心理接受规律。人们的认知过程有其复杂的内在机制，其对于知识的接受，既有由浅入深的路径，也有触类旁通的渠道，处理好课程群内外的关系，提升课程群之间的有机协调，做到课程之间既有所区隔、界限清晰，又能够彼此呼应和相辅相成；同时避免彼此隔绝、互不搭界，或相互重复、交叉覆盖。要做到这一点，必须有精细的顶层设计。同时，承担相关课程的教师也应本着认真负责、精诚协作的态度，加强沟通协调，基于培养目标去统一思想。

第二，精准定位课程的培养目标。根据新的专业定位，新闻传播史论课程群及各门课程的培养目标，也要有新的定位。新闻院系的学生培养严格遵照专业培养目标，目标所揭示的人才质量规格，包括知识、能力、道德、思维与人格诸方面的要求，需要通过不同类型的课程教学来实现。每门课程都有其独特的功能和作用，对于学生特定方面的知识、能力和其他素质，起到直接的培育、强化和提升的作用。属于新闻传播史论课程群的各门课程，应该基于知识的内在逻辑和专业定位，明确各自的培养目标，并据此确定课程的内容及其结构体系。课程目标应该有适当的区隔或错位，尽量避免培养目标的简单重复或雷同。换言之，新闻传播史论课程群的每门课程都面临着改革自新的时代任务，都必须考虑自己存在的合理性、正当性。

　　第三，更新课程内容。教育教学改革涉及面广，不能停留在专业、课程定位上，关键还要在课程内容上得到更新，得以充实、完善。如果课程目标定位变了，课程体系结构也变了，但课程内容还停留在过去，那么课程定位最终还是会落空。课程内容不仅决定了形式，也决定了目标的实现。新闻传播史论课程群的内容更新，可以从三个方面着手。一是古今贯通，不留空白。从人的产生，人类信息传播活动的产生到今天的网络信息时代，一以贯之，完整地呈现中外新闻传播史演进的脉络。虽然无法做到有闻必录，但是绝对不能留下大的空白，不要有断裂带，从而体现历史与现实的勾连，彰显历史的当代价值。二是中外合璧。在全球化的背景下，每个国家都不可能离开世界体系而独善其身。新闻传播史论课程群的教学，要超越国家本位，实现中外一体。在中外合璧的前提下，来分析新闻信息的全球流动，解剖不同国家新闻传播的异同，揭示新闻传播的内在规律，阐释信息传播对于国际关系、对于人类未来的影响。三是史论结合。解读新闻传播历史现象、事件、过程，评点历史人物，不仅要立足于事实，更要有思想的高度、理论的指引；同样，学习新闻传播理论，也不能建立在纯粹的理论推导之上，理论的逻辑只有与历史的逻辑、事实的逻辑相一致，才有说服人的力量。

　　第四，改革教学手段与形式。好的目的还要靠恰当的手段、方法去实现。长期以来，由于课程内容的性质，新闻传播史论课程群的教学方法比较单一，缺少技术含量，形式也比较简单，学生的学习体验相对比较枯燥，远不如新闻传播实务课程那么生动有趣。古希腊哲学家柏拉图在与学生的互动实践中发现，教育应在轻松、愉快的心境下进行。在他看来，一个自由人是不应该被迫地进行任何学习的，他建议不要强迫孩子们学习，要用做游戏的方法。① 新闻传播教育是在大学阶段进行的职业教育，自然不需要游戏、模仿的方法，但是调动学生参与的积极性，活跃教学的形

---

　　① ［古希腊］柏拉图. 理想国［M］. 郭斌和，张竹明，译. 北京：商务印书馆，1995：304-305.

式，巧用各种新的技术手段，给学生轻松愉快的学习体验，还是很有必要的。近年来，不少学者在教授新闻传播史论课程时，尝试使用新的教学方式，如中国人民大学新闻学院赵云泽教授在中国新闻史的教学中使用翻转课堂；① 也有教师在新闻传播史论课程的教学中引入辩论方法；还有教师在课前提出问题，要求学生实现拓展阅读，在课堂上汇报分享学习心得。随着教育技术的发展，在不少学校，新闻传播史论课程群相继推出了线上开放课程，实现学生云端互动。也有学校建设了智慧教室，强化课间师生交流，激发学生的兴趣。这些创新，对于提升新闻传播史论课程的教学效果都是有益的。

第五，营造自由开放的课堂氛围，鼓励学生质疑的勇气，增强学生的批判思维能力。大学是追求真理的殿堂，是培养和展示学生个性、才华和想象力的舞台。要实现教育的使命，使大学生成为"人"，成为一个大写的舒展的人，成为具有使命意识、卓越的新闻才能和担当精神的人，必须营造一种自由开放的学习环境。只有在自由开放的氛围中，学生才敢于袒露心灵、直抒胸臆，才能实现人与人的平等交流，达到一棵树摇动一棵树、一朵云推动一朵云的境界。教师还有一个重要的任务，就是鼓励学生的质疑精神，强化学生的批判意识。质疑精神是创造性思维的重要品质。敢于怀疑，因质疑而大胆地去求证，是接近真理的必由之路。一个没有质疑的勇气的人，一个唯唯诺诺、盲目从众的人，即使接受了真理，也难以领会真理的价值和魅力，他对真理的信服也不是牢靠的。教师要鼓励学生质疑，帮助、引领学生去求证，和学生一起体验求得真理的快乐，将会坚定学生对真理的信仰。美国耶鲁大学校长理查德·莱文表示，中国大学本科教育缺乏两个非常重要的内容：第一，就是跨学科的广度；第二，就是对批判性思维的培养。② 要改变这一现状，院长、主任和教授们必须解放思

---

① 赵云泽. 中国新闻史教学改革的新探索：翻转式课堂的应用[J]. 新闻大学，2016(2).

② 刘道玉. 中国高等教育改革论[M]. 武汉：武汉大学出版社，2018：369.

想，放弃灌输式、命令式的教育方式，营造自由开放的氛围，鼓励质疑的勇气和批判精神。

**张昆**，华中科技大学新闻与信息传播学院教授、博士生导师，大数据与国家传播战略教育部哲学社会科学实验室主任，中央民族大学新闻与传播学院特聘院长，华中科技大学国家传播战略研究院院长，第六、七届国务院学位委员会新闻传播学科评议组成员，2006—2010 年教育部新闻学科教学指导委员会副主任委员，中国新闻史学会新闻传播教育史研究委员会会长。

# 序二
# 新时代华中大新闻传播人才培养的
# 新思路与新举措

张明新

盛夏七月，荷叶飘香，满眼苍翠，充满生机。值此时节，我们荣幸地迎来了"新时代新闻传播人才培养改革系列论坛"之"首届新闻传播史论课程群教学改革研讨会"的隆重召开。

华中科技大学的新闻传播教育肇始于1983年。创办之时，我们的学校名称还是华中工学院，简称"华工"，这是一个充满时代意义和深情记忆的名字。当时学校的决策者们认为，在全球科技革命的浪潮中，新闻传播在人类活动中的地位将大大加强。对于新闻从业者而言，媒介技术、思维和素养的提升，是必然的趋势和要求。因此，我国首个在理工类院校中开办的新闻传播学专业得以诞生，这在中国新闻传播教育史上具有首创意义。

当时，我校的新闻传播教育拥有和倚靠的主要资源是学校优势的理工类专业，在客观上决定了与理工类学科交叉渗透是必然的选择。专业创建伊始，我们的前辈们就既务实又富有远见地提出了"文工交叉、应用见长"的人才培养和学科建设理念。这种理念与当时我国新闻传播教育传统的人文模式和"人文+社会科学"的模式不同，是一种跨越人文学科、社会科学与理工类学科的新模式。在这种理念的引领下，我们确立了以"全能型""高素质""复合型"为指向的人才培养目标，建构了有自身特色的课程体系和师资队伍，出版了新兴系列教材，培育了面向实践技能养成的教学环境，为理工类院校发展新闻传播教育提供了借鉴。

当今时代，是一个新闻业和传播业大变革、大转折、大发展的时代，新闻传播业同样在经历着人类历史上的"百年未有之大变局"。这种变局至少体现在三个方面。

首先，信息科技革命浪潮奔涌。大数据、云计算、区块链、物联网、人工智能等技术，持续推动媒体深度融合转型。其次，中华文化"走出去"深入发展。当前的中国越来越走近世界舞台中央，"讲好中国故事""传播好中国声音"、提升文化软实力，成为国家重大战略。再次，媒体业跨界融合加速演变。在今日，"万物皆媒"，媒体的网络化、数据化、移动化、智能化趋势越来越明显；媒体业与金融、服务、政务、娱乐、财经、电商等行业产生更加紧密的联系。

在技术进步、全球化发展和行业变革的当今，新闻传播活动的行动逻辑及其背后的理论预设、核心知识都需要重新思考和建构，呼唤新闻传播教育在人才培养诸方面做出实质性的创新改革。惟其如此，方能在当今新时代，回应新需求，建构新理念，采取新举措，实现新发展，提升新闻传播教育的思维、内涵和水平，培养造就具有家国情怀、国际视野，适应媒体深度融合和行业创新发展，能胜任中外文化传播与文明互鉴的优秀新闻传播人才。

有鉴于此，在新时代，我们确立了新闻传播人才培养的新思路：面向未来，学科融合，主流意识，国际视野。

所谓"面向未来"，是要积极回应信息科技革命、全球化发展和媒体行业跨界交融的现实和趋势，直面挑战，抓住机遇，深化发展。

所谓"学科融合"，是进一步深化我们传统的"文工交叉，应用见长"的理念，积极践行"多学科融合"的发展举措，不仅与人文社会科学、工科深度融合，还与理科、医科、艺术学科等深度有机融合。

所谓"主流意识"，是要扎根中国大地，怀有家国情怀和使命担当，培养忠于党和人民、推动国家发展和社会进步的优秀人才。

所谓"国际视野"，是要有立足中国、以我为主、联通中外、沟通世界的担当、勇气和魄力，推动中华文化传播和中外文化交流，提升中华文化的影响力和吸引力。

在上述"面向未来，学科融合，主流意识，国际视野"思路的引领下，我们正在积极规划和推进人才培养多方面工作的改革创新举措。

第一，融合型队伍持续创新计划。回应时代变革与转型需求，进一步调整和优化师资队伍结构，建设规模适度、充满活力、富有潜力、善于学习的多学科融合型、高水平、"双师型"师资团队。

第二，专业改造与创新建设计划。打破传统的以媒介形态分立为标准的专业布局，以媒体深度融合和演进趋势为依据，改造既有专业方向，加快建设面向国家战略的跨界融合型专业，包括整合战略传播、健康与环境传播、智能传播等新兴方向。

第三，培养体系改革与创新计划。基于人才培养的新需求、新趋势，强化马克思主义新闻观的指导地位，优化各专业人才培养方案，建设课程群组，编撰面向未来的新兴系列教材，打造一批线上线下的精品课程，推动一流专业建设。

第四，实践基地与平台建设计划。以技能养成和创新引领为目标，推进覆盖主要权威主流媒体和知名新媒体机构的实践基地建设，加快推进融媒体实验中心建设，打造校园内外联通共享的教学实践平台，开展跨学科实践创新活动。

第五，深度国际化创新发展计划。以习近平总书记提出的"立足中国、借鉴国外，挖掘历史、把握当代，关怀人类、面向未来"为指引，推动全方位、立体化、多样态的深度国际化举措，持续推进教师海外交流访问，强化学生海外学习与实践，提升高层次留学生培养的规模与质量。

第六，国家战略型人才培养计划。依托国家传播战略研究院、中国故事创意传播研究院等学院和学校的智库机构，以智库建设促进人才培养，以人才培养支撑智库建设，在服务国家文化传承创新和地方社会经济发展中锻造骨干团队，培养各层次的后备人才。

今天，我们召开"首届新闻传播史论课程群教学改革研讨会"，就是要积极贯彻学院在新时代的新思路与新举措，在人才培养的队伍、组织、方案和方法层面，将立德树人的宗旨落到实处。具体来说，就是要研究思考在新时代，如何重新理解新闻传播史论课程在新闻传播学人才培养中的地位和价值，如何规划好、建设好、教好史论课程，如何以之为基础强化专业建设，打牢学生的专业知识根基，塑造学生的专业理念。这些都是兼具理念与实践意义的时代之问，我们有必要给出探索性的、负责任的回答。

在新闻传播形态、业态与生态持续快速变革的当下，人才培养改革创新"只有进行时，没有完成时"。人才培养工作涉及学科体系、教学体系、实践体系、教材体系、管理体系等方方面面，错综复杂。因此，我们很可能面临重重困难。但天下无难事、只怕有心人；只要我们坚定决心、充满信心、永葆恒心，就一定能够实现预期的目标。

今天，我们有幸邀请到各位重量级的专家同仁，可谓群星璀璨、共襄盛举，共同探讨新时代新闻传播教育的改革创新重要议题。我们衷心地希望以本次研讨会的召开为新的起点和契机，集思广益，以各位专家和同仁的思想智慧，为我国人才培养的创新改革提供深刻洞见和启发，积极服务于学界和教育界，提升我国新闻传播人才培养的水平。

**张明新**，华中科技大学新闻与信息传播学院院长，教授，博士生导师，国务院学位委员会第八届新闻传播学科评议组成员，教育部高等学校新闻传播学类专业教学指导委员会委员。

# 目　录

# 高屋建瓴　夯实桩基

论坛主题报告

# 复返本初：新闻传播史论教学的传统再造

胡百精

题目中的"复返本初"，是针对我们当下面临的剧烈变革境况而言的。变革既是我们时代的宏观主题——百年未有之大变局，也是我们切身的微观感受。这种感受很可能只是初步的，因为我们尚处在技术革命全面铺展、纵深突进的前夜。真正的变革浪潮犹未奔涌而至，不过是预先袭来一些激越的浪花，吐露了变革前夜的消息。虽然是初步的消息，已经足够令人震惊，导致我们的视线常为眼前的新现象、新场景、新流行、新趋向所牵引。

这种应激反应作用于新闻传播教育教学，最直观的体现便是大量论文选题热切捕捉"前沿变革"，课程建设的增量也主要转向互联网、大数据和人工智能等领域。这一方面反映了新闻传播学科积极应变求变的主体自觉，另一方面令人忧思何以在变革中护持学科的"基本盘"问题。在凛冽的变革风口下，学科之树的枝叶越繁茂，主干和根基亦应越坚实。具体至课程体系建设，新闻传播历史和理论课程非但不能因教改的名义压缩、遇冷、边缘化或处于孤悬状态，反而应该于更新、重构中进一步强化。固本清源的道理也正在于此，未有本摇而叶不动者，源浅则必然流促。

## 一、史论课是专业理想和知识训练的"基本盘"

1932 年，《大公报》主笔张季鸾在给燕京大学新闻系（中国人民大学新闻学院主要源流之一）写的讲辞《诸君为什么想做新闻记者》中，强烈质疑了新闻教育和新闻人才的"门槛"问题。他自言没有学过新闻学，未曾读过一部新闻学的书，"但凭一管笔与社会相见"，做得也还不错；诸如"文字好而快"等实务技能，"只是工具，不是根本"，因为一些有天资、有兴趣的外行和学徒稍加磨砺，即可对记者之职"胜任愉快"甚或成为翘楚。既如是，新闻教育的价值何在？从燕京大学新闻系后来的改革情况看，他们是以理论与实务并重而以前者为根本的教学方案来回应张季鸾的。这一方案的核心精神，就是通过新闻史论课为学生培根铸魂，养成学生的专业理想、信条、伦理和公共精神，而这些正是大学新闻教育优越于非专业教育或各类"速成班"的独特禀赋所在。

张季鸾之问和燕京大学新闻系的回应在今天仍有启示意义。今天强调面向业界前沿和就业市场培养学生，强调开展与业界同步共趋的前沿实践研究，强调跨学科的知识融合与联合人才培养，此皆为合理的选择，但不应以轻忽史论研究与教学为代价。历史未必能够提供眼前问题的答案，却可减少未来之路不必要的浪费。无论专讲传媒发展史，还是扩展至政治史、社会史和文化史框架下的新闻传播史；无论关怀作为传统思想史重要一脉的传播观念史，还是清理新闻生产、社会交往的实践史，向历史讨要资源，构建有生机的传统，以明了来路、辟出去路，对于增进学科和人才培养的主体性都是不可或缺的。若无纵深的历史感，学生就会惑于眼前的变局，追逐变革现象的碎片，而无以发现经过历史淘洗的真理的颗粒。

新闻理论课程、传播理论课程承担着提供基本原理、基础知识、经典理论的重任，更是学科合法性和专业正当性的柱石。在普遍倡导的多学科融合共创浪潮中，新闻传播学科的主体性危机是不可避免的。而基础理论课建设乃本学科对外实现"跨"与"融"的前提，也是退无可退的底线。倘若理论课程失守，本学科的核心价值便也消解了。最终的局面，或为新闻传播职业、事业越来越重要，而新闻传播学科却消散于知识融合的海洋中了。

总体而观，新闻传播史类课程主要解决历史知识生产问题，新闻传播理论课程要完成理论逻辑的建构，两厢结合才能达成历史与逻辑的统一。在此基础上，更应向前一步，涵化学生的专业抱负、德性和能力。历史与逻辑的交汇，抱负与能力的会通，正是新闻传播课程体系建设和专业人才培养的"基本盘"。

## 二、向史、向学、向人

以上言及新闻传播史论课程的重要性，接下来考察课程建设、创新的可能性。我近年来一直主张"向史、向学、向人"这三个理论研究和课程建设的原则。先以一例说明向史的问题。近年来，大多数院校开设了社交媒体与舆情分析类课程，诸如社交媒体上的意见与情绪扩散、突发事件中的舆论引导、新闻发布技巧等得到了细密的考察。而对中国舆论观的整体理解与建构，特别是舆论治理与国家治理互构关系的历史性观照则未免稀缺。舆论乃复杂的社会存在，关涉意见与事实、表达与行动、共识与离散、自由与秩序等个体和共同体存续中的诸多根本性问题。这种复杂性在中华文明童年期即已得到真切体认，如围绕天命凝摄、民本主义、秩序优先、价值理性优先、教化德化优先，铺展了丰富的观念阐释和响应性的制度安排。清末民初开启了舆论观的现代转型，舆论与国族认同、政治合法性和社会整合的繁复关系得到了充分讨论，积聚了厚实、有生机的思想遗产。

这就要求我们系统梳理、建构中国舆论观念史的理路和架构，考察始终盘桓于观念世界或在实践中反复涌现的基源问题，如舆论的理性品质、能力及其与政治秩序、社会共识的关系问题，以开显历史接续传递的见识和郁积的困惑，构建与国家治理体系现代化均衡同步的新时代舆论观。我试图通过这一事例说明，历史既是开阔且有生机的实存，也是一种方法和视野，我们理应以更好的研究、更好的教学将之创造性地转化于现实问题的解释和解决。

再看向学的问题。我们经常鼓励学生在职业实践中靠近真相和真理，对于教师而言也是如此，要重返真问题、大问题。专业自信必来自理论自信，理论就是要奔着那些真实存在的重大、基本问题去。剑走偏锋、边缘创新是必要的，但不可为创新而创新，不可耽溺于表面性、片面性或临时性问题，以免仅打捞一些时兴的知识碎片。在我看来，碎片的总和仍可能只是碎片，而难获得整体的理解力和判断力。所谓范式、方法和工具创新，唯有奔着真问题、大问题去，才是值得投入的选择。

以传播理论教研为例，受美国经验主义研究范式影响，目前的传播学未免过度聚焦中层理论和微观问题，而对诸如国家和社会治理等宏大、主流问题，传播与人之在世的状态、生命体验的关系等基本问题，则有所忽视或力所不逮。传播作为个体的自我认同效能、共在者的交往方式、社会系统的运行机制、多元文明的共生策略，无疑是人类社会重大的、基本的问题。与此相应，传播理论研究和教学亦应在"大根本"处运思、发力，而不应耽溺于对中微观现象和问题的追问。

与此相应，经验主义范式长于精致的理论化，但过度实证化、计量化则导致传播学日渐远离"人学"——论题繁细、论证周延、方法规范，而"人"却后退或离场了。单以方法选择为例，实证主义尤其是量化方法盛行导致大量研究仅亲近"可测量的问题"，而关于传播作为人之生命历程和具身体验的大部分问题则遭到冷遇。对研究者而言，学问亦难再与自身的修养同一，沦为外在的谋生事业。马克思说，人的根本问题就是人本身。我们要重申"人学"意识，将"人"请回传播学主场，关怀人及其作为共在交往者的生命体验，追问传播境况的变化"对人类究竟意味着什么"。在方法上，则应推进科学与人文、实证与体认的交融。实际上，技术驱动的传播体系越发达，人作为道德主体的直觉和体认之功也越重要。

## 三、史论立学与学脉传承

中国人民大学新闻学院创建于 1955 年，3 年后，北京大学中文系新闻专业和原燕京大学新闻系整建制并入中国人民大学新闻系。至此，三源合流的中国人民大学新闻传播学科逐渐成长为马克思主义新闻观、新闻传播史论和新闻传播实务教研重阵。在教育部组织的四轮学科评估中，中国人民大学新闻传播学科均位列第一（A+），2017年进入国家"双一流"学科建设序列。60多年来，学院共培养毕业生1万余人，他们当中涌现了一大批中国新闻舆论工作的栋梁之才、一大批高校新闻传播学科带头人、一大批国际传播和跨文化交流的重要开拓者。《实践是检验真理的唯一标准》《东方风来满眼春》等深刻影响我国社会历史进程的辉煌历史篇章，皆出自中国人民大学新闻学院毕业生之手。这些成绩的取得，与学院一以贯之的家国情怀、主流意识、养成文化和史论立学传统关联甚切。

自学科肇基始，学院即体系化引进马克思主义新闻学并推动其中国化，全面开展中国新闻史论研究。蒋荫恩、安岗、罗列、甘惜分、方汉奇、张隆栋、何梓华等一大批新闻教育家奠定了我国新闻史论教研基础。史论领域的示范、引领优势一直持续至今。目前，在全院的60余名专任教师中，直接从事史论教研的老师有20余名，占到1/3。在这支队伍中，老中青三代交融，既有德高望重的学术大师，也有中年领军人物，更有一批"80后""90后"青年拔尖人才，形成了代际接续、互济共融的史论教研共同体。

此中有六条经验可供讨论：一是建立人才储备库，至少放眼10年考量团队结构问题，确保每一代史论师资总量平衡、结构合理；二是面向校内外、国内外培养和选聘一流人才，优先配给充足资源，科学规划成长路径，发现"好苗子"后从本科起即进行必要的学术训练；三是坚持大器养成原则，在代际言传身教、同代协同创新、全生态价值塑造中成就人才，从制度、氛围、资源、平台、机会各方面构建人才成长系统；四是坚持站在主流、建设主流、引领主流原则，厚积薄发，接续学脉，守正创新，持续推出标志性、原创性的传世成果；五是设置彼此共通或辉映的研究主题，涵养共同的学术禀赋和气质，推进团队式教学；六是与全国兄弟院校共同成长，在培养师资、合作研究、资源共享等所有可能领域服务本学科的向上生长。

当前，这支队伍最大的使命，是参与构建有中国特色兼备全球价值的新闻传播史论教研体系。这一体系首先应该扎根中国大地，以中国的问题为逻辑和现实起点，不能全然由西方的概念和知识主导。我们要从现实问题出发书写历史和理论，再将之转化为教学内容，而不能纯粹沦为知识的"空转"。这是由新闻传播学科的实践属性决定的，即使是新闻学原理、传播哲学层面的创新，亦应坚持现实问题导向。这不是让理论迁就实践，而是强调崭新的实践所提出的问题，积聚着学术创新的最大动能。同时，这并不意味着要在全球的学术生产舞台上独占一个领域、划定一个边界，然后宣称它是专属于我们的。关心中国的问题，也要关心人类的命运，如此才能达成理论的更新和创造，才能培养拥有家国情怀且胸怀天下的新时代新闻传播人才。

**胡百精**，中国人民大学党委副书记、副校长、教授、博士生导师，国务院学位委员会第八届新闻传播学科评议组成员，教育部高等学校新闻传播学类专业教学指导委员会副主任委员。

# 知识流量化与新闻传播专业"护城河"构筑

张涛甫

现在的学术研究越来越走向微观化，微观的好处是可以把一个小问题做深做细，但不好的地方在于难以把握宏观的问题，特别是对于走向性的问题的把握较为薄弱。在教学方面，在科研思维的主导之下，对教学尤其是对核心课程的探讨反而变少了。在有限的教学方面的研究中，更多的是从宏观视角的把握，中观和微观问题的把握相对较少，这是近几年一个非常重要的现象。从教育的宏观方面看，主管部门特别是教育部，有一个宏观的顶层设计，即强调对人才培养的"以本为本"。这在制度上是一个很好的回归。再者，经过前些年学术"大跃进"之后，大家终于明白，人才的培养是非常重要的。今天把人才培育好，就意味着明天是掌握在我们手中的。所以，今天会议的主题非常重要，在人才培养上不再流于宏观层面的泛泛而谈，而是开始下沉，寻找一些基本的微观问题，这些问题虽然很多，但是有一些核心问题的探讨是非常必要的。新闻传播史论课程是课程当中的课程，是真正关乎学科元知识和元价值的基始课程，这是非常重要的。

新传播革命，加之中国社会的转型、社会的改变和行业业态的变化，使得新闻传播整个知识体系发生了颠覆性的转型，表现在新闻传播的知识、价值和规则三个层面发生体系性的变化。我们过去所有的知识是基于传统行业的，是一种职业的认知，关于职业、行业和媒体的知识体系的边界是相对确定的。现在互联网全面崛起，使得原来脆弱的学科防线、专业知识边界和专业"护城河"几乎全面溃堤。在此背景下，专业地盘、知识版图、专业合法性的基础，包括所建立的专业的价值基础，都遭到全系统性的颠覆。更重要的是，新闻传播专业的边界日渐模糊，各类知识力量的进入，使得原本相对明确的知识闭环和职业城堡被打破了。

通过这次疫情可以见得，在高校、专业内所能完成的事情，实际上都在专业之外。学生平时是通过组织化的程序在大学里完成知识的积累、能力的培养和规范性的训练，但这在大学课堂之外也可以完成。随着互联网的发展以及知识付费的普及，大学生在网上就可以完成知识的学习，这加重了专业的危机感。如果不在这个时候共同努力打造专业"护城河"，这就意味着我们的职业自信感、知识专业性都将面临问题。

打造专业"护城河"，首先不能紧紧地跟在技术、行业的后面，而要重新反思新闻传播专业，要告别短线的流量化知识。要以问题为导向，抓住建立专业合法性和基础的长线问题，回到原初的问题。一些强势的学科之所以经过上百年的历史，可以一直面对多种危机的刺激而相对稳定，是因为这些专业所要回答、关注和研究的问题是一个中长周期或者长线的大问题。如果仅仅满足于短线问题，回答短线的表象化知识，我们将像在转盘里的仓鼠一样永远地奔跑，其结果是停留在原处。现在需要考虑哪些问题是元命题，哪些问题是长线问题，即10年、20年乃至上百年的问题。

宏观问题包括三个层面：一是知识层面，二是价值层面，三是规则层面。在知识层面，需要重新梳理硬核知识，现在所面临的知识体量太大，知识表面的繁荣看上去热闹，但真正的硬核知识、长线知识还是少的。要围绕学科的长线问题和命题进行知识的生产和创造，形成内在的逻辑闭环，确保在逻辑上是自洽的。在价值层面，要求专业所关注、所研究的价值、合法性、有效性等问题，应是稳定的、自洽的。在规则层面，需要在知识和价值层面上所建立的专业共同体，其研究范式、知识范式和价值范式也应有相对清晰和稳定的结构。

在此背景下，新闻史论课程扮演的是怎样的角色？新闻史论课程恰恰在新闻传播专业里关注元命题和长线问题，提供整个知识价值和规则的醛母和基座。我们的知识体系可以变得庞大，但新闻传播史论课在这其中提供的是元结构、基础性的东西，它提供的是硬核知识，是学科基座上的核心价值。

最后，我介绍一下复旦大学的新闻史论课程。复旦大学新闻学院是在原来新闻系的基础上成长起来的，史论课占了其中大半壁江山。复旦大学在90多年的历史中，始终把史论课作为重要的传统。在教学研究方面，新闻史论课程一直作为基础的基础，属于支撑性的课程。在教学团队方面，新闻传播史论课程团队也是接近新闻专业1/3的师资力量。近几年来我越来越迫切地感受到，仅仅是外围的结构接入还远远不够，最重要的是本专业核心知识体系的转型升级。因此，我们现在必须回到专业根据地，将专业护城河筑牢。何以解忧？唯有教改。虽然教学改革存在诸多难点，一是观念上的难点，二是一些实际困难，但我相信只要达成共识，办法总比困难多。更重要的是，新闻传播学科的同仁都意识到学科外部性已发生巨变，如果大家不一起努力，我们将会变成专业的洼地和知识的洼地。所以，时不我待，教学改革必须现在就出发。

**张涛甫**，复旦大学新闻学院院长兼党委书记、教授、博士生导师，国务院学位委员会第八届新闻传播学科评议组成员，教育部高等学校新闻传播学类专业教学指导委员会副主任委员。

# 新文科背景下的新闻传播人才培养

强月新

"新文科"是 2018 年 8 月由中央文件正式提出的，当时的提法是"新工科、新医科、新农科、新文科"。2019 年 4 月 29 日，教育部、科技部和财政部下发的"卓越拔尖计划 2.0"正式提出"四新"，这标志着"四新"计划正式启动。2019 年 6 月 20 日，教指委全体会上对"四新"学科的建设做了落实，这就是现在提到的"新文科"的背景。

在这样的背景下，教育界都在讨论怎么理解"新"。目前，对新文科的理解和讨论大致可以归为三类：第一类是认为新文科代表的是一种全新的学科范式；第二类是认为新文科代表一种新的教育理念；第三类是将上述两种理解整合，进行综合思考。基于新闻传播人才培养目前面临的困境与挑战，依托上述学科发展特色及优势，新文科视野下的新闻传播人才培养可以从重视技术素养培养、深化学科交叉融通、接轨现实需求和服务国家战略四个维度进行思考和探索。

## 一、建立技术思维，培养学生综合素养能力

在新文科建设的大背景下，新闻传播人才的培养理念中首要考虑的是建立技术思维，培养学生具备技术适应、技术赋能、技术批判的能力。其一，技术适应是指在技术手段、技术工具迭代迅猛的时代，具备开放的理念和姿态，实现快速的理解和驾驭。深度学习驱动下的人工智能革命在与

互联网技术叠加后，形成了对传统的新闻传播教育及行业实践的巨大冲击，技术适应性正在成为新时代卓越新闻传播人才的基础要求和基本技能。其二，技术赋能是指在新闻传播的学习研究及行业实践中，具备准确选择技术工具，创新应用技术手段，为传统的实践或研究工作赋予技术基因的能力。掌握技术手段、技术工具并能够高效应用甚至创新发展，是当今新闻传播行业实践、理论分析、调查研究乃至个人生活中的一项核心竞争力，这就需要技术赋能教育本身，让高校新闻教育的过程真正成为将新技术应用于行业实践的练兵场，在教育过程中形成探索、融合的新模式。其三，技术批判是指在技术发展中，保持定力，坚守基本素养和价值判断，对技术能力、技术环境、技术趋势深入反思。当然，新时代卓越新闻传播人才绝不可抛弃新闻素养、媒介素养、人文素养和传统专业知识的培养。在对技术的适应、应用、创新和发展中，应该以价值导向和人文思考干预引导技术，巩固人的主体地位。

## 二、内外同时抓手，深化交叉融通

深化交叉融通包含学科内部融通和学科间的横向交叉两个层面。在学科内部融通方面，教育部发布的新闻传播卓越人才培养的相关文件中，将"全媒化"作为培养目标的第一位，这就要求新闻传播学科真正实现专业交叉，改变"切香肠式"的专业设置和课程设置逻辑，建立开放兼容的教育体系。

在跨学科交叉的层面，需要提高新闻传播院校科班出身的学生的竞争优势，一方面要夯实其固有的新闻悟性、媒介素养和人文底蕴；另一方面要培养其跨学科理念和能力，包括对人文社会科学大类中其他学科的贯通学习能力以及对自然科学大类中相关学科的创新整合能力。在跨学科交叉融合中，将会产生新的研究面向、新的研究方法和新的研究问题，科际融合将为新闻传播教育及行业实践提供澎湃发展动力，也将是卓越新闻传播人才与行业趋势同频同步的核心素质。

### 三、接轨实践需求，培养专家型人才

对于新闻传播人才培养来说，接轨实践需求既要在教育过程中贯彻，也要在目标结果中体现。在培养目标层面，要"强化公共传播人才培养"，并且持续"提升专家型人才比重"。

一方面，应该在充分理解把握公共传播时代特征的基础上，建立并强化公共传播人才的培养思路。第一，加强多种媒体形态的实践教学，以校园媒体为"练兵场"，以老师带动学生共建的"工作坊""项目组"为平台，通过对传播生态的全面模拟和全链条实战训练，提升学生的实践能力；第二，提升对公共议题的分析能力、判断能力，增强对公共信息产品的掌控能力和运营能力；第三，树立在繁杂信息环境中的专业判断、职业操守和责任意识，在更加广泛的信息传播工作中体现专业优势和公共服务意识。

另一方面，随着国家新闻传播事业的不断发展，媒介及信息环境发生巨大变迁，对新闻传播专业人才的需求也正在由曾经的应用型、应急型人才转变为专家型、复合型人才，应培养具有国家情怀、国际视野、适应媒体深度融合和行业创新发展、能够讲好中国故事、传播中国声音、拥有过硬政治素养、优秀职业道德、扎实专业知识的高素质人才。面对以专业化、复合化、前瞻性为特点的人才导向和需求趋势，新闻传播院校需要升级人才培养规格，在完善理论知识教学基础上，强化专业技能培训和专业主义熏陶，同时注重政治素养、人文底蕴、职业道德等多层面培育，实现新闻传播人才培养的优化升级。

### 四、服务国家战略，提升全媒体传播能力

面对"世界国际化、经济全球化、文化多样化、社会信息化"的时代特征，新闻传播人才培养应该牢记服务国家战略的责任使命，将人才培养与建设教育强国、网络强国的战略目标联系起来，与创造光耀时代、光耀世

界的中华文化、提升文化软实力联系起来，与提升国际话语权、加强国际传播能力联系起来。

新文科视野下的新闻传播人才的培养，首先要打造中国特色。这体现在坚持马克思主义新闻观教育，以及重视传统文化滋养两个方面。也就是发挥马克思主义新闻观教育的"定盘星"作用，从源头上培养具有正确政治方向、新闻志向和工作取向的新闻传播人才；同时将灿烂的中华文明、悠久的中华历史、高尚的中华美德、崇高的中华气节渗透至新闻传播人才培育的全过程，助力学生提升文学素养、培养人文底蕴、磨炼品质脾性。

新文科视野下的新闻传播人才的培养，需要提升全媒体传播能力，对内服务国家治理，对外服务国际传播。人才的创新培养是国家内外部战略部署实施的驱动和保障，新文科背景下的新闻传播人才培养，要着力培养学生的全局观念、责任意识，拓展国际视野，精进语言能力，顺应"四全媒体"发展趋势，培养学生成为对内提升舆论引导能力、互联网治理水平的实践者，对外塑造中国国际形象、提升国际话语权的担当者。

**强月新**，武汉大学新闻与传播学院院长、教授、博士生导师，教育部高等学校新闻传播学类专业教学指导委员会副主任委员，中国高等教育学会新闻学与传播学专业理事会副理事长。

# 从知识体系到课程形态：新闻传播史论课程群的建设反思

王晓红

当今，几乎所有学科都面临着一个共同问题，即单一学科知识已经不够用了。在大跨界、大融合日益成为创新源泉的背景下，学科间的知识边界会越来越模糊，开放性越来越强，而学生需要建立广度与深度相结合的 T 型知识结构，才能应对并可持续发展。不同学科的知识开放和交融成为时代的主题，由此带来了学科知识体系发展的焦虑及问题：这种融合是漫无边际的吗？如何确立和发展学科核心知识体系的主体性？

任何学科都有构成其独特性的系统化的知识体系、理论体系与学术范式，有其独特的概念、原则与规范，这是学科得以存续的基础。概括来说，新闻传播学科研究信息传播如何影响人的活动形态，关涉媒介、传播和人的关系，以及其知识生产的规则和过程。所以，学科的融合、构成学科的知识体系的拓展，并不是漫无边际的或者另起炉灶的重构，而是在原有基础上重新结构化，在保有其独特的学术逻辑和学科坐标的同时，重构传播知识生产的规则和过程。这就意味着培养一个合格新闻传播学毕业生的知识体系(包括专业素养和能力要求)也在发生变化。在此背景下，新闻传播学科应该基于什么能力要求来构建核心课程群，以保障学生的知识广度和深度，这是我们需要思考的问题。

不过，今天我想着重谈的是另外一个问题，即如何将学科核心的知识体系传授给学生？这对于学科发展及其社会实践而言，可能是更为重要的事情，因为学科知识体系的建设直接反映在课程教学上，课程是人才培养的核心要素，课程质量直接决定人才培养的质量。

互联网突破了既往知识生产与传播的有限性，也突破了传统的课程形态。温伯格在《知识的边界》里说："当知识变得网络化之后，房间里面最聪明的那个人已经不是站在屋子前头给我们上课的那个人，也不是房间里所有人的群体智慧，房间里最聪明的人是房间的本身，是容纳了其中所有人的思想，所有的人和思想，并且把他们和外界相连的网。"①互联网重构了课程的空间形态、内容形态和组织形态。突如其来的疫情迫使我们从线下课堂走上了线上的知识传播，也验证了温伯格关于课程形态的假设。自11世纪意大利的博罗尼亚大学和12世纪的法国巴黎大学创建以来，历经近千年的发展，大学所代表的高等教育体系，形成了相较于其他系统和组织更为稳定的运行和发展机制。随着信息技术革命的深入，大学原有的知识传播的垄断性被打破，大学的知识权力被削减，资源的稀有性被弱化，这一切正在从根本上动摇大学的组织方式和课程的组织方式。具体来说：

第一，信息技术革命下的大学（课程）组织形态的变革。泛在式的知识传播途径、教学环境和教学过程的数据化，正在使大学的围墙消失，传统的主导模式可能会被彻底颠覆。虚拟大学、虚拟课堂的出现，改变了曾经的知识传授方式。面对这一变革，我们需要思考未来的大学、未来的课程形态应该是什么样的？如何重构课堂、课程，才能使大学、学科，包括新闻传播学的各个专业，在这场变革中占据主动？

第二，终身学习背景下的课程分层分类将得到强化。在信息技术的推动下，大学的开放性、学习资源的共享性以及易获得性，使终身学习成为必然和必需。在这种时时可学、处处可学、人人可学的环境中，学什么和怎么学是人们首先面临的问题。当每个学校的课程都被放到网上并且向公众开放的时候，学生会选择哪所学校，选择什么样的课程？毫无疑问，人们会去选择高质量的课程，而那些没有特色、质量平平的课程势必会被淘汰。在"没有围墙的大学"时代，名课、名师乃至名师团队的含金量将极大

---

① ［美］戴维·温伯格. 知识的边界［M］. 胡泳，高美，译. 太原：山西人民出版社，2014：11-12.

增加，因为大学没有"围墙"，意味着人们可以超越学校、专业的约束，自由选课，网络上可能不存在名校，但是会有名师名课。从这个意义上说，一个好的教学团队可能就是一所好大学。这对于教育者的课程教学提出更高的要求，对教师自身功力的要求更高，对特色教育的要求也更高。

第三，多元需求驱动下知识产品供给的丰富性。线上教学的深入和普及使得大学提供的教育产品日趋丰富。通过先进的数字化手段，人们在短时间里可以获得海量的教学资源和数据，这将进一步优化课程。优质的课程和项目会吸引学科内外的目光，甚至全球的目光。这固然是学科发展的机会，但是，我们也必须思考：新闻传播学科能够提供足够丰富和优质的本学科课程，又如何通过满足新需求的课程形态来传承学科的知识体系，确立信息时代新闻传播学科的应有地位？

课程形态问题对于我们理解未来大学教育，甚至对于我们每一名教育者自身，提出了挑战。可以说，课程形态看似课程问题，其实是教师问题，我认为有两点需要重视。其一，把握学科的基本功。作为教师，我们需要清晰认识属于本学科专有的研究及核心知识体系。只有基本功扎实了，对基础理解深透了，才能在跨学科环境下，从新闻传播学科本身出发，为学生提供认识问题、解决问题的学科武器。其二，教师的教学能力，即学科知识的传承能力。在线教学促进了未来教育，教师能否胜任未来教学所需，如何构建现代信息技术下的教学共同体和新型课程形态，亟待探索。

综上所述，新闻史论课程群建设这一命题非常有价值。面对未来教育的挑战，我们不仅要探讨新闻传播教育的核心知识体系如何确立、深化、拓展，还需要立足课程形态的变革，反观我们作为教育者的新能力要求。

**王晓红**，中国传媒大学教务处处长、教授、博士生导师，教育部高等学校新闻传播学类专业教学指导委员会秘书长，中国高等教育学会新闻学与传播学专业委员会理事会副理事长。

# 地方高校卓越新闻传播人才培养实践

项国雄

我今天报告的主题是"地方高校卓越新闻传播人才培养实践"，主要谈三个方面：话语背景、问题所在，以及我的一些思考。

第一，融媒体人才培养的话语背景是媒介生态多元化，当前新闻传播呈现出融合化、全时化、小众化、碎片化、圈群化、智能化、算法化等特征，新闻传播方式也由过去的发布、广播、展示、互动衍生出诸多新的传播形态，如熟人社交圈的发言、点赞、评论、私信聊天，陌生人社交圈因兴趣和话题等个性化因素得以聚合和延伸，还有各种"晒""炫""秀"等传播方式。同时，新技术的发展与应用，对新闻传播人才的跨界能力有较高的要求，有知识的跨界，有能力的多样，有方式的整合，涉及新闻传播、政治、经济、文化、社会、网络、人工智能、算法与编程等，还要求学生具有学习能力，还有经营、管理等各种各样的能力。所以，有人把这个时代称为"泛媒体""泛传播"时代，也有人简单地归为"复杂多变不确定的时代"，今天我们是在这样的背景下探讨人才培养问题。

第二，为何如此关注融媒体新闻人才培养？其一，人才培养的基本要素包括培养目标、教育理念、课程体系、师资队伍、教学资源、教学条件、质量保障等，当前关于跨媒体新闻传播人才培养的探讨主要集中在三个方面：一是知识技能的视角，也就是从教学内容改革的视角把融媒体知识及其操作技能作为教学内容，涉及培养目标、课程体系，把融媒体作为人才培养的目标指向，着眼于融媒体技能培养，改革的重点是更新教学内容、设置新课程，改善教学条件与环境；二是工具手段的视角，也就是从教学方法和教学改革的视角，把媒体、技术作为教育教学改革的工具和方法，探讨教学的数字化、网络化、智能化以及相应的人才培养模式的构建，把融媒体作为人才培养的要素，旨在用技术改变教学，着眼于用融媒体技术改变教学过程和方法，改革的重点是媒体技术与教育教学的融合，以及网络化教学资源建设等；三是从学生未来面对的工作场景、工作环境和条件视角，创造性地创建融媒体平台，比如知识付费、公众号、短视频、网络平台、融媒体中心等，作为学生将来工作、创新、创业的技术和平台环境，将融媒体作为未来工作场景，旨在培养学生面对融媒体工作情景的适应能力、创新创业能力，改革重点是设置新专业、增设多学科课程、培养信息技术和智能技术能力。目前，第一方面的探讨比较多；第二方面随着一流专业建设推进，大力开展"金专""金课"建设与教学实践，也在积极推进、探索与实践；第三方面却出现了焦虑，感觉越来越不像是新闻传播，有不知所措、无所适从之感。这些问题随着融媒体技术的发展，还在不断地探讨下去。

那么真问题在哪里？有几个问题值得思考：其一，到底是培养技能型人才还是创新型人才，是被动适应还是主动发展，是跟着技术跑还是有所坚守，从根本上而言是"授人以鱼"还是"授人以渔"？新闻传播人才最基本、最核心的素质到底是什么？在技术不断发展、媒体不断演变的背景下，新闻传播教育在变中有没有不变的东西？不变的是什么？这就涉及教育的本质问题，我认为教育是指向人的教育，所以在当下媒体快速发展、不断拓展的情况下，新闻传播教育要更多地关注学生自身的问题，不是跟着技术跑、不断去放大技术内容，而是应该从学生自身出发来促进改革。

从大的方面而言，人才培养既要服务于国家战略与需求，也要关注行业与地方经济社会发展对人才的需求，还要关注人的全面发展。新闻传播人才培养也是如此，不能仅基于媒体、基于技术的变革背景来谈，要立足新时代新阶段中国的新格局，也要面向媒介融合和媒介生态多元的现实社会，还要考虑学生未来发展，关注学生的良好习惯养成、健全人格塑造、自主适应能力、自主学习能力和自我发展能力等。

当前的新闻传播教育应该持一种什么样的理念？我在这里提出三点：一是培养创新型、自我发展能力强的人才；二是要教给学生最基本、终生可用的内容；三是从教育好学生开始，重在人格塑造。

第三，介绍一下本人关于卓越新闻传播人才培养的一些思考。我们拟立足学生综合能力的培养，围绕"教学、学习、科研、融合、创新"五个方面的改革，大力推进目标、课程、教学、方法等方面的重构和变革。目标指向在于五个方面：其一，内在的学习动力；其二，自主学习能力；其三，自我发展的能力；其四，跨学科、跨行业、跨媒体整合能力；其五，组织、协调、整合、策划能力。我认为新闻传播的优秀人才有四个方面的潜质：一是认同，认同这个职业，坚定职业信念；二是自律，有非常好的自我约束、自我节制的能力；三是激情，保持旺盛的精神状态，激发内生力、内动力、内定力；四是坚毅，有意志坚定、坚忍不拔的品质，这样才能持久。

从 2017 年开始，我们规划设计"卓越新闻传播人才培养"，当时称为"1.0"计划，计划的举措概括为"一班五双"："一班"即开设实验班，"五双"即双维目标(德、能)、增设双课(研讨课和个性化课程)、实现双导师(理论、实践导师)、双段培养(校内、校外)、双化保障(小班化、个性化)。2020 年下半年以来，我们着手规划设计"2.0"培养计划，可以概括为"一个引领七个三"："一个引领"即红色基因的传承与引领，"七个三"即三个卓越标准(专业能力强、认可度高、影响力大)、三维目标(德、能、智)、增设三课(跨学科或交叉课、主题研讨课、个性化课程)、三位导师(专业导师、业界导师、研究导师)、三段培养(校内、校外、网络协同培养)、三大体系(课程思政、养成教育、协同育人)、三化保障(小班化、个性化、项目化)。此外，按照课程化的思路，我们拟开展"九个一"的实践活动：阅读一批书、撰写一批文稿、撰写一篇文献综述、分析一个案例、创作一部作品、撰写一份研究报告、形成一种学习成果、参与一系列社会实践活动、参加一次专业竞赛。

我们拟结合国家形象战略需求和新闻传播业界对人才的实际需求，学习、借鉴兄弟院校的成功经验，同时兼顾学生全面发展的要求，进一步细化和完善方案，结合一流专业建设，全面推进卓越新闻传播人才培养。

**项国雄**，江西师范大学副校长、教授，教育部高等学校新闻传播学类专业教学指导委员会委员。

# 融媒体时代的新闻传播理论拓展：资讯传播的理论诠释

赵振祥

1983 年，厦门大学新闻传播系成立时，余也鲁先生曾经提议建立资讯传播系，但当时新闻传播已经是很前沿的观念，很多人接受不了资讯传播的概念，所以命名为新闻传播系，但现在看来又有必要回到资讯传播上来了。

与传统媒体相比，当下的新闻传播环境发生了两大质变：

第一，传播载体上，新闻媒体向资讯媒体转型。媒体融合不仅将多种媒体融为一体，也将多种用途融为一体。媒体肩负起多个角色，许多学者称之为平台媒体，即提供公共信息及其他信息的传播、互动、交流的平台。以国家推动的县级融媒体建设为例，功能上让媒体中心担负起多种角色，其中包括县级新闻报道、政策宣达、社区互动，以及防灾防疫、春种夏收秋收冬藏等的信息推送，这实际上是建设一个覆盖全县的资讯中心。

第二，传播内容上，新闻传播向资讯传播转变。从概念上，新闻传播与资讯传播不同。在信息选择上，新的事实、新的信息、普遍兴趣是新闻价值的三要素。这就像是采茶，做新闻就要采最新最嫩的茶叶，而资讯传播则是要关注整个茶树，甚至整个茶园，无论是当下有用的还是无用的，来者不拒，将当下所有信息都尽收囊中，追求的是信息的持续性、完整性和规模性。从信息传播的方向性及目的性来看，资讯传播具有极强的方向性及目的性，可以将信息从无序变为有序，变无用为有用。信息有明确的目的及导向后就成为资讯。从价值角度上，对于资讯传播而言，所有信息都具有价值。融媒体带来的是大数据的融合，大数据的聚合产生的价值溢出效应远远超出数据本身，建立在大数据基础上的资讯传播是全链条的，仓储、传播等各个环节确立了价值诉求与价值指向，随着量的积累实现数据价值的飞跃性增值。而新闻传播是为广大公众提供信息消费，是天女散花式的，至于新闻信息本身的价值并不明显。新闻传播奉行的是自由主义，资讯传播奉行制度主义，前者并非没有问题，后者也并非全无道理。

新闻传播教育迫切需要围绕资讯传播做出调整。首先，强化资讯理论传播的教育。其次，强化资讯传播理念的教育。培养新闻传播人才就是培养采茶人，如今需要反其道而行之，教育学生时要强调基础数据的重要性，强化数据的价值意识。因为在基础数据的采集、仓储及分析和应用上，最重要的不仅仅是技术层面的问题，更是观念层面上的问题，新闻工作者应该首先是资讯工作者。最后，强调资讯的素养教育和伦理教育。各类组织(政府和非政府)收集、创造、仓储以及控制资讯的能力越来越强，资讯机构化程度越来越高，各类大型信息机构在传播链条上越来越占据主动地位，而让从事媒体采访的记者日趋弱势。信息传播正从过去的自由化、去中心化走向板结化与中心化，资讯传播带来的信息茧房、个人隐私泄露，以及大数据带来的人文精神缺失的问题，尤其需要新闻传播学界共同面对。

**赵振祥**，厦门理工学院副校长，厦门大学新闻传播学院兼职教授、博士生导师，教育部高等学校新闻传播学类专业教学指导委员会委员，中国新闻史学会副会长。

# 在线教育可能带来的变革

陆绍阳

本文结合一些调研机构对在线教育的效果评估数据，来谈谈在线教育对学科发展，以及可能对传统教育带来的影响。根据中国教育科学研究院课题组对在线教育调查的结果数据观察，有37.35%的教师表示非常满意或比较满意，有48.96%的教师表示效果一般，有10.58%的教师表示比较不满意，还有3.11%的教师表示非常不满意。从这个数据看，在线教育在效果层面上还有很大的提升空间。

还有一个观察视角是主管部门、教育部领导对在线教育的基本判断或者指导意见。教育部吴岩司长前段时间提到了他对在线教育的四个基本判断。第一，在线教育是世界高等教育史上一个前所未有的创举。从在线教育的规模或从已经开展的影响范围而言，这样的判断是有依据的。据教育部统计，截至2020年4月3日，全国开展在线教学的普通高校共计1454所，95万余名教师开设94.2万门、713.3万门次在线课程，参加在线课程学习的学生累计达11.8亿人次。

苹果创始人乔布斯说计算机几乎改变了其他所有的行业，但是为什么对学校教育的影响比较小？2020年这次大规模的在线教育中，计算机对高校乃至整个教育系统的影响，无论是主动还是被动的影响，我们已经看到了。

第二，再也不可能也不应该退回到新冠肺炎疫情发生之前的那种教育状态。吴岩司长认为，线上线下的教育存在不同的特点，线下教育交流更加密切，线上教育时空更加灵活，线下教育组织的关系更稳定明确，线上的教育主体更加的内容多元。这样的判断非常有概括性，也抓住了问题的核心。我们学校还在讨论，教务部门要求在新学期开始时做好两手准备，做好两个方案，开学时如果没有其他的影响，所有教师都应该在岗并回到教室上课，但如果那时还受到疫情影响，就要做好线上教学的准备。这至少说明了线下教育的重要性，以及它的不可替代性。

第三个判断，融合了"互联网+"和"智能+"技术的在线教育，已经成为中国高等教育和世界高等教育的重要发展方向。怎样去认识发展方向，基于什么样的因素来判断？这有两个依据，一是外部的环境，这次疫情加速了智能化教育的推进；二是内部的动力，即便没有疫情的冲击，智能化和网络化也是高等教育特别是教育方式变革的一个趋势。要从这两个因素出发来思考，在未来的教育中，技术、情感、知识如何体现出来，发挥其应有的作用。

第四个判断，要把现在的实践转化为教育教学改革的重要举措，形成包括思想理念、内容方法、技术标准、反思等在内的一整套的改革方案。这也是北京大学最近在做的一项工作，即评选在线教育的优秀案例，每个学院上报实践过程中的好做法，总结经验，讨论对之后的教学方式、教学方法的指导意见。另外，在线教育可能使教育公平问题得到一些改变。例如一些不发达地区或者教学资源相对匮乏的地区，因为有了线上教育，而导致在教育公平或优质资源的分享上发生很大的变化。但是，如果是从掌握一个知识点的角度，如中国新闻史，可能一门最受欢迎的课有一个优秀的团队就足够了。那其他老师做什么？其他的老师有可能变成在课堂上做辅导的老师、解疑的老师，这时是否还需要那么多老师从事原先的岗位呢？如果不需要的话，这些老师怎么办？是转岗？是下岗？这就不是一个教育问题，而是一个社会问题了。

如果这种教育方式推广下去或者应用得更加广泛之后，原来的校园或大学的边界拆除之后，校园存在的价值在哪里？大学存在的合法性在哪里？每个大学都有规模的限制，容积量是有限的。但如果变成掌上教学、掌上大学，就不存在容积量问题了。不存在之后，原来的物理空间或者有围墙的大学的意义和价值在哪里？如果没有这个岗位，不需要我们去讲授这门课，那么接下来要做什么样的事情？要思考下一步除了上这门课之外，我还能做些什么事情？

大学就像一个池塘，因为一个池塘有了水，就有可能有鱼，有其他的植物，然后有树，有鸟儿飞进来，就会变成一道美丽的风景。如果没有池塘，没有大学，这个世界有可能会缺少一点东西。因为有了大学，有了池塘的存在，大学已经超越了一个教育、教学的部门，实际上承担了一个社会稳定器的功能。从这个角度来看，大学有其存在的必要性，或者说它不可能被在线教育或者其他形态冲垮。

**陆绍阳**，北京大学新闻与传播学院院长、教授、博士生导师，教育部高等学校新闻传播学类专业教学指导委员会委员，中国电影家协会理论评论工作委员会会长，原全国新闻与传播专业学位研究生教育指导委员会副主任委员。

# 新闻传播史论课程建设应注重创新与坚守

张举玺

新闻传播史论课程一般以史引论，对人类新闻传播事业的发生、发展状况，不同历史时期的新闻传播事件、新闻理论成果、新闻宣传政策、新闻宣传战役，以及各时期有代表性的新闻媒体、著名的新闻工作者新闻实践的经验与教训等，做总结与论述，以展现新闻传播事业的全貌。

正是因为这些课程包含内容多，知识点多，且零散琐碎，虽然是在讲史论，却不是历史教育，有书本知识，却没有系统的文化内涵。进入21世纪后，这些课程备课有难度，讲授不容易。多数老师惯性地沿用陈旧、单一的教学方法，一段段鲜活的历史变成了一个个生硬的知识点，难以激发学生的学习兴趣。特别是2020年进入21世纪20年代拐点，"00后"学生成为接受教育的主体。在互联网多种信息平台的碎片化信息流的裹挟下，他们的注意力正在游离课堂教育。

在此大背景下，华中科技大学举办首届新闻传播史论课程群教学改革研讨会非常及时，十分重要。结合我从驻站记者到高校转岗15年的实践经历，下面简要谈谈我的几点体会。

## 一、创新课程内容

原来的新闻传播史论课程基本上是按照编年史顺序，将每个时期所发生的史实进行横向罗列，知识点多，无法形成逻辑体系。

为了克服这种困难，需要将原有庞杂的知识点和编年史理论体系解构为若干主题进行讲解。要使那些横向罗列的众多知识点形成系统，以突出同期发展的文化内涵；要将不同年代发生的纵向理论编成体系，以突出历史传承与理论演进历程。

应遵循新闻传播专业知识生成的历史规律，以培养学生对新闻传播史论的兴趣和深入理解为重心，重构新闻传播史论的逻辑框架和内容体系。

## 二、创新授课模式与平台

现实中的新闻传播史论课堂授课模式是PPT、教案和板书。这在正常情况下可谓经典授课模式。

为了满足多种类型人才继续教育的需要，教育部主导建设了国家视频公开课、国家精品资源共享课、国家精品在线开放课程、省级精品视频公开课、中国大学慕课、虚拟仿真实验课程等多种类型授课模式，极大地弥补与丰富了现实课堂的授课模式。

但是，由于网课是在虚拟的云端授课，在多数情况下无法"接地气"。加上课程门数少，受技术设备限制，就发展现状来看，还无法满足正常课堂教学需要。

特别是在新冠肺炎疫情蔓延的2020年，各高校各显神通，使用腾讯会议、钉钉、雨课堂、微信群等课程平台救急。但是，从总体教学质量和效果来看，与现实课堂相差甚远。

这种严酷形势给我们敲响了警钟，平时要特别注重创新授课模式，结合实际，将新闻传播史论的课程群建立起来，并真正建设好。

在促进上述两个创新的同时，要做好如下两个坚守。

## 三、坚守传统育人理念

新闻传播史论课程群传统育人理念是"宽口径、厚基础、培养又红又专的复合型人才"。

在媒介融合时代，我们不仅要走内涵式、多元化、创新型发展道路，加快建设新闻传播史论课程群建设，突破媒介介质壁垒，重构新闻传播史论知识体系，强调跨专业、跨学科的知识融合，促进新闻传播学专业的转型升级。要培养更多具有扎实新闻传播史论基础的优秀人才。

同时，我们必须认识到，强化新闻传播史论在媒介融合时代的重要性，以此形成学生"宽口径、厚基础"的知识结构，促进专才与通才的平衡。我们务必坚守传统育人理念，坚守以马克思主义新闻观为基本立场，建设主题集中、中国特色鲜明的新闻传播史论课程群，充分发挥其在卓越新闻传播人才培养中的作用。

## 四、坚守自己的办学特色

学界已经存在多系列优秀的新闻传播史论通识教材，但是，由于每所学校新闻传播学的办学理念、办学基础、起始年代各不相同，有多种教材没办法在各高校课堂上落地生根。

为了让学生听得懂、吃得透、记得住、用得上，任课教师不得不编写适合自己的教材体系，经过多年教学实践，逐步形成了特色。有的擅长史学，有的擅长理论，还有的擅长业务。这些特色是每所高校新闻传播学教育的立足之本。不管如何创新，各自的办学特色是一定需要坚守的。

**张举玺**，郑州大学新闻与传播学院院长、教授、博士生导师，教育部高等学校新闻传播学类专业教学指导委员会委员，中国新闻史学会常务理事，中国新闻史学会外国新闻传播史研究委员会副会长。

# 新闻传播人才培养的"红色行动者范式"

韩立新　　康依笛

新兴的媒介生态格局使得新闻传播活动的专业界限日渐模糊，新闻教育知识体系再构的呼声不绝于耳。20世纪90年代，学界开始重视培养复合型人才，进行通识教育改革，加大了培养学生对其他人文社科和自然科学等科际融合知识习得的力度，出现了"具备全媒体技能的新闻人才"的密苏里模式、"拥有复合型知识结构的专家型人才"的哥伦比亚模式(中国人民大学新闻学院新闻传播教育课题小组，2014)等，① 我国当前推进的"新文科"建设，从制度层面确立了"人文社会学科对现代科技的应用与创新、理论与实践的结合、学科融合和交叉"②的发展方向。

习近平总书记强调新闻工作是治国理政、定国安邦的大事，"治、理、定、安"才是新闻传播人才培养的宏旨所在。这一论断深刻地阐明了新闻传播活动的实践属性，对新闻传播人才知识体系创新有着重要的指导意义，其一是新闻传播活动与特定区域、国家的实践是统一的。当今世界正处于百年未有之大变局，社会转型中的矛盾与痛点，既是新闻传播活动的内容，也是新闻传播活动得以展开的场域。其二是新闻传播活动是实践主体进行有目的的实践活动的组成部分。实践主体的实践活动是改变和影响客

---

① 钟新，崔灿，蒋贤成. 国际新闻传播人才的多维度复合与进阶式培养：基于中国人民大学国际新闻传播硕士项目十周年毕业生调查[J]. 国际新闻界，2020, 42(12).

② 强月新，孔钰钦. 新文科视野下的新闻传播人才培养[J]. 中国编辑，2020(10).

体的活动，要清醒地观察到新闻传播活动改变和影响客体的本质。所谓独立的传播主体只是假象，传播主体是从属于实践主体的，在实践活动中，它只是实践主体的一种属性。"红色行动者"就是这样的传播主体，它是秉持国家建设和发展的理念，并从属于国家建设和发展的战略的传播者。

## 一、"红色行动者"的由来

2013 年以降，习近平总书记围绕红色基因、红色传统与红色资源的一系列阐述，强调了"红色"一词在中国特色社会主义语境中的意涵。作为党和人民信赖的新闻传播行业工作者，不仅应成为反映社会问题与民情民意的棱镜，更应成为社会实践中用传播手段解决问题的"红色行动者"。一方面，"红色"是新闻传播人才的政治属性，象征着中国新闻传播事业的初心和本色。中国近代报刊自鸦片战争后渐成规模，是进步知识分子传播新知识和新理念的有力武器。20 世纪 20 年代，中国共产党成立之初吸纳了无产阶级党报理论，此后中国共产党充分发挥了党报党刊的组织性和指导性，引领着无产阶级革命、建设和改革，逐步形成了具有中国特色的马克思主义新闻理论。百年来，党报党刊的红色血脉始终传承，新闻传播人才的性质也不应改变。另一方面，"红色"指新闻传播事业的政治属性。马克思主义社会结构理论将新闻传播事业看作社会子系统和上层建筑意识形态领域的一部分，既具有社会性也具有阶级性，传播主体既代表和反映着人民群众的基本利益，也服务于人民群众的基本利益。

马克思主义认为，社会存在决定社会意识，社会意识是对社会存在的集中反映。两者之间的关系决定了生产力与生产关系、经济基础与上层建筑，由此产生的社会矛盾"必然是直接根源于现实的社会生活，是由人们的社会存在状况决定的"。① 而社会意识对社会存在的反作用在新闻传播领

---

① 王沪宁. 政治的逻辑——马克思主义政治学原理[M]. 上海：上海人民出版社，2004：343.

域表现为新闻对社会的主动作用，例如传播信息、舆论引导、环境监测等。传播是社会实践过程中处于动态中的社会意识，"是左右历史发展的一种力量"，① 发生在主体作用于对象的过程中，即实践中。因此，新闻传播人才应该是理解社会实践的行动者。首先，行动者是秉持信念的实践主体，红色象征着革命和建设，象征着中国共产党在百年发展史中领导无产阶级砥砺奋进的革命激情与精神。不同时代的行动者面临的时代命题各异，决定着其信念和目标的变化。其次，行动者的目标是运用传播智慧解决实践问题，传播是"'笔杆子'力量系统中的'先锋官'"。② 最后，红色行动者还应具备革命者和建设者的属性，革命与建设以国泰民安和民族复兴为最终指向。延安整风运动时期，毛泽东同志以"深入群众，不尚空谈"劝诫新闻工作者摒弃官话、空话，始终坚持群众路线，一切以群众利益为先。进入新兴媒介生态环境中，新闻工作者作为传播主体，进行实践的场所和方式也由传统的大众媒体扩展为多元化的内容生产媒介，但须一如既往地贯彻马克思主义新闻观与实践观，以"笔杆子"回应时代关切、解决实践问题，做一名传承红色血脉、秉持家国情怀的红色行动者。

## 二、"红色行动者史"与"红色行动者范式"

### （一）"中国共产党史"是一部"红色行动者史"

用传播手段解决实践问题的理念在中国共产党的历史上源远流长。1948 年仲秋，国民党华北"剿总"总司令傅作义欲偷袭华北重镇石家庄，一则"围魏救赵"，妄图捣毁中共中央和华北人民政府所在地西柏坡，缓解国民党在山西战场的颓势；二则沿南线调动部队，以保东北战局突变时可抽

① 史剑辉. 新闻观：人文主义转向何以可能？——南京大学杜骏飞教授专访 [J]. 新闻记者，2018(10).

② 杨保军. 论新闻对社会发展的能动作用[J]. 山西大学学报(哲学社会科学版)，2019，42(4).

兵增援。10 月 23 日，经过战略擘画，国民党中央军第 94 军与傅作义部队于涿县集结后向南进发。是时，保障党中央的我军主力部队远在察绥地区作战，冀中解放区兵力空虚，党中央处于存亡绝续的时刻。毛泽东及党中央领导人获知了有关偷袭的军机情报，一方面调集部队赶往石家庄迎击敌人，并部署保石沿线民兵及地方武装待以作战；另一方面，毛主席巧用"空城计"威慑敌军，但这出戏"唱"在了传播实践中。10 月 25 日一早，陕北新华广播电台播发新华社消息《蒋傅军妄图偷袭石家庄》，捅破了国民党的密谋。27 日新华社播发了毛主席写的第二条消息，题为"华北各首长号召保石沿线人民准备迎击蒋傅军进扰"。两则消息见报，敌军已感到"此举有去路无回路"，① 傅作义命秘书长王克俊行事小心谨慎，勿轻举妄动。在敌军遭到保石沿线军民破路和地雷阻击的艰难缓步之际，30 日我主力急行军到达华北解放区迎战，次日凌晨，3 纵解放军到达沙河防线支援，扭转了敌强我弱的战势。

舆论攻势已见成效，毛泽东再次乘胜追击，先后播发消息《石家庄市市民紧急备战》与评论《评蒋傅军梦想偷袭石家庄》。他写道，"某将军对记者说：敌人既然送上门来，我们就一定要干干脆脆地吃掉他"，"整个蒋介石的北方战线，整个傅作义系统，大概只有几个月就要完蛋，他们却在那里做石家庄的梦"。② 鞭辟入里、切中要害的攻心之言使敌军自上而下彻底地军心溃败，其在撤兵至徐水时被我军聚而歼之。

运用媒体、报道、评论配合实践的做法，是中国共产党革命和建设工作中的传统，媒体建设及其工作部署已发展成为党的工作的一部分，运用媒体的领导干部和组织，执业媒体的记者和编辑都是这个工作大局中的一个组成部分。党的工作大局是传播智慧的源泉，指导和践行传播工作的干部、群众、记者、编辑都是红色行动者。

---

① 贾章旺. 毛泽东从韶山到中南海（1893—1949）（上册）[M]. 北京：中国文史出版社，2007：197.

② 尤子健，秀灵，王欣. 西柏坡：红都内外的秘密[M]. 北京：中央文献出版社，2009.

## (二)新闻传播人才培养的"红色行动者范式"

从 20 世纪初马克思主义新闻理论的在地化发展,至 1949 年毛泽东同志明确提出要建设新中国自己的社会主义新闻学,① 新闻传播事业一直将解决实践问题作为第一要义。改革开放后,随着西方新闻传播学在中国的传播,"一些与社会主义意识形态相对立的社会思潮也借机趁虚而入"。② 习近平总书记强调要"尽快掌握这个舆论战场上的主动权,不能被边缘化了"。③ 宣传思想工作要融入党和国家事业大局,"守正创新、主动作为、勇开新局"。④"守正"表明新闻传播事业要恪守正道,回到解决中国实践问题的道路上来,回到党的工作大局上来,回到红色行动者的道路上来,走学科建设、人才培养的中国道路,发展中国特色新闻学,是新时代给我们指出的方向。

用实践逻辑审视,我们认识到,如果将新闻现象、传播现象视为认识活动,认为其是传者与受者之间的信息互动,是传受之间共同反映对象(外界)的活动的新闻思想,是不符合马克思主义实践观的,实践主体与认识主体是统一的,剥离了实践,传者与受者之间的传播活动是难以解释的。如果将传播活动理解为认识活动,其逻辑过程如下:客观—主体—认识—主体,即一个外在的客体作为认识对象,引发主体的认识活动,形成认识及其产物(文本),然后传递于受者。结果在理论上掩没和遮蔽了客体和任务的存在,掩盖了传播主体是实践主体的一种属性的本质。西方一些传播学理论的秘密就是掩盖和模糊传播主体与实践主体的内在统一的关系,进而掩盖传播的本质。

---

① 曙晨. 新闻专家、新闻教育家安岗[J]. 新文化史料,1999(2).

② 刘康."去中心化——再中心化"传播环境下主流意识形态话语权面临的双重困境及建构路径[J]. 中国青年研究,2019(5).

③ 中共中央党史和文献研究院. 习近平关于网络强国论述摘编[M]. 北京:中央文献出版社,2021:51.

④ 徐隽. 全国宣传部长会议在京召开  王沪宁出席并讲话[N]. 人民日报,2020-01-04.

马克思主义实践观认为实践是主体改变客体的活动，以实践分析解释新闻现象、传播现象能够深入其本质，其逻辑过程是这样的：主体—客体—认识—主体—客体，即主体为改变和影响客体，对客体进行认识，并将认识的结果与另一主体（受者）进行交流和互动，进而改变客体。不仅如此，认识活动中的主体与实践活动中的主体的内涵也是不同的。将新闻活动、传播活动理解为实践活动或者实践结构中的认识活动，这样传播主体的复杂性，即社会历史性就显现出来了，有利于将新闻传播活动的探讨引向深入。

由此，本文认为人才培养的知识体系应改变"唯传者"的思维逻辑，转变为"行动者"的思维逻辑，并重新认识新闻传播活动。前者以发现问题为导向开展传播活动，后者则以解决问题为导向开展传播活动。党的早期报刊如《新青年》，在创刊时强调该刊的主要任务是"解决现实的社会现状，解决现实的社会问题，分析现实的社会运动"，① 奠定了宣传工作解决社会实际问题的革命传统。毛泽东同志撰写的《〈政治周报〉发刊理由》提出了报刊的革命任务是民族解放和人民幸福，"这些观点和一些资产阶级新闻学著作所宣扬的超阶级、超政治和有闻必录等等观点截然不同"。② 党领导下的新闻传播活动不能脱离实践来理解，它应根植于生产实践和交往实践中，也就是指向客体形态发生合目的性的变化，创造出人所需要的关于现实对象物的认识与互动。将它理解为生产实践和交往实践而非纯粹的认识活动，则揭示了传播主体的社会历史性，或者说传播主体是实践主体的一种属性，是实践主体在改变客体的过程中进行传播的属性。在党史上，信息传播是作为主体的中国共产党认识和完成革命、建设任务，以及认识和改变客体的中介系统。综上所述，"红色行动者范式"的核心概念是以解决实践问题的思维逻辑认识传播客体，以解决实践问题的方式进行传播活

---

① 方汉奇．中国新闻事业通史（第 2 卷）[M]．北京：中国人民大学出版社，1996：157.

② 方汉奇．中国新闻事业通史（第 2 卷）[M]．北京：中国人民大学出版社，1996：167.

动。这样从基于实践和社会历史变迁的角度来解释新闻传播活动，方能以解决当下实践问题为准绳来培养人才。

## 三、对知识建设与人才培养的意义

### （一）中国共产党新闻史研究的"红色行动者范式"，培养能够用传播手段参与解决社会实践问题的高级人才

中国共产党新闻史是马克思主义新闻思想和中国革命和建设相结合的产物，承载着具有中国特色的社会主义理论思维、价值导向和理想诉求，是培养新时代新闻传播人才的思想宝库。一方面研究实践知识，在历史的材料中发现斗争和建设所需的传播策略。另一方面上升到人类社会所普遍遇到的行动情境中，去概括一般性的知识。1925 年建党之初迫切需要加快建设和扩充党员队伍，在办报宣传马克思主义理论和党的宗旨之余，"力图做到因人宣传、因地宣传"，① 鼓励宣传干部到农村向农民阶级讲解党的纲领，深入工会向工人阶级讲述革命运动的必要性，扩大了党的宣传范围和宣传对象，为中国革命发展储备了力量。重回历史现场可以发现，中国共产党利用多种类型的基本媒介施，解决了许多革命和建设的问题。例如在抗日战争时期，通过口语、手写、印刷、活动等传播介质开展救亡图存的动员活动；中华人民共和国成立初期民众识字水平普遍较低的情况下，"运用口号、演讲、歌曲、曲艺、顺口溜等口语方式展开宣传"②为土地改革运动、整风运动、农村人民公社化运动等重大改革奠定了群众基础。

新闻传播教育应重视中国共产党新闻史的丰富资源，结合历史情境分析红色行动者在进行新闻传播活动时的动机、方式和效果，培养学生从解

① 吴禹江. 中共早期宣传工作的奠基(1921—1927 年)[J]. 学海，2020(6).
② 赵建国. 夯实共和国新闻史研究的基础："十七年新闻宣传"史料整理刍议[J]. 暨南学报(哲学社会科学版)，2021，43(1).

决问题的思维方式去认知和理解，并培养学生将这种逻辑思维方式运用于现今的新闻传播活动中。在现代社会转型与改革发展的过程中，要进一步明确主流媒体引导、引领舆论的实践逻辑，这样才能不迷失方向，才能有力量感。这就要求新闻传播行动者在社会化媒体平台进行传播活动时应寻找多元利益主体、多样价值观念之间的平衡点，"实现对冲突、负面的纠偏"。[①] 面对当前国际传播环境的复杂多元，新时代的对外传播迫切需要加快脚步、提高效率和提升质量，扭转在国际话语格局上声弱效微的局面，"红色行动者史"中蕴含的经验是宝贵的历史财富，值得深入研究和总结。

### （二）回到历史现场，研究事件发生的多条件性，开发高维数据的实验教学模式，培养新媒体时代的高维数据文本研发人才

新闻传播活动始终是中国共产党人解决革命和建设任务的有力手段，"新闻宣传""新闻舆论"等概念就旗帜鲜明地表现出新闻传播与解决实践问题的天然关系。回望党的新闻史，从社会历史性的角度切入，能够深入认识社会任务与进行新闻传播活动的多条件性。1944 年，党的新闻传播活动遵循党中央坚持抗战、团结、进步的方针，一方面要透彻地宣传和解释党的政策，团结和动员根据地军民坚持对敌斗争，另一方面要坚守舆论阵地，粉碎国民党污蔑我军"游而不击"的说辞。这就从实践的意义上对报道内容提出了标准和要求，陕甘宁地区的《边区群众报》运用通俗化言辞报道和解释新华社、《解放日报》的社论和重要稿件，报道内容短小精悍，一般不超过 800 字，并十分重视使用方言，以便于文化水平较低的边区群众能将政策方针、军事民情等新闻报道"记在心窝里去"。[②] 如今，社会化媒体的勃兴使得以个人为基本单位享有社会传播资源成为可能，这也使专业内容生产者面临更加纷繁复杂的异质性信息和传播生态。因此，要着重培养

---

① 徐敬宏，张如坤."介入性"与"客观性"共生：建设性新闻生产实践体系研究——兼与常江教授商榷[J].中国出版，2021(2).

② 方汉奇.中国新闻事业通史（第 2 卷）[M].北京：中国人民大学出版社，1996：584.

人才去分辨复杂的高维信息背后呈现的实践问题，并掌握对高维信息的挖掘、分析和降维处理能力，生产出低维性的新闻文本，减少冗余信息带来的传授双方的认知误差。

### (三)时代意义："安全社会的基石：最基本的传播设施"

组织社会学家查尔斯·佩罗指出各种复杂的社会-技术系统具有一种所谓的"一般事故"的倾向。在这些一般事故中，各种本身看起来很微弱的个人、组织因素和技术因素联合起来以一种设计者和操作者都预想不到的方式对大型系统进行了修改。由此可以说，某些系统与现代社会产生了本质上的冲突。以人工智能和算法推荐这一大热点话题为例，有学者认为偶然性是人类生活赖以平衡的一个支点，但计算机建模下的算法推荐消解了偶然性，经年累月会带来人类心理上的崩溃。① 佩罗通过历史事件解释了这样一种新型风险，即迫使社会交出某些价值观和期望，从而实现对这些风险的控制。云计算、数据处理等技术使数据成为完善社会治理和促进社会发展的工具，而与此同时人们进入福柯所言的"监视社会"，持续被隐私数据泄露的副作用力所消耗。② 当代社会高度地依赖于包含了各种复杂社会-技术系统的技术联系，而正是这种依赖性使得当代社会不堪一击。

由于新技术的赋能，普通的个人就能够通过技术提供的渠道对一个系统过程进行修改，引发一系列问题，这就是现代社会出现的新型风险。随着"智媒化"在新闻传播领域蔓延开来，传统的专业价值理念不断趋于解构。媒体内容的生产要依靠高质量的信息，要揭示事件本质，更要提供可资决策的谏言，这些单纯依靠人工智能来进行是极其不合理的。前车之鉴，后车之师，历史经验提醒我们颠覆性的技术会带来重大的社会转型，人们的思想领域也会经历一场深刻的革命。越是在"技术依赖"的狂潮中，

---

① 孙少晶，陈昌凤，李世刚，肖仰华，徐英瑾，张涛甫，张志安，赵子忠，周笑，张岩松."算法推荐与人工智能"的发展与挑战[J].新闻大学，2019(6).

② 顾理平，杨苗.个人隐私数据"二次使用"中的边界[J].新闻与传播研究，2016，23(9).

越应该理性批判地看待技术，由专业人才肩负起媒体的社会责任。

总之，传受逻辑建构起来的知识体系，掩盖了新闻传播的社会历史性，掩盖了客体的存在，使新闻传播研究及由此建构的知识体系漂浮在认识表面，难以对传播现象作出深刻的解释。回到实践逻辑上来，建构实践新闻学知识体系是新媒体时代提出的课题。

**韩立新**，河北大学新闻传播学院院长、教授、博士生导师，教育部高等学校新闻传播学类专业教学指导委员会委员，中国新闻史学会新闻传播教育史研究委员会副会长。

**康依笛**，河北大学新闻传播学院博士研究生。

# 建构与时俱进的新闻传播学核心课程体系

## 韦 路

我本次汇报的题目是"建构与时俱进的新闻传播学的核心课程体系"，重点谈谈以下三个观点。

第一个观点，专业有待优化。现在中国新闻传播学专业发展得很快，但是也存在一些问题。最近教育部公布了 2020 年专业目录，新闻传播学类的专业现在共有 10 个专业，除了传统的 5 个专业，即新闻学、广播电视学、广告学、传播学和编辑出版学之外，还有另外 5 个特设专业，分别是网络与新媒体、数字出版、时尚传播、国际新闻与传播，以及最新的一个会展专业。会展是一个交叉专业，授予文学和管理学的交叉学位。这一方面体现出新闻传播学类在专业建设方面的发展速度和蓬勃态势，一些新的专业能够不断地涌现出来，在一定程度上体现出新闻传播学专业的繁荣程度。但另一方面也暴露出一些问题，一些特设专业和传统专业之间的关系不是特别清楚。例如，数字出版和编辑出版之间的关系，现在任何谈编辑出版的课程，都很难脱离数字化时代这样的大背景。网络与新媒体专业和传统的新闻学、广播电视学、广告学、传播学也有很大的重叠。这些专业都不可能脱离新媒体的环境来谈专业的建设问题。所以，从另外一个角度而言，目前的专业设置的层次可以再清晰一些，逻辑关系可以再明确一些。在专业设置方面到底是要做加法还是做减法，是要办少而强的专业，还是要办多但是相对比较薄弱的专业，需要做出选择，毕竟专业的设置直接决定未来课程的设置。

第二个观点，标准有待更新。对于专业来讲，应该设置哪些课程，需要有一个标准。现存的标准已经过时，很难适应当前时代发展的需求。每一个专业在课程设置上的标准应做怎样的更新？这次会议的主题就是关于史论课程群的建设问题，对于任何一个专业的课程设置而言，都会面临史论课程怎么设置的问题。所以，每一个不同的专业，在史论课程方面，应该设立的核心课程是什么？在理论课程方面，新闻学概论、传播学概论，更重要的是马克思主义新闻观，以及新媒体概论、媒体融合通论等一些课程，应该怎样设置？哪些属于核心课程？任何学校只要开设某个专业，就必须设置相应的核心课程，要有一个基本的标准，这些课程不仅包括方法课、业务课、技术相关课程，还包括和其他学科交叉的一些课程。所以，最好能有一个建议的课程设置标准、课程体系标准，不一定是强制性的，让学校、学院能够根据标准结合自身的特色来进行课程设置。

第三个观点，质量有待提升，即每门课程的教学质量需要进一步提高。这个问题与每一位老师密切相关，而且直接关系到学生到底能学到多少东西。首先，教学团队建设的问题还未得到足够的重视。现在的很多人才项目，包括各个级别给予的资助，基本上是研究方面的，但是对于教学方面的资助以及教学方面的人才培养还不够重视。学界开会通常都是学术研讨会、论文报告会，但是很少开教学研讨会。不少新闻传播学院对于人才培养、课程教学方面的培训比较薄弱。事实上，很多年轻老师刚博士毕业，特别是很多海归博士回国之后，没有任何教学经验，突然让他们去承担非常重要的课程，的确会有点力不从心。所以，教学方面的培训、教学方面的经验分享，包括让教得好的老师介绍一些先进经验、一些好的做法，是非常有必要的；否则等老师自己去摸索，可能要走弯路，可能要花更长的时间、付出更大的代价。所以在教学团队建设上需要下更大的力气。

其次，课程大纲的更新也很重要。有一些课常年不更新课程大纲，甚至有的课程大纲十几年都没有太大变化，这虽然不是普遍现象，但是这样的问题确实存在。虽然有些课，例如史论课程中关于很多历史问题已经有所定论，但任何一个研究领域，即便是史论的研究领域，也会有很多新的研究成果，怎样把这些新成果补充到课程教学中，对课程大纲进行及时更新就是非常重要的问题了。这项工作不能等老师自己去做，负责的老师自然会做，但是如果对教学不是很上心的老师就不一定会去做。所以，在机制体制设置方面要有所考虑。

另外，课程教材问题亟待关注。中央现在很重视教材的建设和使用，怎样处理好中国特色的教材问题，以及海外教材的问题，包括相关的经典案例、教学的材料等，怎么更好地为课程教学提供良好的支撑，需要投入更大的努力。

再次，关于教研相长，怎样能够更好地推动教学和研究之间的结合，在这个方面还需要努力。目前存在"两张皮"现象，老师们做研究就做研究，上课就上课，有的老师的研究方向与教学方向比较吻合，这样结合起来比较容易，但是有些老师的研究方向与教学领域存在较大差异，结合起来比较困难。研究与教学如果变成"两张皮"，不能很好地结合在一起，无论是对教学还是对科研而言都是不利的。真正的理想状态应该是教研相长，一方面把最新的研究成果补充、回馈到课堂来培养优秀的学生，另一方面也可以在教学过程、与学生互动沟通的过程中产生很多新的想法并应用到科学研究中。形成教学和研究之间的一种良性互动，应该是我们追求的目标。

又次，关于课程形式，在线教学的确是未来发展的一个非常重要的趋势，包括慕课、微课、线上线下融合课程，等等。特别是2020年新冠肺炎疫情期间，我们都深刻感受到线上教学的威力，也充分体会到线上教学的压力与挑战。我认为在线教学总体上利大于弊。例如浙江大学，几乎对所有的线上课程都进行了录制，积累了相当一批教学资源、教学视频，之后可以进行充分的利用和组合，可以有很多新的可能，这也是未来的发展方向。

最后，关于课程反馈，虽然是个老生常谈的问题，但还没有一个很好的解决办法。怎样能够对老师课程教学的效果进行非常准确的评估，同时使评估的结果能够对老师未来教学质量的提升提供一个非常好的参考？这个方面目前做得还不够好。以浙江大学为例，学校做的教学评价基本上是学生在教务网上对老师的课程进行量化打分。全国其他大学大概也大同小异，但这样一种量化评价的结果是什么？它通常只会给老师一个非常抽象的分数。而分数背后到底意味着什么？如果一个老师的得分比较低，到底是什么原因？当然，问卷中其实设置了一些具体问题，但这些问题反映的信息非常有限，老师很难真正从分数中得到答案。所以，当务之急就是在量化评价的基础之上补充质化评价。从 2019 年开始，我们开始试行在每一门课程中，请学生通过质化的方式提供反馈。比如设置三个问题：你认为这门课好在哪里？你认为这门课还有哪些不足？你认为未来这门课需要如何改进？我们发现同学们填得很认真。因为是匿名的，所以他们非常坦诚地将对这门课程，包括老师的优点、缺点、未来改进的建议写下来，我们就能很快地将同学们的质化建议单独反馈给每个老师，老师们就能知道将来怎样改进。

**韦路**，浙江大学传媒与国际文化学院院长、教授、博士生导师，教育部高等学校新闻传播学类专业教学指导委员会委员，中国新闻史学会常务理事，中国新闻史学会网络传播史委员会会长。

# 根本深实　柯叶滋繁

平行论坛(一)
"马克思主义新闻观"课程研讨

# 用微观丰满宏观

尹韵公

今天给大家汇报的题目，我想了半天，叫"用微观丰满宏观"。这个题目是怎么来的？今天我们讲马克思主义新闻观，以及新闻史，我是结合起来讲这个问题的。实际上，在讲"马克思主义新闻观"课程的时候，或是在讲新闻史课程时，有些结论是宏观的，但是有时候，不知道它是怎么得出来的。我们可以肯定这些结论是正确的，但是这个结论是怎么得出来的，关于结论的背景、结论的变化等相关内容是没有的。我们有时候也不太注意，这样我们对马克思主义新闻观的人物、事件的理解，可能不是太透彻。今天我将以一个例子，借华中科技大学的会议和场所，把这个问题讲一下，即如何发现微观的细节以解释宏观的结论。

我们讲马克思主义新闻观的时候肯定要讲到毛泽东的新闻思想，讲到毛泽东的新闻思想，肯定要讲毛泽东早期的新闻活动，这是马克思主义新闻观教育的重要内容。比方说，毛泽东创办《湘江评论》，当然更早的还有毛泽东参加北京大学的新闻学研究会，等等。毛泽东在 1936 年和斯诺的谈话里面说，当时他是受到陈独秀、李大钊的影响开始信仰马克思主义，这句话是没有错，但也不是那么简单的。毛泽东有句名言："十月革命一声炮响，给我们送来了马克思列宁主义。"①这句名言后来被广泛引用。但是我后来想，实际上，这句话是存在逻辑问题的。如果用"一声炮响"来形容十月革命，它一定是震惊了众人，警醒了众人，或者炸响了所有人。

十月革命一声炮响时，毛泽东正在长沙。毛泽东在 19 岁的时候第一次

---

① 毛泽东选集(第 4 卷)[M]. 北京：人民出版社，1991：1471.

看世界地图，其世界知识的成长点其实很晚。当时毛泽东所在的长沙情况如何？据记载，1917 年 11 月 17 日，长沙报道了十月革命胜利的消息。这条消息很短，就两三百字，毛泽东是否阅读，或者阅读后是否产生影响，我不知道，这些都没有史料记载。这说明"一声炮响"并没有在长沙"冒泡"，甚至没有在中国"冒泡"，这确实是个事实。1918 年 8 月 19 日，毛泽东第一次来到北京，在未来岳父的介绍下，担任图书管理员，这个时候才开始接触北京知识界精英的观点。10 月份，李大钊发表了《布尔什维克的胜利》《庶民的胜利》两篇文章，说明在十月革命的一年以后，马克思主义才传到了中国。所以这句话在生活逻辑上讲不通的。因此，我认为这句话并非反映马克思主义传入中国的状态，而是反映了其跨越千山万水才来到中国的过程。但是，毛泽东是听了李大钊的演讲就接受了马克思主义列宁主义的吗？其实也没有。1919 年，毛泽东返回长沙，创立了《湘江评论》，当时我们的老师给我们讲这个，我还把原文找来看了一遍。毛泽东当时与同学组织参与学生运动、湖南自治运动，以无政府主义的理论为支撑。但是毛泽东后来发现这个理论不行，也是在这一年，毛泽东第二次到北京，这个时候开始正式接触马克思主义。毛泽东后又前往上海见陈独秀，陈独秀是毛泽东关于马克思列宁主义理论的关键点拨人，此后毛泽东才信仰马克思主义。加上此时长沙新民学会因对马克思主义的赞同与否产生分派，毛泽东属于赞成马克思主义一派。此时他才确定成为一个坚定的马克思主义者，且此后没有动摇。这是毛泽东新闻思想一个很重要的点。

我们可以看到，就历史先知先觉、新知识的站位而言，李大钊、陈独秀都走在了毛泽东前面，就精神站位来说，当时陈独秀、李大钊也比毛泽东高。但后来的历史也说明了并不是谁先信仰，谁就是成功的，还是要看谁能将马克思主义的普遍真理和中国具体现实结合得最好，谁才是成功的。这对今天而言也是很有启发的。因此，教学生马克思主义新闻观，我们要用前人的历史细节来解释宏观的事情，才能讲得更深更透。

**尹韵公**，湖南师范大学新闻与传播学院院长、教授、博士生导师，第五、六届国务院学位委员会新闻传播学科评议组成员，原中国社会科学院新闻与传播研究所所长。

# 把马克思主义新闻观教育融入专业课
# 教学和实践之中

雷跃捷　　廖艳芳

2016 年，习近平总书记在党的新闻舆论工作座谈会上强调："新闻观是新闻舆论工作的灵魂，……要深入开展马克思主义新闻观教育，把马克思主义新闻观作为党的新闻舆论工作的"定盘星"，引导广大新闻舆论工作者做党的政策主张的传播者、时代风云的记录者、社会进步的推动者、公平正义的守望者。"①新闻院系学生在学校学习时形成的新闻观对其以后从事新闻传播工作有重要影响，甚至会伴随一生。从这个意义上讲，高校新闻院系马克思主义新闻观教育直接关系到整个社会的新闻观状况。面对这些青年学子，如何开展马克思主义新闻观教育，让马克思主义新闻观教育真正入耳、入脑、入心，这是新闻传播学界和业界高度关注的一个问题。

## 一、马克思主义新闻观的丰富内涵决定其教育与教学的多种形式

马克思主义新闻观是马克思主义对新闻活动、新闻现象的总看法，它是马克思主义世界观、人生观、价值观和方法论在新闻传播领域的反映与体现，是辩证唯物主义和历史唯物主义在新闻舆论工作中的集中体现。马

---

① 习近平. 习近平谈治国理政(第 2 卷)［M］. 北京：外文出版社，2017：332.

49

克思主义新闻观包括马克思、恩格斯、列宁、毛泽东关于新闻工作的思想，也包括邓小平、江泽民、胡锦涛、习近平等党的历代领导人对新闻工作的一系列论述，还包括世界无产阶级和社会主义新闻实践的总结。这是一个博大、开放的思想体系和实践探索。马克思主义新闻观的丰富内涵，决定了马克思主义新闻观教育与教学的基本形式和面貌，即她既可以是专业理论课的主讲课程，又可以是体认和践行的实践方式；她既可以在专深的学术研讨中实施开展，用以培养硕士研究生、博士研究生等高层次专业人才的学术造诣，又可以在以本科生层次为主的第二课堂、专业实习、寒暑假社会调查实践中去增强认识和锻炼能力。

## 二、高校新闻院系开展马克思主义新闻观教育与教学的主要方式

### 1. 专业课程形式

国内新闻传播院校的马克思主义新闻观教育和教学工作一直在有序开展，开设专业课程是马克思主义新闻观教育与教学的主要形式，各院校把马克思主义新闻观作为教育与教学的核心内容，开设了相关课程。主要包括：讲述、阐释马克思主义经典作家的思想，如"马克思主义经典著作导读""马克思主义新闻传播思想经典文本导读""马克思主义新闻经典论著导读"；讲述并阐释中国共产党历代领导人关于新闻工作的论述，如"中国共产党新闻思想史研究""邓小平新闻思想研究"等。中国传媒大学新闻传播学部从 2018 年开始，在新闻传播学硕士研究生和博士研究生新生中开设了"习近平总书记新闻工作重要论述研究"课程，学部中的新闻学院、电视学院、传播研究院近 300 名学生集中听讲。该课程一共分为十讲，分别聘请本校、外校和科研单位、新闻一线的专家、资深新闻工作者担任主讲教师。该课程开设几年来，受到学生的普遍欢迎，引起学界和业界的高度关注。在此基础上，中国传媒大学在全校范围内开设马克思主义新闻观教育

和教学。新闻传播学部学部长高晓虹教授领衔的"实践中的马克思主义新闻观教育与教学"精品课，获得教育部高校教学优秀成果一等奖。还有一些学校直接以马克思主义新闻观为课程名开课，如"马克思主义新闻观十二讲"；大部分高校新闻院系采用中央实施马克思主义理论研究与建设工程的教材来讲授课程，在"马工程"重点系列教材中，新闻传播类一共有 7本，目前正式出版了 5 本，包括《新闻学概论》《新闻采访与写作》《新闻编辑》《广告学概论》《西方传播学理论评析》等，目前已在大部分高校正式使用。

## 2. 第二课堂形式

第二课堂也是开展马克思主义新闻观教育的重要平台，各新闻传播院校开展了积极的探索与实践，取得了良好效果。

2019 年 8 月 1—4 日，中国人民大学新闻学院与河北大学新闻学院师生联合在河北省阜平、平山、涉县、雄安新区四地开展"太行山红色新闻文献调查"及马克思主义新闻观现场教学活动。两校新闻学院的师生在《晋察冀日报》办报地阜平马兰村里、在西戎镇沙河村的记者岭上、在陕北新华广播电台培训学校旧址的窑洞里，体会当年中国共产党新闻事业发展的艰辛历程。

中国传媒大学邀请近百名优秀的新闻工作者进学校，通过国情教育讲座、"好记者讲好故事"等活动链接课堂与新闻业界，通过鲜活的、一手的新闻实践案例向学生阐释马克思主义新闻观的要义和要求，发挥卓越新闻人才的示范作用。2019 年 11 月 1 日，由复旦大学新闻学院倡议，国内 10所高校新闻传播院系共同发起的"红色文化传承与马克思主义新闻观教育联盟"在复旦大学成立，成为国内首个将传承红色文化基因与推进马克思主义新闻观教育有机结合起来的学术组织。

在线开辟马克思主义新闻观教育的第二课堂，鼓励师生关注社会热点和焦点问题，将思政融入专业学习和课题研究中，是近年来湖南大学新闻与传播学院探索马克思主义新闻观教育的一种新方式和新方法。该院平时除了在课外活动、专业实习、社会调研等方面将马克思主义新闻观的学习融入其中之外，在特殊时期和环境下，也不放松对马克思主义新闻观的学习钻研和实际应用。在 2020 年新冠肺炎疫情蔓延期间，湖南大学马克思主义新闻观研究中心和湖南大学新闻与传播学院联合开办"马克思主义新闻观在线系列讲座"，以线上讲座的方式给因疫情居家的学生讲授"马克思主义新闻观"课程，并组织学生开展防疫抗疫科研课题研究。在指导教师指导下撰写的 30 多万字的《抗击新型冠状型病毒肺炎疫情舆论引导研究》调研报告，获得湖南省委网络安全和信息化委员会办公室的采纳和好评。该院的影视与播音主持专业师生，发挥自己的专业特点，为抗疫宣传鼓劲。其创作的"青声遇见"抗疫诗朗诵作品，在学校和学院的网站、红网、湖南日报的"时刻"客户端等新媒体平台上走红。

从 2018 年 10 月起，在广西大学新闻与传播学院的学生中，开始出现了一种新型的学习形式——马克思主义新闻观原著阅读小组。小组活动以交流阅读原著心得为基本内容，通过主题讨论、读报评报等多种形式吸引同学们主动学习，在交流讨论中互相启发，加深对马克思主义新闻观和新闻工作实践的认识。第二课堂学习具有灵活性强、参与感强的特点，很能激发学生的学习兴趣，让学生对课堂所学内容和参与实践活动有更深的理解和思考。

## 三、坚持以联系、发展和实践的观点开展马克思主义新闻观教育与教学

### 1. 用联系的观点开展马克思主义新闻观教育与教学

马克思主义新闻观是马克思主义理论体系的重要组成部分，马克思主义新闻观的教育与教学，要以马克思主义基本原理作为统领，用联系的观点，将马克思主义新闻观融入马克思主义理论体系中。既要讲解马克思主义新闻思想，也要以跨学科的视角讲述马克思主义的哲学、政治经济学、

社会理论和文化理论，讲解这些理论和马克思主义新闻观之间的关系。马克思主义新闻观是一个完整的、有机联系的理论和实践体系，而非零星的观点体会或个别党的领导人的只言片语。坚持马克思主义新闻观绝不是坚持一两个观点，而是坚持完整的马克思主义新闻理论和实践体系。教师应提高马克思主义理论学习、理论修养，广泛阅读马克思、恩格斯、列宁、毛泽东、邓小平等经典作家的著作，准确理解党的领导人提出的新观点和新思想，这样才能更好地把握马克思主义新闻观的系统性和整体性。同时，也要把马克思主义新闻观进高校看作一个整体性教育，运用整体的、普遍联系的观点对教学工作进行全面检查，将马克思主义新闻观所要表达的观点、立场、方法融入到新闻传播教育的各个环节中去。

## 2. 用发展的观点开展马克思主义新闻观教育与教学

马克思主义新闻观还是一个开放的、与时俱进的理论体系，她既强调经典论述的传承，又落脚于马克思主义新闻观实践中的新成果和新知识。运用发展的观点来开展马克思主义新闻观教育与教学，与时代的发展、理论的创新、社会的进步保持同步。我国已经进入中国特色社会主义新时代，习近平新时代中国特色社会主义思想，是马克思主义中国化的最新成果，习近平总书记关于新闻工作的重要论述，为马克思主义新闻观注入了新时代的丰富内涵。在新时代背景下，习近平总书记从党和国家事业发展全局的战略高度，就党的宣传思想和新闻舆论工作中的一些带有根本性、战略性和全局性的重大理论与实践问题作了全面、系统、深刻的阐述，为在新的时代条件下做好党的宣传思想和新闻舆论工作指明了正确方向，规划了实践路线，确定了工作原则，提出了行动要求。习近平总书记关于新闻工作的重要论述书写了中国共产党新闻思想的新篇章，把马克思主义新闻观中国化推向了新境界。这些马克思主义新闻观的最新成果，是指导我们做好当前新闻舆论和宣传工作的思想指南与基本遵循。当前的马克思主义新闻观教育与教学，要把认真学习和领会习近平总书记新闻工作重要论述作为学习研讨的重点。

### 3. 用实践的观点开展马克思主义新闻观教育与教学

理论联系实际，是马克思主义的优良学风。马克思主义哲学是实践的哲学。在伦敦马克思墓前的大理石上，镌刻着马克思生前的一句名言："哲学家们只是用不同的方式解释世界，问题在于改变世界"。① 他还说："全部社会生活在本质上是实践的。凡是把理论引向神秘主义的神秘东西，都能在人的实践中以及对这种实践的理解中得到合理的解决。"②搞好马克思主义新闻观教育与教学工作，就要发扬理论联系实际的优良学风。当代中国的广大新闻工作者，正在努力践行马克思主义新闻观。他们在新闻实际工作中，以创造性的精神记录着这个伟大时代14亿中国人建设中国特色社会主义事业的伟大实践，书写着中国新闻史新的、璀璨的篇章。高校新闻专业的马克思主义新闻观教育与教学，要紧密联系这个伟大时代的新闻工作实际，不仅要做新闻实践的观察者，还要做新闻实践的参与者，更要做新闻实践的推动者，这是高校新闻专业师生学习和体认马克思主义新闻观最为有效的一条途径。

**雷跃捷**，中国传媒大学传播研究院教授，湖南大学新闻与传播学院特聘教授、博士生导师，湖南大学马克思主义新闻观研究中心主任。

**廖艳芳**，湖南大学新闻传播学院2020级博士研究生。

---

① 马克思恩格斯文集(第1卷)[M]. 北京：人民出版社，2012：136.
② 马克思恩格斯文集(第1卷)[M]. 北京：人民出版社，2009：501.

# 马克思主义新闻观内涵及其特征探析

程曼丽

马克思主义新闻观，是指马克思主义对于新闻现象和新闻传播活动的总的看法，是马克思主义的世界观、人生观、价值观和方法论在新闻传播领域的反映与体现。马克思主义新闻观的内涵是什么？有着怎样的特征？这是我们在进行马克思主义新闻观教育教学时首先需要搞清楚的问题。以下我将围绕这些问题，从四个方面谈谈自己的浅见。

第一，马克思主义新闻观是科学的思想体系。

据了解，目前在多数高校的新闻院系中，马克思主义新闻观只是诸多课程中的一门，所涉内容也大多是马克思、恩格斯、列宁的新闻实践活动及其相关理论阐述，与课程体系中的其他部分基本上不具关联性。这就在很大程度上弱化了它作为一门科学的作用与意义。

就研究对象和主要内容而言，马克思主义是科学的世界观与方法论，是关于自然、社会和思维发展的普遍规律的学说。它由一系列基本理论、基本观点和基本方法构成，是一个完整的体系。其中，马克思主义哲学、马克思主义政治经济学和科学社会主义，是这一理论体系中不可分割的重要组成部分。

如果借鉴戴尔"经验之塔"的描述，将事物按照抽象程度由低到高排列的话，那么，马克思主义学说(尤其马克思主义哲学)无疑是抽象程度最高的，因为它可以对人们认识事物的思维和路径提供指导。根据我个人的体验，当我们在理论研究中遇到一个复杂的问题的时候，马克思主义辩证唯物主义与历史唯物主义的观点、方法可以帮助我们由点及面地找关联，由表及里地找线索，由此及彼地找规律，从而一步步达到对事物本质和规律的认识。马克思主义新闻观就是在这样一个认识论的基础上展开和呈现的。所以，我们在进行马克思主义新闻观教学时，不仅要讲微观层面（专业层面）的理论、原则，也要有所超越，将作为科学思想体系的马克思主义的理论、方法整体传授给学生，使马克思主义新闻观的意义和价值大于一门课程的意义和价值。

第二，马克思主义新闻观是发展的科学。

马克思主义新闻观不是某些概念的简单堆砌或某些原则的机械铺陈，而是在实践中不断发展的。具体来说，马克思主义新闻观经历了马克思主义苏俄化、继而中国化的过程。

我们仅以党性问题的阐述为例来说明这个问题。我们知道，马克思和恩格斯在他们的报刊理论中多次谈到报纸的党派性，强调了党报的无产阶级性质并涉及了党报的党性原则问题。列宁首次使用"党性"的概念，并对党报的党性原则作出了系统的阐述。1905 年，列宁针对党内存在的少数报纸编辑人员同党闹独立的情况，发表了《党的组织和党的出版物》一文，对党报及其工作人员为什么要坚持党性原则，和怎样坚持党性原则作出了全面的论述。他指出："写作事业应当成为整个无产阶级事业的一部分，成为由整个工人阶级的整个觉悟的先锋队所开动的一部巨大的社会民主主义机器的'齿轮和螺丝钉'。"①他还特别强调，无产阶级政党必须坚持鲜明的党性，批判"无党性"思想，抵制无政府主义和个人主义思想的侵蚀。中国共产党早期理论家瞿秋白、博古都翻译过《党的组织和党的出版物》这篇文章，并将它介绍给国内的读者。特别值得一提的是，列宁的这篇文章直接启迪了毛泽东，他在延安文艺座谈会上的讲话中不仅引用了列宁"齿轮和螺丝钉"的比喻，而且明确提出"我们的文学艺术都是为人民大众的，首先

---

① 列宁选集（第 12 卷）[M]. 北京：人民出版社，2017：93.

是为工农兵的，为工农兵而创作，为工农兵所利用的"。① 今天，尽管时代发生了变化，列宁关于党性原则的论述仍然具有很强的现实针对性，并且一直为中国的党报工作者所遵循。

第三，马克思主义新闻观具有兼容性。

马克思主义新闻观的兼容性，是马克思主义兼容性的体现。我们都知道，马克思主义是马克思、恩格斯在批判地继承和吸收人类关于自然科学、思维科学、社会科学优秀成果的基础上创立的，并在实践中不断丰富、发展和完善。

马克思主义新闻观也是如此。中国改革开放以来，我们以马克思主义为指导，将人类社会优秀的思想成果，以及已被证明具有普遍意义的理论与方法吸纳到新闻传播教学、研究体系中来，而不分它们是中国的还是外国的，是东方的还是西方的(吸纳进来的部分包括传播学的理论、方法，新闻价值观，新闻专业主义原则，等等)。这就使得中国特色的社会主义新闻观(马克思主义新闻观)具有非排他性和兼容并包的特点。

相形之下，西方的价值观、新闻观则具有明显的排他性。从历史上看，西方的价值体系(包括新闻观)是在西方文明中心论、种族优越论的基础上构建而成的，之后又增添了冷战色彩，具有某种框架性的特征。它具体表现为一种二元对立的思维模式：非此即彼，非黑即白。这种二元对立的思维模式也投射到新闻报道和国际话语中来，"非我族类，其心必异"的意识形态偏见和话语编码即是如此。

我们都知道习近平总书记提出了在世界上构建"人类命运共同体"的主张。这个主张就是马克思主义的共产主义理想(或世界大同思想)在当今时代的体现。"人类命运共同体"显然具有兼容性，它超越种族、文化、国家与意识形态界限，着眼于国际社会和平、发展、合作大局，符合《联合国宪章》所规定的成员国维护世界和平与安全的原则。在当今世界"贸易保护主义""政治孤立主义""逆全球化"现象不断抬头，各种挑战、风险日益增

---

① 毛泽东选集(第3卷)[M]. 北京：人民出版社，1991：863.

加的情况下，这一思想观念或价值观的意义尤为重大。在此价值观引导之下的国际新闻报道更是体现了中国与西方社会的不同视角与观瞻。当然，我们的新闻传播话语需要更好地与这一理念相契合。

第四，马克思主义新闻观具有创新性。

马克思主义在发展过程中经历了不同的历史阶段（自由资本主义阶段、垄断资本主义阶段和社会主义阶段），也经历了不同国家的实践（苏联、东欧国家、中国，等等），在此基础上持续创新发展，形成了具有普遍指导意义的理论体系。由此可见，创新是马克思主义发展的动力，也是它的生命力所在。

自从马克思主义进入中国以后，中国共产党就一直立足于中国社会现实，并结合时代发展的要求不断创新、发展马克思主义。1938 年 10 月，毛泽东在中共中央召开的六届六中全会上作了《论新阶段：抗日民族战争与抗日民族统一战线发展的新阶段》的政治报告，在这个报告中，他针对王明脱离中国社会现实，唯第三国际马首是瞻的表现，首次提出马克思主义中国化的命题。他指出，学习马列主义理论，"不是把他们的理论当作教条看，而是当作行动的指南。不是学习马克思列宁主义的字母，而是学习他们观察问题与解决问题的立场与方法。只有这个行动指南，只有这个立场与方法，才是革命的科学，才是引导我们认识革命对象与指导革命运动的唯一正确的方针"。在毛泽东的推动下，以党的六届六中全会为界，中国共产党摆脱了教条主义的影响，马克思主义中国化也由此进入了一个新阶段，并且为延安整风运动作了理论上的准备。

改革开放 40 多年来，中国在经济上实现跨越式发展的同时，由封闭走向开放，逐步融入世界。尤其是中共十八大以后，以习近平总书记为代表的新一届中央领导集体立足于地区和全球发展，相继提出了一系列新思想、新理念，包括"亚洲新安全观""新型大国关系""一带一路""构建人类命运共同体"等。这些新思想、新理念不仅是中国改革开放几十年来的一种自我超越，也超越了长期以来占据国际社会主体地位的西方思想体系和发展模式。这种超越性的发展格局一方面要求中国的理论工作者进行观念、心态上的调整，改变简单拿来的传统观念，树立理论创新的自觉与自信；另一方面也要求管理者改变旧有观念，改变单向传播和行政主导的传统意识，具有国际视野和全球受众观；还要求新闻工作者进行话语体系创新，将话语建设提升到一个更高的层面。这也是新时代中国特色社会主义新闻思想以及马克思主义新闻观的题中之义。

总之，作为一个开放包容、与时俱进的思想体系，马克思主义新闻观是科学的、发展的观念，具有兼容性和创新的特点。深入认识它的内涵与本质，有助于我们更好地理解马克思主义及其新闻观念，将马克思主义新闻观教育教学提升到它应有的位置。

**程曼丽**，北京大学国家战略传播研究院院长、教授、博士生导师，北京大学新闻学研究会执行会长，中国新闻史学会名誉会长。

# 重返原点："马克思主义新闻观"课程建设的基本逻辑与实践路径

周　勇

　　各位老师，各位同学，很高兴有机会在这样一个场合探讨"马克思主义新闻观"课程建设的一些基本问题。我在这里想跟大家报告的是一个特别具体的点，就是这么多年，像雷跃捷老师提到的，全国范围内对"马克思主义新闻观"课程的建设，特别是教育部从当初所谓的"思政课程"向"课程思政"提法的转变，实际上马克思主义新闻观已经成为我们在新闻传播学科里面进行课程建设的统领性因素。在这个情况下，我们怎么样去思考如何建设马克思主义新闻观，我想可能有必要回到一些基本问题与基本认识上。其实前面的老师基本上说的也是这些东西，我与他们的观点很一致，我想说的话题是"我们的马克思主义新闻观教育到底解决什么问题"。

　　首先我想给大家看《学习时报》最近的一篇文章。2020 年 6 月 15 日，《学习时报》的头版大幅刊登了中央党校常务副校长何毅亭的一篇文章，文章中旗帜鲜明地提出了一个论断，即习近平新时代中国特色社会主义思想是 21 世纪马克思主义。文章中按世纪划分了马克思主义的三个阶段，将马克思、恩格斯的学说称为 19 世纪的马克思主义，将列宁主义、毛泽东思想、以邓小平理论为首创成果和基本内容的中国特色社会主义理论称为 20 世纪马克思主义，将习近平新时代中国特色社会主义思想称为 21 世纪马克思主义。这个论断背后的意义和整个理论体系是很庞大的，我读了这篇文章之后最主要的感受是，我们通常所说的马克思主义，它是活的。对于我们马克思主义新闻观教学来说需要注意到的一点是，马克思主义本身就在与时俱进，那么我们马克思主义新闻观教学的内容体系还有观念体系也要与时俱进，即要和时代及当下做一个有机结合。

王阳明在他的《传习录》中说到这样一件事：王阳明主张心学，一个经常陪伴在他身边的属官说"此学甚好，只是簿书讼狱繁难，不得为学"。王阳明回复的答案最后的落点是说"若离了事物为学，却是着空"。这个观点对于我们今天马克思主义新闻观的教学也有一定的启发意义，即我们的"马克思主义新闻观"课程建设都应该落到解决实际问题上。作为一个社会公民，马克思主义新闻观的教育对我们新闻传播学子有什么意义？我想这其中有一个基本的东西，即马克思主义新闻观首先是对人的价值观的塑造，这个价值观不仅仅是简单意义上的正确的人生观、价值观，它在宏观层面上，是对人、社会、国家的基本价值；其次是中观层面上对整个新闻事业、新闻工作的新闻价值；最后是微观层面上在具体的新闻活动中进行分析、判断的基本价值。

在我们的教学中对这三种价值观的培养可能都有体现，但我个人感觉当我们作系统性思考时，在目前的马克思主义新闻观教学中还有待改进的地方，有时我们可能更侧重于宏观层面上的介绍和培养，就忽略了培养分析问题、解决具体问题的能力；有时又陷入了更具体的微观层面，又忽略了更高层次中观和宏观的培养。所以我认为"马克思主义新闻观"课程建设的逻辑要回到基本原点，它应该是一个以课程思政为驱动的，同时着眼于铸基培魂，即对基本价值观的培养，以及经世致用，即培养解决具体问题的价值判断能力的这样一个综合性的培养体系。

在中国人民大学新闻学院65年的历史里，出现了很多优秀的毕业生，其中有两位非常值得一提。一位是1955级毕业生胡福明，另一位是1961级毕业生陈锡添。在中国改革开放的历史中，在重要节点上发布的两篇重要文章，都由这两位编写，一篇为1978年的《实践是检验真理的唯一标准》，另一篇为1992年的《东风来满眼春》。这两位新闻工作者在重要的历史关头有这样的判断力和眼光，并且将这种判断力行驻笔端的能力，鲜明地体现了马克思主义新闻观教育中两轮驱动的培养思路。

接下来我向各位报告中国人民大学新闻学院在过去一段时间里做的"马克思主义新闻观"课程整个体系化的设计与实践，简要地说，即以课程体系为前导，它的背后首先有理论研究作支撑。比如后面邓绍根教授要介绍与马克思主义新闻观相关的两个重要课题，邓绍根教授是我们马克思主义新闻观研究中心的主任，他的"建国以来新中国新闻传播事业研究"是社科基金重大课题，他还有马克思主义新闻观的重大课题，即"中国共产党百年新闻事业研究"。这些重大课题的支撑为我们的课程源源不断地输入新内容。其次是后面有师资队伍的支撑，不仅仅是对自身师资团队的建设，也有对全国兄弟院校"马克思主义新闻观"课程的师资培训，即连续开办的"马克思主义新闻观"课程骨干师资研修班。再次还有文化养成，比如我们即将启动的"重返历史现场"活动，与十所兄弟院校一起重返历史现场，追寻中国共产党百年新闻事业历程，从中找到根脉，找到中国共产党新闻事业发展的核心逻辑，培养红色新闻文化。最后是整个学科的生态。例如今天的会议就是对学科生态非常好的一个支撑。近些年我们试图从体系化的角度去做这些事情。

我想用一个例子来谈谈我们具体的做法，以我们马克思主义新闻观的核心课程"马克思主义新闻观与当代中国新闻事业"为例。我简要地梳理一下，这个课目前包含了三个模块：第一个模块是核心，即课程，第二个模块是科研，第三个模块是学生学习实践。关于课程建设、科研与实践如何三位一体地发挥整体性作用，我举一个案例，2019 年我们去了河北邯郸歙县下面的西戍镇，它是解放战争时期中国共产党新闻事业的驻扎地，因为胡宗南进攻延安后，这支新闻队伍跟着党中央迁移到河北，在河北相对稳定的地方待下去。西戍镇是人民广播事业的重要驻地，1940 年 12 月 31 日陕北新华广播电台开播至 2020 年正好 80 年，胡宗南进攻延安后，陕北新华广播电台搬到了西戍，依旧以陕北新华广播电台的名义播音。我们去的是他们当年工作的地方，我们去年的一期"马克思主义新闻观"课程骨干师资研究班在这里举办，现场还有很多当年的节目和设备，以及人物资料。

当我们谈到新闻理论时，这些人都会从字面里鲜活地走到我们眼前，每个人背后都有新闻故事。有首位英语播音员，有领导开办了北京电视台的孟启予，有播音届泰斗齐越，有美国英语专家李敦白（2019年去世），有中国人民大学新闻系创系主任安岗等人。说起安岗，我想起我们去他当地老乡家中做口述史资料整理时听说，当年安岗很招村里的小姑娘喜欢，因为他很帅气。通过这样走入现场的形式，我们发现我们看到的不再是一个字面上抽象的个体，而是鲜活的个体，他们做的事业和今天我们做得相比一点都不逊色，这样就会产生从心灵到理念，再到情感的碰撞，让我们更好地进入场景中，从而更好地学习。具体的方式上，有新闻事件现场教学，比如王润泽老师在一个新闻事件的发生地说了一段历史；我们还有口述史的访问；还有现场探查，比如我们在山沟里亲眼看到的窑洞，这个窑洞是当时我方解放大军势如破竹、即将取得胜利时，当时中央就考虑到了在接管这些城市之前，我们不仅需要政治、经济方面的人才，还需要新闻舆论工作者，要去接管报纸、媒体，掌握舆论的主导权，所以在这窑洞里办了速成班，窑洞里的生活虽然很艰苦但很充实，我还在窑洞的墙壁上拍到了"表扬""批评"等字眼。从这里可以看到我党新闻事业长期以来的历史经验，新闻舆论工作是治国理政、定国安邦的大事情，我党在历史上很早就有这个意识。对学生来说，不仅仅是去现场上了一堂课，更重要的是他们可以通过口述史参与科研活动，博士、博士后、研究生都可以参与科研活动。同时学生在做口述史记录时，他们会做作品，还能进行业务训练，他们在史论、业务几个板块上可以得到融合性的训练。因此我们也要办这样的活动，与兄弟院校联合起来，将这样的思路延续下去。

我们学校最近还做了这样一个项目，叫"吴玉章课程思政名师工作室"，实际上也是为了推进课程思政的全面开展。我是学校首批工作室5名首席专家之一，我报的课程是"全媒体新闻报道"，我并没有报一般意义上的马克思主义新闻观理论课程，学校也很赞同我的做法。因为马克思主义新闻观理论我们已经建设得很好了，学校希望我从名字不是马克思主义新闻观的课程里去体现马克思主义新闻观和思政，这也是我们的想法，希望它可以进入到课程的整个体系中去。目前我们也在带动年轻的师资团队进入到这个体系中，如果只是马克思主义新闻观理论建设，它的师资是有限的，但是如果把新闻史论业务板块整体纳入"马克思主义新闻观"课程建设中，我们很多老师就能参与进来，而且他们能将三个层次的价值观在课程体系中做有机融合。因此未来三年我们的行动计划是对中国特色新闻理论、中国共产党新闻事业史和面向新传播环境的新闻实务三大课程群进行建设。特别是在前沿领域，我们推出了两个计划，一个是"人大新闻传播学科核心课程创新行动计划"，另一个是"前沿特色课程创新计划"，所以即使是在算法新闻、社会化计算与舆情分析、公共传播等课程中，也可以全面融入马克思主义新闻观的内容，包括主流价值观引领、凝聚社会共识、专业理想与公共精神方面的内容，这实际上就是马克思主义新闻观的体现。所以未来我们的设想是在我们"马克思主义新闻观"课程建设的基点上，应该有精品核心课程，有成熟的教学体系，有一套高质量的教学科研成果，同时产生一批中青年马克思主义新闻理论家和教育名师。我们老一辈的尹老师、韦老师、程老师，还有更老的前辈们，他们多年来一直引领着我们，但在马克思主义新闻观领域里，我们中青年的师资需要更快地接续起来，我们也致力于去推进这方面的建设。另外，我们建设了一个资料相对比较完备的数据资源库，即马克思主义新闻观经典文献的大数据平台，这个平台差不多建好了，未来我们的目标是先在内部使用，若使用没有问题的话，就向外部开放，向兄弟院校开放，为大家作贡献。

**周勇**，中国人民大学新闻学院执行院长、教授、博士生导师，中国高等教育学会新闻学与传播学专业委员会理事长。

# 坚持理论与实践相结合
# 提升"马克思主义新闻观"课程教学效果

季为民

我想讲三个问题。第一是我教授的课程，马克思主义新闻思想课程的教育情况，包括这两年我从事的与教学相关的工作。第二是这两年我们到全国30多所高校与研究机构做了很多调研，我将就马克思主义新闻观教学中存在的主要问题进行汇报。第三是我在教学方面的一些设想。

第一，我来介绍马克思主义新闻思想课程教学的情况。这两年我回到中国社会科学院新闻与传播研究所工作后，很大一部分精力都放在了教学上，另外还参加了"马工程"教材《新闻学概论》的修订工作，这项工作十分艰巨，雷跃捷老师和尹韵公老师之前也是花了将近十年的时间才完成了这本书。我们根据中央的要求对这本书做了修订，我作为修订组成员之一，参与了绪论、第一章的修订工作。雷老师和尹老师应该都知道，在最后审核阶段，绪论是审核的重点，我深有体会。后来尹老师和雷老师给了很多很好的意见，包括雷老师之前对中国特色新闻理论的梳理，我们保留了一部分内容，因为这部分内容还是很重要的，根据建议，因为篇幅的关系我们将它们缩写了，今年就能出版了。这次修订花了三四年的时间，最后我有幸被列为这项工作的首席专家。这次修订工作对我的新闻学理论教学有很大帮助。"马克思主义新闻思想"这门课是从马克思主义新闻观的角度来开展的，因为新闻观是新闻舆论工作的灵魂，所以马克思主义新闻观教育事关"培养什么样的新闻人才"这个重要问题。自党的十八大以来，各高校和各个研究机构都非常重视这方面的工作。我们这边主要有两门课程，一门是本科生的"马克思主义新闻思想"，当时是由李捷老师定的名字，我们觉得挺好的，至今都没有修改这个名字；另一门是为研究生开设的"马克思主义新闻理论原著精读"，也是关于马克思主义新闻思想的课程。"马克思主义新闻思想"这门课，从名字上便知道是关于马克思、恩格斯、列宁、毛泽东、邓小平、江泽民、胡锦涛还有习近平新时代中国特色社会主义思想中的一些新闻理论的总结。为了完整讲授中国共产党的新闻思想，我们在课程中插入了中国共产党早期领导人的新闻思想，包括周恩来、刘少奇等人的思想。具体讲授时，在课堂上主要有一条主线、两条辅线，主线是马克思主义经典作家和中国共产党的新闻思想，从原著出发，把其中最精彩、最有价值、最有现实指导意义的理论部分、理论精髓提炼出来，在课堂上做深入分析，让学生能全面地理解这些思想。辅线有两条，一条是结合当时的时代背景，回到历史，回到经典作家他们生活的年代，包括之前尹老师说的，回到毛主席当年学习新闻理论的过程中去，只有回到当年、回到史实，你才会对它有了解。我们通过人物的个人故事和时代背景，让学生更全面地理解、认识新闻思想。这些故事也能提升课堂的效果，让课堂教学更生动，也避免了纯理论教学枯燥的感觉，让学生有了立体式的了解。另一条辅线是，结合现在新闻事件中的典型案例，去分析马克思主义新闻思想和现实相关的观点，并且通过案例，让学生在课堂中去体验。谈到历史，我们也会和学生说马克思当年有过的失误，包括他们当年撰写文章、运用报刊的经历，还有当下新闻界刚刚发生的、新冠肺炎疫情当中的一些案例。通过将案例与理论相结合，让学生更有代入感，从而进行有效互动。特别是2020年各大学主要以网课的形式授课，教师与学生的互动程度不如以前，因此有了这些案例，我们可以组织一些讨论课，增进与学生的互动，也增进学生对马克思主义新闻理论的理解。经过这两年的实践，我认为学生对这门课还是欢迎和认可的，在讨论课上可以看出学生对马克思主义新闻理论和经典作家的一些新闻思想有了解的需求和欲望。一谈到历史，学生们就会思考当年为什么会这样，历史人物为什么会这么说，甚至学生们会在讨论课上提出自己的观点，我认为这种讨论非常有效。

第二，我想谈论的问题是在马克思主义新闻观教学中遇到的主要问题。这两年我们结合课题，开展了全国的马克思主义新闻理论，尤其是中国特色新闻学的调研工作。在调研和教学中我们发现，马克思主义新闻观教学存在问题，主要总结出四点问题。一是刻板印象和逆反心理，不管是学生还是教师，不少人对马克思主义新闻观存在刻板印象，尤其是一些学生，在还未上课之前就将这门课认为是思想政治教育，存在刻板印象，从而将一些政治课的逆反心理带入这门课中。二是师资队伍参差不齐。像周勇教授介绍的中国人民大学马克思主义新闻观的师资队伍非常强大，复旦大学的师资队伍建设也非常好；但是也有很多高校人手不足，虽然抽调了许多老师来讲马克思主义新闻观，但大多是临时抱佛脚，没有什么积累，尤其是其自身的理解也不深，这样就很难保证"马克思主义新闻观"课程的教学效果。三是权威教材较为缺乏，之前雷老师也介绍了，"马工程"教材系列要出 7 本书，现在 4 本已经出来了，但其他教材的推出还是非常艰难的，权威教材的打磨需要很多功夫。目前马克思主义新闻观教材的数量和种类也不少，但比较权威的还是少一些，得到大家认可的比较少。由于很多高校没有使用"马工程"指定的教材，导致授课过程中教师讲授的内容没有统一性，框架也不一致，内容五花八门。四是教学方式还需要总结、提高、完善。由于很多地方的教学体系还不成熟，教学也不统一，教师在教学过程中的沟通交流也很少，这造成了教育方式多种多样，有的以研究经典为主，有的以新闻理论教育为主，甚至代替了马克思主义新闻观的教育，有的以新闻思想史的人文教育为主，这些教学方式各有优缺点，但是我想应该进一步总结和完善。

第三，我想谈一些关于完善马克思主义新闻观教学的想法。因为马克思主义新闻观教育在我国新闻教育体系中是基础性、统领性的，所以加强和完善马克思主义新闻观教育是当前新闻学教育的重要任务，我想从以下四个方面来说。一是要加快中国特色新闻学学术体系、学科体系、话语体系的建设。其中马克思主义新闻观是中国特色新闻学的核心，中国特色新闻学要以马克思主义新闻观为落脚点，加快建构中国特色新闻学三大体系，使马克思主义新闻观具有与世界对话的普遍意义，也能更好地从理论上指导新闻事件。二是要准确认识并高度重视马克思主义新闻观的教育。应该针对当前马克思主义新闻观的教育和认识的偏差，对马克思主义新闻观进行更系统、深入、权威的研究，并通过学理化的展示让新闻院校的师生和相关研究者更准确地认识研究马克思主义新闻观，从内心深处认同马克思主义新闻观理论的重要性，而不是停留在口头上。三是要加强马克思主义新闻观的教学体系、教材体系和师资力量队伍的建设，这是非常重要的，尤其是马克思主义新闻观教育要从这三个方面落实才能落地，要进一步加强这三方面的建设，用课程思政的理念来武装新闻学、传播学的教学全过程，培养一支真学、真懂、真信马克思主义新闻观的教师队伍。四是要与时俱进，不断调整教学教育方式。当前互联网的发展对教学模式产生深远影响，所以马克思主义新闻观的教育教学不能只停留在课堂和课本上。刚才周勇教授介绍了很好的经验，包括尝试用全媒体教学来体现马克思主义新闻观的教育，这是很好的探索与尝试，我们也要善于总结这方面的经验，不断丰富教学的形式，尤其要重视理论和实践的结合，把学生拉到媒体现场、红色文化现场，进行现场学习，加深学生对国情与马克思主义新闻观的理解。我的这些想法也是对最近开展马克思主义新闻观教育的体会，这些想法的实现也需要马克思主义新闻观体系，以及全国教育工作者的共同努力。

**季为民**，中国社会科学院大学教授、博士生导师，原中国社会科学院新闻与传播研究所副所长。

# 教学与研究互动推进马克思主义新闻观教育

邓绍根

各位老师，各位前辈，各位同学，下午好，非常感谢华中科技大学提供这样一个平台让我跟大家做一个分享。我就从我个人角度与大家做一点分享，讲的是"教学与研究互动推进马克思主义新闻观教育"。

我们在教学时特别注意到一个说法，"准确认识且高度重视马克思主义新闻观教育"，我觉得这个说得特别好，因为我们现在每个学校都很重视马克思主义新闻观，但要做到准确认识它，可能各学校之间还存在一定的差距。因为我前天碰到在校园里散步的郑保卫老师，他问我能不能统计一下全国有多少院校成立了马克思主义新闻观研究中心。他的提问让我愣住了，我想这个数据估计不太好统计。因为别人会问"统计这个数据是用来做什么，有什么目的"，要是别人知道了目的，那别人都会回答"都有呀"，虚虚实实，可能很难说清楚。郑老师问了我之后，我说这确实很难，他最后也因为太难搞清楚而放弃了。这反映出一个问题，我们目前是否将马克思主义新闻观的研究落到了实处，教学是否真的进入了学生的头脑中。李彬老师也问过我类似的问题，他问我的是："你真的认为现在全国真的很重视马克思主义新闻观教育吗？"我说："当然呀，我每年写综述都可以看出，重视程度在不断增加呀，无论从研究成果还是教学成果，都反映出来了，而且当前'三进'工作也做得很好。"他笑而不语地反问我真的这么认为吗？其实从刚才季老师的调研报告中，也能反映出问题。还有我自己从 2016 年开始慢慢进入马克思主义新闻观教学研究领域，将近 4 年的时间里，我有感受到这个领域被高度重视但重视程度不一，包括我们的准确认识都还有欠缺。因此，今天我想用这样一个题目"教学与研究互动来推动马克思主义新闻观教育发展"，从我个人角度来探讨这个问题。

我的报告分为两个部分，第一部分是从马克思主义新闻观的教学到马克思主义新闻观的研究，我自己从 2016 年开始从事马克思主义新闻观的教学，无论是课程还是讲座，4 年里自己也分出了很多精力做教学工作。到中国人民大学之后，我还要主持这门课程，这门课程不仅是全院大一本科生的必修课程，而且是我们硕士博士选修课程。这个教学工作也进行 4 年多了，我在教学中确实产生了问题：在我们的教学中对马克思主义新闻观的研究是否做到位了？因此，我在教学过程中一直反思这个问题，从历史的角度去探寻我们应该在哪些方面加强对马克思主义新闻观的研究。比如大家都在进行马克思主义新闻观教学的研究，但马克思主义新闻观作为一个概念、一个名词是什么时候提出的，大家可以查一下，目前学界对于这个问题并不清楚。因此我近两年也对这个问题特别关注，碰巧我在做改革开放新闻史学术综述时看了大量的书籍，将它看作改革开放新闻史的一部分来关注，发现马克思主义新闻观作为一个概念、一个词汇，在 1978 年我们的教材里就出现了并且此后时断时续。随着我们反对资产阶级自由化运动，这个词也不断被使用，概念也在发展，特别是在加强中国特色社会主义新闻理论体系建设中，这个词被推广，概念也正式生成。到 1999 年全国历史马克思主义新闻观教育活动兴起后，马克思主义新闻观概念、内涵在理论、历史、现实层面才普及深化发展。2020 年新冠肺炎疫情期间我写了一篇文章叫《正本清源 马克思主义新闻观概念的生成与发展》，当初写了 3 万多字，现在改到了 1 万多字，已经投出去了。对这个概念的研究确实是从我在教学中的困惑出发，我们常常说马克思主义新闻观，但马克思主义新闻观究竟从何而来却不知道，因此在研究中还是需要有学术的问题意识，要去加以关注。就如现在的很多书总是会认为马克思主义新闻观好像就是从马克思、恩格斯那来的，其实并不是。从另外一个角度理解，这也是一个问题。马克思主义新闻观的教学促使我去对马克思主义新闻观做深入研究，这是我自己的一个例子。

第二部分是"从马克思主义新闻观的研究到马克思主义新闻观的教学"。其实 2016 年我会做马克思主义新闻观的研究是因为习近平总书记的"219 讲话"，在"219 讲话"后我们领了一个任务，要写一篇阐释"219 讲话"的文章，我被分配写"阐释党媒信党"部分。因此，我将其作为一个研究去完成了这项任务，文章写出来后还在《新闻与传播研究》杂志上发表了。但即使做了这个研究，我也没有中断新闻舆论工作党性研究。为什么没有中断，因为当时从理论根基、历史渊源、现实逻辑的角度出发去做研究后发现，目前我们现有对党性原则的阐释是不够清晰的，对于马克思、恩格斯、列宁思想进入中国，我们的研究还是做得不够。在我们授课时党性原则恰恰是重要的一讲，如何将其讲清楚，是我近些年一直关注的点。2019 年我也申请了一个国家社科项目，就是研究新闻舆论工作的党性原则在中国的问题。最近研究才发现，我们新闻的党性原则，怎么进入中国，从历史书、从马克思主义学院或从新闻学院，都没有将这个问题说清楚，所以我最近还会写一篇文章，讲列宁的党性原则，讲它是如何进入中国的语境中，而我们是如何落实列宁的党性原则。我们建党时，共产国际有来帮助我们，他们带来的做法、介绍的经验就展示给了当时的陈独秀、李大钊等人，党性原则也是通过这种示范与列宁主义理论一道在中国传播，尤其是共产国际的决议在中国的传播。在《共产党》月刊里就已经出现对党性原则的三条表述，所以在一大的决议中才会有新闻工作党性原则的内容。因此，要像尹韵公老师说的那样，抽丝剥茧地将其中的过程厘清，只有"理论是如何进入到中国的话语体系中"这个研究做好了，我们在教学中才能将它讲透。否则我们自己只会从经典作家讲到中国，而具体过程我们却没有掌握。

我们马克思主义新闻观的研究对我们的新闻教育、马克思主义新闻观教学是非常重要的。我认为当前我们重视教学，但对它的研究还是远远不够，尤其现在中央提出了加强对于史实的学习、教育任务，特别是党史、新中国史、改革开放史、社会主义革命史，我们完全可以利用这个机会加强对马克思主义新闻观的研究。我认为在马克思主义新闻观的教学过程中，我们要有不断产生学术研究的问题意识，不断激发自己去思考问题，从学术的角度去思考，从理论、历史、现实三个维度去思考，促进马克思主义新闻观研究的深入发展。反过来也要利用目前丰硕的马克思主义新闻观研究成果，尤其是前辈们、同仁们，或者整个学界做的马克思主义新闻观研究成果，为我们马克思主义新闻观教学提供丰富滋养，这样才能推动马克思主义新闻观教育的深度发展。我们从事教学要处理好十桶水与一桶水的关系，我们讲课也许只说了一桶水，但我们在备课中要做到十桶水的水平，想要做到十桶水的水平就要做好研究、做好备课，这样在讲课时，即使准备好的十桶水只用了一桶水，也能达到"东方不亮西方亮"的效果，也许某方面没有说，但说到了其他有趣的方面，这样才能促进马克思主义新闻观教育深入发展，从而真正产生效果。

**邓绍根**，中国人民大学新闻学院马克思主义新闻观研究中心主任、教授、博士生导师，中国新闻史学会秘书长、常务理事，中国新闻史学会新闻传播教育史研究委员会副会长。

# 加强团队协作，增强马克思主义新闻观的理论魅力

林溪声

各位老师下午好！刚才聆听各位老师的发言，我感觉特别有启发，老师们的发言从宏观、中观、微观层面，对马克思主义新闻观这门课程在方向和方法上都提出了很多的构想，对我们未来的课程建设非常有启发。我将从团队建设的这个角度，谈一谈复旦大学马克思主义新闻思想课程建设的一些经验。

其实，我们一直觉得自己还处于一个建设期，所以现在谈的只是一些基础问题。既然是从团队建设来讲，那就不免提到复旦大学新闻学院这样的一个教学传统。复旦大学新闻学院一直是有马克思主义新闻观的教学研究传统的，20 世纪 50 年代，在学院的教学改革当中，就有"两典一笔"的这样一个提法。"两典"一是指时代文学经典，二是指马克思主义经典著作；"一笔"，就是指勤练笔。值得一提的是，这个"两典一笔"的提法并不是复旦老师自己的一个构想，而是复旦的学生对于当时学院教学特色的一个概括。进入 21 世纪以后，童兵老师从中国人民大学回流到复旦大学，回到了他的母校，回到了他的家乡，领衔组建了"马克思主义新闻思想"课程团队，从 2002 年到现在，这门课已经成为复旦大学新闻学院本科学生的必修课程。我们 4 个专业的学生(新闻学、传播学、广播电视学、广告学)都要选修这门课，而且在确保新闻学院选修这个课程的前提之下，还面向全校学生开放。所以它不仅仅是新闻学院的专业必修课程，同时在某种程度

上，因为它的开放性，这门课程在复旦已经呈现出媒介素养教育的特色。

我们的教学团队，目前有五位成员，由童兵教授领衔，张涛甫老师、陈建云老师、马琳老师和我都是这个团队的核心。除我们这 5 个人之外，还有一些博士后，包括一些年轻的海归老师都会参与我们的活动。我们这个团队做过一个统计，2015—2020 年，我们的团队成员共发表论文200 余篇，承担省部级以上项目 19 项。所以我们是一个紧密合作的教学科研团队。从 2002 年组建马克思主义新闻思想课程教学团队以来，我们在几个重大节点上有了一些突破。比如在 2004 年，复旦大学"马克思主义新闻观"课程成为复旦大学通识教育平台课程，在 2009 年成为上海市精品课程，在 2010 年成为国家级精品课程，在 2014 年成为国家精品资源共享课程。这些年来，我们也陆续获得了一些团队性的荣誉，比如2018 年被评为"十佳教师团队"，并被授予"钟扬式教学团队"称号；2018 年被上海市评为"高校课程思政教学科研示范团队"；2019 年当选上海市"为人为师为学"先进典型，2019 年成为上海高校课程思政整体改革中的领航课程和领航团队。特别值得一提的是，童兵老师在 2019 年还获得了国家级教学名师奖。

我们这门课的主要设计还是依托于新闻学院的教学总体设计。众所周知，作为中国历史最悠久的新闻传播教育机构，复旦大学新闻学院一直是以培养理想信念坚定、业务能力扎实、工作作风优良的卓越新闻传播人才为教学目标。围绕这个目标，我们的课程在知识、能力和价值上都有一个宏观的设计。比如在知识体系这个方面，我们希望能够通过系统介绍马克思主义经典作家关于新闻传播活动及其规律的观点与学说，让同学们对马克思主义的经典传播理论有一个概括性的了解。在能力方面，我们希望能够帮助学生从各种新闻热点中发现一些本质性的问题，提高理论联系实际的水平，增强明辨是非的能力。当然，我们最终还是要让他们确立正确的价值观，希望他们能够坚定新时代中国特色社会主义新闻工作的理想和信念。打一个比方，如果说马克思主义新闻观是新闻舆论工作的"定盘星"，我们的工作就是让"定盘星"更加闪亮。

在课程的资料建设方面，目前我们主要使用的教材还是童兵老师自编的《马克思主义新闻经典教程》。从 2009 年开始，这本教材被列入"十一五"国家级重点规划教材。童老师从 2012 年开始着手这部教材的修订，到 2019 年为止，这本教材已经完成修订，目前正在审核当中。除了这本教材，我们这个团队还陆续编写了系列辅助读本，比如《马克思主义新闻观读本》《马克思主义新闻观百问百答》《马克思主义新闻观经典案例》等。从 2006 年，我们的团队连续 14 年撰写出版了《中国新闻传播学研究最新报告》，另有编著、译著的《马克思恩格斯报刊活动年表》《马克思归来》《数字劳工》等。

在资源建设方面，我们目前主要是对线上资源建设倾注了很大的精力。2010 年，我们团队建立了马克思主义新闻思想课程网站。"马克思主义新闻观"课程在 2014 年被评为国家精品资源共享课程之后，也通过教育部的爱课程网站进行资源共享。2020 年新冠肺炎疫情期间，我们基本上是启用爱课程的网站资源完成了教学工作。但是也有一个问题，就是这个课程已有六七年的时间，现在各方面的情况都已经有一些变化了。所以从 2020 年秋季学期开始，我们准备录制新的教学视频。

在平台建设方面，邓绍根老师也提到了各个高校的马克思主义新闻观教学与研究中心的建设。关于平台建设，我们启动得比较早，2016 年就有了马克思主义新闻观教学与研究基地，在 2019 年，我们作为发起单位发起成立了马克思主义新闻观教育联盟，本来在 2020 年上半年我们是有一系列活动策划的，但是由于疫情的原因，暂时还处于停滞阶段。

我们在进行教学探索的时候，也非常明显地感知到，同学们对这门课是存在刻板印象的，就是把我们这门课等同于思想政治课。另外就是学生自身喜欢追逐新事物、新潮流，而对于新闻传播史论的学习往往缺乏一定的自主性和主动性。所以我们课程改革面临的一个核心问题就是：如何让19 世纪的马克思和恩格斯得到我们 21 世纪大学生的喜爱？另外一个问题就是，同学们在面对社会热点问题的时候，往往会采取一些简单化的、非此即彼的、情绪化的一种视角，缺乏一种辩证的思维。所以我们要思考，如何让马克思主义新闻思想以其强大的解释力被当代的大学生接受，并能够指导他们的日常实践？

针对这两个核心问题，我们提出了四个解决方案。一是要让理论有魅力，其首要任务是把马克思主义新闻思想的独特价值、理论脉络和解释效力说清楚、讲透彻，并让学生们信服。二是要让新闻有意义，要让当代大学生在具体的新闻传播实践中，运用马克思主义新闻思想，对当代社会与新闻现象思潮进行有力的解释、准确的回应。三是要让学生有期待，课程要与目标受众的期待密切对接，了解互联网时代青年人的思想状况，真正赢得当代大学生的青睐。在具体的做法上，我们主要采用的是启动对学生的调查。由于我们有舆情调查中心这样一个平台，所以调查还算比较方便，现在由于复旦大学全面启动线上平台的建设，所以在比如超星、慕课这类平台，对于选课学生的调查是非常容易的，我们对于学生的听课状况还是能有比较直观、熟悉的把握。四是要让教学有艺术性，要创新教学方法，通过课堂互动、多媒体教学、第二课堂等多种方式提升教学效果，增强课程吸引力。

在课程的核心内容方面，主要是有两个板块。课程的核心内容主要包括哲学基础、历史语境和现实语境，具体地讲授马克思主义经典作家、马克思主义新闻传播规范。在具体授课上，我们有三个板块，一是热点新闻评析，二是学生的小组汇报，三是课堂授课。目前这个核心内容和课程板块，主要针对的还是线下课程，对于线上课程，我们也正在建设当中。这个建设可能还要有别于以往在教育部的爱课程网站上的呈现。我们的创新特色主要是教为主导、学为主体、知行合一，在具体的方法上有以下三个方面。第一是从书本走向媒介化社会，课程紧密地结合当下新闻传播实践中的典型性事件，每节课都会进行具体的评析，争取将马克思主义新闻传播理论与新闻传播实践结合起来，提高学生的理论分析能力，培养学生的社会责任感。第二是从学校的小课堂走向时代的大课堂，课程是鼓励学生积极参加社会考察和社会实践，通过学院的资源，与澎湃新闻合作"记录中国"影像项目，依托全国大学生传媒与舆情调查研究基地进行"舆情调查"，联合上海多家媒体开展"学生评论员"等活动，把马克思主义新闻思想与新闻传播实践结合起来，深入了解当代中国，进一步了解新闻工作者的职责和使命，将这个课程铸魂育人的能量释放出来。第三是从现实走向初心，作为学校和上海市的课程思政领航课程和示范团队，马克思主义新闻观团队充分发挥红色文化育人功能，在红色文化基因立德树人方面做了积极探索。近年来团队沿着党的足迹，先后赴中共一大会址、井冈山、延安、西柏坡、遵义等地开展实地教学，借助体验式教学、沉浸式教学等多种方法，真正把马克思主义新闻观讲活、讲透。刚刚周勇老师也提到中国人民大学有重返历史现场的做法。关于这个重返红色文化历史现场，复旦大学开展的时间也比较早。

通过一系列的教学改革实践和探索，再加上团队的努力，这课程在总体上是受到学生欢迎的。在近 5 年的教学评估当中，我们团队成员的评估成绩在新闻学院是居于前列的。特别值得一提的就是，今天如果说复旦大学的马克思主义新闻观教育在全国有一定影响的话，那么也是源于团队的坚持。就是在过去，当全国高校同类课程几乎处于绝迹的时候，复旦大学的马克思主义新闻思想课程在教学规模和选修人数上都是处于领先地位的，但是，我们还是觉得，马克思主义新闻观的教学，其实和我们新闻传播的发展是紧密联系的，即使这个观点是时代的产物，但是我们的问题意识，包括我们讲课的话语，其实都是需要与时俱进的，所以我们的压力也是非常巨大的。

在搞好课程建设的同时，我们也在积极地通过一些公共服务来服务社会，从而反哺我们的教学。比如，通过部校共建在业界开展马克思主义新闻观培训；在学界，我们也组织了几次高校马克思主义新闻观相关的教学师资培训；在服务社会方面，我们近年来集体调研过腾讯网、今日头条、南方报业集团、上海报业集团等媒体与平台，充分关注媒体的社会责任，并且协助中国记协以及腾讯新闻网等机构改进媒体社会责任的评价体系。以团队成员为主力的"复旦大学媒体舆情调查中心"，自 2006 年创建至今，先后完成中宣部、中央网信办、教育部、上海市政府等交办的各类调查咨询报告近 300 项，四次获得中宣部颁发的"全国舆情信息工作优秀单位"称号，这也是我们在社会服务工作成果的体现。

**林溪声**，复旦大学新闻学院副教授，中国新闻史学会地方新闻史研究会常务理事。

# 中西比较视域下的马克思主义
# 新闻观教学与研究

高金萍

在此，我将自己前几年在宣传部门任职时对马克思主义新闻观的思考，以及近年来从事马克思主义新闻观教育研究的一些心得，向各位老师和同学们作一个报告。

首先，我想在中西比较的视域下开展马克思主义新闻观的教学与研究。这个命题其实在过去就有，但是在当下它却具有前所未有的重要的意义。因此，我要跟大家来一起探讨的第一个问题就是为什么我们要在比较视域下开展马克思主义新闻观的教学研究。一个非常突出的情况就是，大家可以看到21世纪以来我们的传播环境发生了巨变，互联网的推广与普及彻底改变了我们的传播格局。实际上，一般认为大众自传播已经成为传播的主流形态之一，平台性的媒体打破了时空的限制，大家可以看到社交媒体的传播打破了时间和空间的限制，使得全球的传播成为一体化。那在这样一个全球传播的客观现实背景之下，一个非常突出的情况就是，从20世纪90年代以来，意识形态领域的斗争在逐渐加剧。刚才林溪声老师也谈到一个很重要的问题，还有邓绍根老师也谈到了，实际上在20世纪90年代中后期之后，马克思主义新闻观在中国开始逐渐被重视、被关注、被强化了，那么原因是什么？我们可以看到，其中一个原因就是20世纪90年代以来，实际上在冷战结束前，美国已经开始出现了意识形态的强势回归，这种强势回归也体现在社会的各个领域。大家可以看到一个非常突出的情况就是：全球化裹挟而来的是西方自由主义的意识形态对全球的影响。在这样一种情况下，我们所坚持的马克思主义实际上遭遇了严峻的挑战。在苏联解体之后，中国一枝独秀，逐步地发展起来。那么在中国逐渐走向世界舞台中央的时候，中国特色新闻业的发展和成熟也推动着我们新闻教育的变革，在这样一个历史背景之下，我们迫切要求具有中国特色的、具有中国气派的、具有中国风格的新闻理论和新闻思想。在国内、国外和我们媒介环境变化的形势推动之下，马克思主义新闻观的教学和研究逐渐获得重视，而且它的必要性前所未有地凸显出来。

基于这样一个前置的背景，那么我想在下面汇报这样几个问题，第一是中西新闻观比较的必要性，第二是比较的根本目的，第三是简单地梳理一下给学生上课的过程中谈到的中西新闻观比较的主要范畴。

我想分享的第一点就是中西新闻观的必然性。我们说，其实从马克思主义的角度来看，没有比较就没有结果，没有比较就没有优劣。为什么要进行这种新闻观的比较？那就是它实际上体现出了我们中国特色新闻学的一种理论自信。刚才很多老师，比如程曼丽老师、雷跃捷老师其实都谈到了一个非常重要的观点，就是马克思主义新闻观是一个科学的思想体系，这个科学的思想体系，体现出了与时俱进，体现出了开放发展，体现出了这种理论的包容力。那么在这个过程中实际上我们能够有勇气把马克思主义新闻观跟西方的新闻价值观、西方的新闻理论、西方的新闻专业主义进行比较，就体现出了我们中国新闻人的一种理论自信，这是一个非常重要的比较的必然性之所在。我个人认为，我们在比较中能够彰显马克思主义新闻观强大的生命力。我们的马克思主义新闻观处于一个不断发展、不断创新、不断完善的过程。刚才程曼丽老师已经在她的报告中给大家比较详细地梳理了马克思主义新闻观的发展过程。从六中全会时期毛泽东最早提出马克思主义中国化，再到中国马克思主义新闻观，在中国共产党 100 年的发展历程中，中国化的马克思主义也是表现出了它不断面对新问题、新困难，以及它解释现实、解决问题的这样一种特色，那么这样一个非常突出的、不断创新发展的特征，是我们在比较中可以看到的。当然西方的新闻价值观也有一个变化，它从自由主义的新闻观，发展到新责任主义的新闻理论，在社会责任主义理论变化的过程中，它也在进行自我的调试。但是相比较而言，马克思主义新闻观200多年来的发展变化和它表现出来的强大的生命力，是西方新闻理论无法相提并论的。我认为在比较中，它有助于形成我们人文社会科学的中国学派，为我们中国特色新闻学的发展找到一个根、找到一个魂、找到一个指导思想。以上就是我谈到的关于中西新闻观比较的必然性。

第二点，我想要简单陈述一下关于中西新闻观比较的根本目的。相比较而言，马克思主义新闻观的一个重要的特征就是，在中国共产党成立100年来，在马克思主义指导下，中国共产党新闻业在不断发展的过程中，表现出它回应时代变革的这种能力和特点，这是一个非常突出的特点。时代在变，但是马克思主义新闻观以其开放性和实践性特点，不断地回应着时代的变化。在我们中国共产党作为一个革命党的时期，面临社会革命、巨大的民族危难，怎么样来实现新中国，改变旧中国？这就体现了马克思主义的这种解释力和包容力。在中华人民共和国成立之后，在中国的社会发展过程中，我们党从革命党转变为执政党的过程中，如何通过马克思主义新闻观中国化的这个历程，来引领我们新闻业的发展？在这个方面，它又体现出了一些价值。特别是改革开放以后，尤其是20世纪90年代以后，中国开始实行社会主义市场经济体制之后，在我们中国新闻业的改革变迁过程中，马克思主义新闻观从反对资产阶级自由化，到我们早期提的马克思主义新闻学，再到1994年之后新华社新闻研究所学者提出的马克思主义新闻观。在这个阶段，一个突出特点就是，对这个社会的变革，应对出现的一些新的问题，马克思主义新闻观能作出一个回应。通过比较，通过西方新闻价值观和中国新闻价值观的比较，能凸显马克思主义新闻观的价值。马克思主义新闻观的另一个重要特征就是要通过教育和教学来引导我们的学生树立正确的新闻观，掌握方法论。以上就是我们进行中西新闻观比较的目的。

第三点，其实我们在教学过程中，可能跟学生反复谈到的，就是中西新闻观比较的范畴。在教学的过程中，它是融入我们的马克思主义新闻观教学的，那么大家也可以看到，我所在的学校是北京外国语大学，我们所在的这个新闻学院拥有的将近 30 位教师中，可以说 90%以上的教师，是在国外接受过新闻传播教育的，或者他已经去国外留过学，或者是进行过访问的。无国外教育经历背景的师资几乎没有，这是我们学校的一个特点。那么实际上，这么多的教师看到了西方的新闻，观察到了西方的新闻传播，在耳濡目染中有的时候或多或少可能会受到西方新闻价值理念的一些影响，受到西方新闻传播理论的一些影响。除此之外，在外国语大学里，学生们接触的其他课程中，也会接触其他一些教师，如语言学教师带来的一些西方的价值理念。所以在这样的一个平台上，我们从中西新闻观比较的这个角度上来讲新闻观，它的必要性就格外突出。当然我想这也不是北京外国语大学的一个独特的现实，它也是一个普遍的现实。在当前我们中国的高等教育强调的国际化背景之下，每个高校师资的国际化现象都是非常突出的。实际上，当前世界意识形态领域的斗争非常激烈，有一些教师站在讲台上，在教学过程中可能有意或者无意地会把西方的一些价值理念带入到我们的教学过程中。因此在这种情况下，我们进行中西新闻观的比较可能有助于我们的学生特别是本科学生，在新闻价值观还不恒定的情况下，更加有效地确立自己清晰的价值理念。

　　我想，我们在上课的过程中第一个要讲的是环境体制的差异。在中国的体制下，我们的新闻业、新闻媒体、新闻从业人员在新闻传播活动中是什么样的？那么在西方的私营的体制下或者在英国公营的体制之下，又是什么样的情况？第二个我们要谈到的就是价值立场。我们中国的马克思主义新闻观是站于人民立场的，是人民的耳目喉舌，是党的耳目喉舌，但是我们讲西方的新闻理论强调的是什么？它认为新闻传播是价值中立的，它淡化这种价值立场。但是它是真的在淡化这种新闻立场吗？它是不是有倾向性？这个是值得我们去探究的。第三个就是新闻真实观的问题。关于真实观，我们说真实是新闻的生命之所在，真实性和倾向性的合一是马克思主义新闻观的一个突出的特点，西方称我们为宣传，但是实际上我们不会言宣传，我们强调新闻真实性和倾向性的合一，强调党性原则，这是我们旗帜鲜明的态度。但是西方强调的是客观真实，实质上这个客观真实只是它的专业主义的话语。那它是否做到了这种客观事实，它在追求客观的时候是不是放弃了他的价值立场，这是我们值得追究的。另外就是在功能上的差异，就是我们谈到中国的新闻传播是以耳目喉舌论为指导的，这是中国的一种文化传统，从康有为时期就提出来，到孙中山，然后再到中国共产党。出现了一些优秀的新闻传播者，包括郭超人等。那么西方提到的社会责任论，它的这个社会责任，实际上是一种泛化的责任，这个责任到底是谁的责任？是为人民，为广大的受众的责任，还是为政府的责任，为它服务的这种商业媒体的责任？这个是值得我们探究的。那么除此之外，其实还有很多的范畴领域，我在这里没法一一列举。

此外，我也想跟各位老师分享一个经典的案例，就是英国的《太阳报》（*The Sun*），这份报纸在英国王室添丁的时候改名为 *The Son*，这表现出它实际上追逐的是什么？它有没有做到价值中立？在它多年来的选举新闻中，也有这样的一个变化。它从 20 世纪 90 年代初开始力挺保守党，后来又跳到工党那一边，然后又支持布莱尔，再后来局势反转之后，大家可以看到它又开始力挺保守党。在这个过程中体现出了《太阳报》的一种倾向性，以及违背客观真实等问题。

以上就是我的一个简单的报告，谢谢各位老师。希望不仅在线上，而且在线下有机会得到各位老师的指正。我们共同在马克思主义新闻观的教学和研究的这个道路上互相砥砺、共同进步，谢谢大家。

**高金萍**，北京外国语大学国际新闻与传播学院教授、博士生导师，马克思主义新闻观研究中心主任，中国新闻史学会常务理事。

# "马克思主义新闻观"课程教学的历史语境与政治经济学基础

虞 鑫

清华大学开了本科生和研究生的两门"马克思主义新闻观"课程，本科生课程由胡钰老师和赵月枝老师共同负责，研究生课程由柳斌杰院长和我来负责。今天给各位老师汇报的题目，也是我们一直在思考的问题。清华大学于2005年开设"马克思主义新闻观"课程，到现在有15年的时间，虽然我们学院是2002年才成立的，成立时间不长，但是开这个"马克思主义新闻观"课程的时间其实还是比较久的。那我们也一直在思考马克思主义新闻观到底如何来定义，我们也在思考到底什么是马克思主义新闻观，以及马克思主义新闻观的教学到底该教什么内容。这也是我今天汇报的主题："马克思主义新闻观"课程教学的历史语境与政治经济学基础。

第一，关于如何来理解马克思主义新闻观。在我们教学环节的交流过程中，可能有两种对马克思主义新闻观的理解。第一种理解是马克思主义中关于新闻事业或新闻活动的一些论述，包括马克思、恩格斯、列宁，以及中国的先驱毛泽东等一系列的领导人对于新闻工作、新闻行业的一些论述，这些是理解或者教授马克思主义新闻观的一个很重要的基础。那它现在也面临一些具体的问题，这也是我们在这个课程教学过程中希望能够不断去解决的问题。第一个问题就是它跨越的时间幅度。因为我们知道，马克思主义从近代欧洲资产阶级革命、工业革命中诞生以来，它跨越的时间幅度很大，很多技术的变革、政治体制的变革、国际局势的变革、经济产业的变革等，这些都会对当时的历史语境产生一些影响，马克思主义新闻观也会产生一些相应的变化，这是我们需要去解决的如何时代化的问题。第二个是空间的问题，马克思主义的很多理论、很多观点诞生于欧洲的语境之下，那么这第二个问题就是在中国的马克思主义新闻观教学过程中如何去解决语境的问题。第三个是如何从具体到抽象的问题。目前来说，一些马克思主义伟大的思想家、革命家，他们对于新闻工作的论述，大多是比较具体的案例，他们都是革命家、实践者，所以他们对新闻工作的论述是一些比较具体的、片段式的话语，但是我们的理论研究和理论教学其实是一个高度抽象的问题，那么从具体到抽象，如何去解决理论化的问题也是一个痛点和难点。以上是对马克思主义新闻观的第一种理解。

第二种理解也是为了尝试来回答上述这三个问题或者说三个痛点。其实我们可以从另外一个角度或者说从另外一个层面来理解，马克思主义新闻观其实是马克思主义的新闻理论体系，那么它和上面提到的马克思主义中关于新闻的论述有什么区别？我们希望把马克思主义对于整个世界、对于历史的看法、哲学的看法以及对生产关系的看法，作为我们理解新闻行业、新闻活动的一种前提，在这种前提下，我们去构建我们的新闻理论和新闻观的体系。它同时也回答了这个问题：如果我们认为有一个"马克思主义的新闻理论体系"，那么我们如何来处理"非马"的新闻理论体系，或者说是否存在一个"非马"的新闻理论体系？那么大家可能会说西方的新闻体系肯定是个"非马"的新闻理论，但是我们在不断地讨论、不断地深入下去的时候，我们发现其实我们在研究或者比较马克思主义的新闻观和"非马克思主义"的新闻理论体系的过程中，马克思主义新闻观研究和教学，它更多的方面是来自于马克思主义，它是出于把马克思主义对这个世界的看法、对历史的看法、对经济和政治的看法和对社会关系的看法作为一个前提来看，从而诞生了一系列关于新闻的观念和理论。但是进一步说，当我们把新闻活动当作一个现象去研究的时候，当我们把马克思主义新闻观研究透了之后，它其实又反过来回到马克思主义中去，去反哺整个马克思主义体系。在这个过程中，马克思主义新闻观不仅仅是新闻理论下的一个马克思主义新闻的问题，反而它有可能超越整个新闻学去反哺整个马克思主义。这个其实是我们的一种思考。所以说，要理解马克思主义和新闻观之间的关系，我们要知道"马克思主义"不仅仅是"新闻观"的定语，"马克思主义"更是"新闻观"的前提，是它的条件。

　　我们经常说要用马克思主义的立场和观点去研究马克思主义新闻观或者看待新闻现象，那我就向各位老师汇报一下，我们在日常教学活动中如何去理解这个立场。第一个是人民立场。它其实是相对于"精英"立场的，很多时候它会被看成媒体的人民性和公共性问题，或者更加直白地说：媒体和政治性的问题。因为相比于新闻专业主义而言，马克思主义新闻观对于新闻的性质的认识包括一个很重要的部分——新闻即政治，新闻和政治是息息相关的。所以用一个所谓的价值中立的、外在的、客体化的立场去认识新闻，其实很多时候会被精英或者说商业的力量所控制，所以我们要去反思这些非人民的立场是如何切入的。第二个是全球立场，它是相对于西方立场的。很多时候我们谈到中国与世界、中国与全球，我们脑海里想的是中国和西方，和欧洲，和美国，其实这个全球还包括广大的亚非拉地区。在 2020 年新冠肺炎疫情发生前，我也很有幸到南非做调研，在和南非一些大学教授的交流过程中，我发现比如传播与后殖民主义的问题，在这样的一些地方还是有很强的特点。以上就是我所理解的马克思主义的立场。

　　第二，马克思主义的观点。首先是剩余价值的观点，它其实是一个生产环节，或者说相比所谓的供求关系决定价格，它更多地强调价值决定价格，包括剩余价值是如何被获得的。回到我们的新闻理论中，比如"网络舆论问题"，网络舆论不仅仅是民意的表达的一个集合，在这个更加数字化的时代，网络舆论作为一个产业问题，或者说它其实是一个可以被生产出来的东西，它也是一个商业化的机构，所以网络舆论的生产问题、算法问题以及商品化问题，都是我们马克思主义新闻观想要去讨论的话题。其次是世界体系的观点，比如文化领导权，信息流动的自由、安全、有序的关系问题。信息的流动其实并不是一个自由、安全有序的乌托邦式的想象，它其实存在文化领导权的强和弱的问题，存在意识形态差别的问题，存在需要保证信息流动自由的同时还要考虑到它的安全和有序的关系的问题。那在这个领域，从一个世界体系的角度来切入的话，会打开一个新的世界。

第三，马克思主义的方法。它是历史唯物主义的、辩证唯物主义的，包括说它不仅仅是聚焦在具体的、片段式的经验的基础上，更是一个整体性的、批判性的观点。

以上三点就是我对马克思主义新闻观的一些思考。接下来给各位老师汇报一下清华大学在这方面所做的一些探索。清华大学的"马克思主义新闻观"课程于 2005 正式开课，由首任院长范敬宜与李彬合授本科生课程，由周庆安开设研究生课程。本科生的"马克思主义新闻观"课程是专业必修课，由胡钰、赵月枝合授。之前都是大一的同学来上这门课，现在已经改成大三的同学来上，可能因为他们在更成熟的基础上更加能够理解马克思主义的一些深邃的观点和理论。研究生的"马克思主义新闻观"课程是硕士和博士的基础理论课，也就是几乎所有的学生都会上这门课。

接下来给各位老师展示一下我们本科生和研究生的专业必修课的大纲，研究生课程前三讲主要是讨论新闻和社会的关系、世界与中国的关系、制度结构和观念上层建筑的关系，后面几个是从新闻的真实论、功能论、地位论、制度论以及性质论等方面来讨论一些更加具体的专题性的马克思主义新闻观的话题。其实我们研究生的课程也很强调老师、学生之间的互动，所以我们每节课会针对一个主题让学生做一个展示，这也是一种教学的尝试。这个展示的题目每年会根据当年的一些问题有所改变。

清华大学从 2017 年开始探索中国特色新闻学的研究，关于这个方面也是做了一个面向全国高校老师的中国特色新闻学高级研讨班。我们希望通过一个跨学科的、宽广的视野，为马克思主义新闻观的探讨打造一个更加全面的、整体性的、批判性的基础和框架，所以我们在研讨班的前三天主要是邀请一些跨学科的老师和我们的学员进行分享。

**虞鑫**，清华大学新闻与传播学院研究员、博士生导师，中国新闻史学会中国特色新闻学研究委员会副秘书长。

# 建构经典与实践、理论与现实的对话场域

唐海江

华中科技大学新闻与信息传播学院一直将马克思主义新闻观作为立德树人的关键环节。近年来，特别是党的十九大以来，学院更是将马克思主义新闻观教育当成学院立德树人的头等大事来抓，组建了马克思主义新闻观教学团队，深耕"马列新闻论著选读"课程，开设马克思主义新闻观大讲堂，大力推进马克思主义新闻观教学改革，推动马克思主义新闻观成果入心入脑，在国内产生了良好的反响。在此我主要从课堂教学这一较为微观的层面对马克思主义新闻观的教学改革问题作一初步交流。

## 一、研读经典，重返历史现场

经典原著是本课堂的基础。笔者精选并编辑了马列新闻论著选读材料，包括马克思、恩格斯、列宁、毛泽东、邓小平、江泽民、胡锦涛和习近平在内的经典代表性论述近40万字的文字材料，引导学生精读经典，深耕马克思主义新闻观原著，为后续的理论联系实际打下深厚的基础。

研读经典时，需结合相关历史语境，不仅分析马克思、恩格斯在各个阶段有关新闻传播的论述和核心观点，同时结合具体历史语境，引导学生明了其观点之理论由来、现实背景以及具体指向，从而将马克思和恩格斯有关新闻传播的观点放在一个更为宏大的背景下加以解读，以揭示其衍变的根由和合理性，寻找变中之不变，以及何以会变，由此对具体论述展开

深度解读。

为了让学生明了马恩及列宁时代，课程开列了关于马克思、恩格斯和列宁的中外各种不同版本的传记，提供相关影片资源线索，引导学生从各个视野和角度了解经典作家的家庭、生活、爱情、个性以及革命和战斗的历程，真正使伟人和导师从神化中回到现实，回到具体的革命战斗的经历，更加贴近学生的生活世界和思想世界。同时，围绕经典作家作品解读，引导学生阅读近代欧洲革命史、俄国革命史以及中国近现代历史，明确历史的主要走向和经典思想在其中的价值和意义。

在近十年的经典阅读中，根据现实的情况，对经典作品不断进行调整。一方面，结合中国当下新闻传播的现实演进，选取和补充主要领导同志的相关最新表述，以让同学们了解最新精神和动向。近几年补充了新时代中国特色社会主义阶段有关新闻舆论和新媒体的论述，包括习近平同志的"2.19讲话"，以及有关互联网的相关论述。同时，根据现实中一些具有张力的问题，返回经典作家作品之中，获取相关思想资源，为同学们进行补充阅读。

在具体的课题教学中，强调课前预习、课堂导读和集体学习，课后撰写读后感和体会，三个环节环环相扣。这种基于原著的阅读能够使学生回到原著的历史现场中，理解相关论述的由来和用意，进而体会马克思主义新闻观最新论述的思想脉络、连续性及其张力。这样既能调动学生主动学习，真正读懂读深，避免对原著做模板化、机械化的处理；又能激发学生的参与热情，形成良好的课堂学习氛围。

## 二、锚定时代，勾连经典与实践

马克思主义是发展的理论，也是实践的理论、开放的理论。马克思主义新闻经典论述中的诸多表述，不仅为现实问题的讨论提供了由头，也为理解和处理现实重大问题提供了一种方法论的指引。在此观念指导下，"马列新闻论著选读"课程在让学生阅读之余开放大量时间进行相关问题的讨论。

事实上，结合近十年来的经验，受现实问题的诱发和刺激，同学们在阅读经典原著过程中自然也会产生相关话题或者争论。此时课堂上如果回避这些问题，或者置之不理，不仅难以进行理论和思想澄清，也无法达到课程教学的真正目的。相反，这样的话题或争论为进一步理解马克思主义新闻观的相关表述，同时也为真正理解当下中国的现实提供了难得的机会。一方面，可以发现，现实中的一些有关新闻传播的理论热点问题，有助于解析马克思主义新闻观的一些基本观点，并为已有观点赋予新意。如，围绕当下流行的"新闻反转"问题，对马克思关于"报刊的有机运动"这一表述展开讨论，分析互联网技术给新闻真实带来的多重影响，进而为原有的观点赋予诸多新意。又如，围绕党性问题，针对互联网阵地问题，提出互联网时代党与党媒关系面临的挑战，有助于同学们了解党和政府关于互联网的政策走向及其难题。

另一方面，现实的某些政策和理论，可能与马克思主义新闻观原著中的具体观点相矛盾，这就容易引发同学们的争论。在课堂上适时针对相关问题进行讨论，既能进一步把握马克思主义新闻观之精髓，也能引导同学们认知中国的新闻传播实践和动向。譬如，针对我国实行的网络实名制，同学们根据马克思在《摩泽尔记者的辩护》中主张不署名的观点可展开激烈辩论，经典表述与实践之间的张力能为同学们提供广阔的讨论空间。又如，针对马克思在莱比锡总汇报系列论战中对于"轻率的""不老成的""充满激情"的人民报刊的辩护，同学们就网络上的舆论表达问题展开争论。再比如，针对列宁提出的资本主义新闻自由是有钱人的自由，批评资产阶级的作家、画家和女演员的自由的假面具等论述，同学们联系目前流行的圈粉、打赏等问题展开进一步分析，解析其中的异同。

这样的讨论甚至辩论并不能保证立即获得一个完全正确的理解，但它不仅有助于帮助学生获得知识，更重要的是培养学生的思维方式。通过多个来回的辩论和不断的质疑，很多同学感到这样的讨论"很过瘾"，其收获远超一个观点或几个观点的知识传授。这样的讨论乃至激烈的争论，对教师的理论素养提出了较高要求。教师在回应时应该特别注重从总体的方法论上，从道德的高度去把握其中的分歧乃至矛盾，而不能以简单的观点对立而做是非对错的轻率判断，引导同学们用马克思主义的世界观和方法论去处理新闻传播历史和实践之中的问题，在经典与实践的勾连或张力中"授人以渔"。

## 三、聚焦个案，理论联系现实

在马克思主义新闻观课堂教学改革的探索中，另一个重要的举措是对当下发生的新闻报道进行个案解析，用马克思主义新闻观的基本观点和方法解析现实的新闻报道和舆论，进而把握现实的媒体生态和舆论生态，提升学生分析问题、解析问题的思维能力，推进理论与现实的结合。

这类报道个案往往置于课程开讲之前。这样安排既可以调动同学们的热情，也可引发其从课程中寻求解答的渴望。报道个案的选择在课程开始之时由同学们自主确定，有时会随着课堂的推进而有所调整，一些新的个案会增补进来。其选择的核心原则是现实中的热点或有争议的新闻报道，这样不仅可以增强学生的热情，选取的内容也具有理论讨论的价值。关于"MeToo"运动的报道，国内社交媒体揭露的事情风起云涌、鱼龙混杂，诸多报道既缺乏事实核查，也易引发社会的整体情绪波动。课堂中，同学们梳理了西方"MeToo"兴起的背景及其进程，中国"MeToo"运动的过程及其典型事件，特别是针对其中的一些揭发事件进行了还原，从马克思主义新闻观的基本观点出发揭示社交媒体曝光存在的问题，并引申到后真相问题的探讨之中，既肯定这一运动在中国兴起对于妇女权利的积极作用，又提醒要避免媒体过度放大而引发社会整体负面情绪，进而提出媒体如何对此运动加以引导的问题。

在近年来的课堂教学中，一系列热点报道和争议性的报道通过同学们的梳理和展示进入课堂，其他如吉林长春长生疫苗事件、乐清女孩滴滴遇害事件、寿光水灾报道等。围绕这些事件，同学们进行梳理和展示，老师据此展开提问和理论延展。这样安排的好处不仅在于引导学生了解当下新闻传播业界的动向，也可揭示转型时期中国新闻传播界的生态和主要思潮，帮助同学们用马克思主义新闻观分析问题和解决问题，包括舆论生态、报道机制、媒体伦理等马克思主义新闻观中的基本问题。

如何避免将马克思主义新闻观作为一场意识形态的说教，真正能够让马克思主义新闻观活起来、吸引人，走进学生的心理，这是每一位"马克思主义新闻观"课程主讲教师所渴望完成的任务。也许是由于同学们与马克思主义新闻观或者马克思主义常年接触，已经形成了一种较为模式化的前设理解，导致这一任务变得非常艰难。我在这里主要就课堂教育这一块做初步探索，即立足课堂教学，将45分钟课堂安排好，立足经典和现实，构建经典与实践、历史与现实的对话场域，以一种开放的姿态和风格，容纳各种声音。

**唐海江**，华中科技大学新闻与信息传播学院副院长、教授、博士生导师，中国新闻史学会常务理事，中国新闻史学会外国新闻传播史研究委员会副会长。

# 如切如磋　如琢如磨

平行论坛(二)
"中外新闻传播史"课程研讨

# 中国新闻史教学中的翻转式课堂的运用

赵云泽

今天我将为大家分享关于中国新闻史翻转式课堂应用的问题，分别从以下几个方面进行探讨：一是翻转课堂的必要性，二是准备和布置，三是教学技巧和评估，四是案例。

第一，翻转课堂的必要性。如今，中国新闻史正面临着在数字时代怎么讲课的问题。一方面，各种搜索引擎使得知识获得变得非常便利，以前的知识垄断在新时代面对"90后""00后"学生的时候就不够用了，学生对老师的知识缺乏崇拜感。另一方面，中国新闻史历史性的内容都面临这样的问题，老师讲得特别精彩，但学生只是记住了最生动的段子或趣闻轶事，而对整个学科的知识了解不多、不够深入。所以有必要探讨一些新的方法。翻转式课堂是从以往的以"教"为中心转变为以学生的"学"为中心。以"学"为中心包含两个方面，既要教，又要管学生的学，实际比以前要求更高了。这样做可以增加学生的参与度，加强学生的团队合作。翻转式课堂布置过程中要给学生分组，同时在课堂上提供个性化指导，使课堂讨论更集中，学生也非常希望开展高水平的讨论。这对老师的要求不是更低了，而是更高了，但是教学不再成为一种负担，而是将教学和科研有机地结合起来。但是，翻转式课堂并不是所有课程都适合，一些知识性特别强的课程是不适合的。适合翻转式课堂的课程有几个特点：其一，必须有选修课的基础，完全陌生的知识不适合讨论；其二，有讨论的空间；其三，讨论对于知识量的扩充是有益的。对学生而言，他们对中国新闻史课程的背景知识是非常了解的，所以应用翻转式课堂的教学方式是比较适合的。

第二，课堂的具体布置。首先，教师要有充足的准备，对所讲内容要非常熟悉，另外要有一定的科研积累，关键是在教学过程中要有问题意识，问题是翻转式课堂的灵魂。每一讲的若干个知识点都要变成问题，这是最关键的。把中国新闻史的所有知识都变成问题和讨论是需要教师做系统工作的，这就是课堂布置。布置的问题要有拓展性，文献要精致，难度要适中，还要有阅读小组，同伴的激励和集体的荣誉对刚上大一大二的学生而言是非常重要的。考核方式上，平时成绩占得比较多，将近60%，期末考试采取闭卷形式，一定要让学生知识内化。考试题目可以是很有规律性的、理论性的题目或开放性的问题，但是必须闭卷。这样就增加了课程的难度，适当增加课程的难度和挑战性实际上会增加这门课的魅力。

第三，翻转式课堂的教学技巧。课前要把阅读的文献全部布置下去，学生们读完之后，课堂上老师先对本讲做背景介绍，梳理相关的前沿知识，尤其从背景知识到前沿问题的讲解中，要介绍目前学界最关注的是什么，然后要对本讲所讨论的领域有清晰的把握，对要解决的问题非常明确，只有问题明确才有利于讨论。按照布置的内容和学生的讨论，教师要掌握节奏、控制流程，对每个问题还要进行总结，不能让没有消化的、错误的观点留在课堂上。分数激励是最终机制，但在整个过程中要有良好的课堂氛围和学习精神，这和成绩是一样重要的，有时甚至更重要。激发同学们向上看齐，树立榜样。对于同学们表达的观点要予以尊重，以鼓励为主，还要给予适当的压力。最关键的是布置的文献本身要特别精彩，使学生有收获感。那么如何掌握和对待学生的发言和提问呢？对待没有阅读文献的学生不要逼问，要限制他的发言时间，适时提炼学生的发言，当学生说出百分之六七十的内容时教师要及时提炼升华，这样学生也会受到鼓舞。同时，还要注意小组的荣誉感，鼓励自由发言，也要制定规则，别人说过的观点不允许重复，不能为了发言而发言。我一般会让课代表做记录，谁发言了几次，老师的评价怎样等都要详细列入最后的考核成绩中。同学们之间有时也会争得面红耳赤，有时也会不同意老师的观点，作为老师需特别重视掌控情绪，保持耐心和理智。此外，教师自己一定要对知识掌握充分，要善于引导同学们直面问题、深入探讨。总的来说就是要循循善诱，辩论当中道理自然明白。另外，要营造一种良好的课堂氛围。

从教学评估来看，美国的一位教育家从七个方面讲学习效果。把这个理论框架借用过来评价翻转式课堂也是非常好的。第一个方面是对学生已有的知识是否进行了纠正甚至拓展。学生已有的知识可能是正确的，也可能是正确但不充分的，还有不当的、不正确的知识，如果不通过翻转式课堂，我们永远不知道他既有知识的情况，所以翻转式课堂一定是有益的，更可能是未来发展的重要方向。第二个方面是学生的知识组织的方式和知识图谱的建立。所学知识如果都只是一个点而不相互连接，那么学得再多也仍然是贫乏的。所以通过翻转式课堂教学，帮助同学们建立起知识图谱，他的知识从一个点建立成一张网，才能成为一个真正有知识的人。第三个方面是学习动机。通过课堂讨论、老师的鼓励、同伴的相互观察学习，会树立正确的学习价值，营造出一种知识性的环境，强化学习动机。当学生意识到学习是有动力的，是一件有意义的事，那么即使在学习过程中遇到阻力，也会努力克服。第四个方面是学习过程。通过布置文献，学生阅读文献，课前小组讨论，课堂上讨论，教师点评，最后交作业考试，等等，这样学习的过程就变为一种生动的人际交流，更加充满人情味，更适合这个年龄段的学生学习。第五个方面是科学设计学习的过程。要从易到难，具有适度的挑战性和适当的练习，有目标，有反馈，学生每次阅读完之后要在课堂上讨论和检验，使其产生成就感、收获感，形成良性循环。第六个方面是营造良好的课堂氛围。传统课堂上老师专门讲授，如果学生反馈不积极、不注意听讲，老师则可能会身心俱疲。如果营造良好的课堂氛围，老师可能讲一次课一星期都感觉身体清爽，心情舒畅。讨论式的课堂更是会营造出这样的氛围，老师不再会有自己讲而别人不参与、被边缘化的尴尬和疲惫。以往以"教"为中心的情况下，一部分同学是边缘化的，他们可能会在课堂上默默地做自己的事情，身体在课堂上而实际上心思或者精力可能不在。第七个方面，翻转式课堂就是要克服这些问题，最终培养学生成为自主的学习者，树立批判性的学习方法。我给学生布置的有100多篇精挑细选的文献，有的难度比较大，包括像陆晔和潘忠党写的《成名的想象：中国社会转型过程中新闻从业者的专业主义话语建构》等对本科生而言难度较大的文献，这样一学期下来，学生由易到难地阅读100多篇文献，坚持下来会有特别大的提高，这种学习方法和习惯会受益终身。

第四，我介绍一下具体的做法。我在教学中把课程梳理成问题式的大纲，按照16周的时长，第一周讲课堂要求，之后15周讲具体内容。问题式的教学实际上可以实现教学和科研的一体化，保证我们在备课过程中进行思考和科研的积累。例如，第一讲的标题，我把它变成了"中国古代舆论沟通机制是如何运行的"，这个问题会有现实的代入感，同学们会感兴趣。带入到中国古代社会，这一机制在每个时期到底是怎么运作的？这就极具讨论的可行性和讨论的空间。在这个过程中，实际上我自己也在不断思考。通过这些问题式的教学，这些年我在中国古代、近代的新闻传播史方面大概写了十几篇文章，基本上覆盖了主要的历史阶段，如商周时期关于甲骨文到钟鼎文转变的媒介革命、先秦时期的采风、秦统一文字等同新闻传播史的关系方面的文章，以及宋明理学的传播观点，等等。老师在课堂讨论中可以带着同学们一起思考，自己也不停地思考，这些问题不仅能激发同学们的思考，同时对老师也是一种科研的积累。整个十几讲的教学过程中，每一讲背后老师都可以有比较充分的科研积累，可以拓展很多问题。课程也因此比较饱满，同学们的获得感会更强，对老师科研教学一体化会产生比较好的效果。

**赵云泽**，中国人民大学新闻学院教授、博士生导师，中国新闻史学会常务理事。

# 中国新闻史课程的主题与问题

艾红红

近年来，不仅传统新闻业正经受各类社交媒体新闻传播的冲击，奠基于传统新闻业之上的新闻史、新闻理论与新闻业务三大主干课程也日益呈现出一些不适"症状"：在互联网勾连的多元新闻传播生态下，传统报刊、广播和电视有时只能扮演新闻传播节点的角色，无法继续独揽对公众进行新闻筛选与报道的专利权，新闻教育则面临是否需要"调焦"的重大问题。学界对"新闻""新闻学范畴""新闻教育"等过去曾存在相当共识的基本问题的探讨与反思，包括本文所关注的中国新闻史课程设置问题，都是在这一背景下展开的。

## 一、中国新闻史课程的主题是新闻事业史，尤其是报业史

以职业新闻机构的新闻活动，也即新闻事业作为新闻教育"想象的共同体"，是传统新闻教育的基本特征。在此基础上构建的中国新闻史课程体系，也是以新闻事业史的前期和新闻事业的产生与发展为基本线索推进的。其中，近代新闻事业的源头媒介——报业及其历史则成为新闻史叙事的主角。

这并非中国新闻史课程体系所独有，也绝不是我国新闻传播教育之独创。"新闻学是对一个新行业——报业（新闻业）的呼应，这个新行业是印

刷、电报等技术引发的传播革命的产物。因此，新闻学是以职业为导向的，以伦理-规范为要旨的学科。报纸职业及其业务操作，就是新闻学研究和教学的主要内容。"①在近代报业率先兴旺发达的欧美资本主义国家，早期新闻教育无不以报业为主要服务对象。中国新闻教育的发端，也是因促进国内报业发展、提高报人职业技能的初衷而兴起。② 由是观之，把新闻史课程设定为新闻事业尤其是报业为主的历史，是有其必然性与合理性的。

一种媒介对人类新闻传播活动的加持，可从另一角度解读为"新闻"的被"挟持"。大众传播时代的"新闻"最先依附于报业，成了报业的"专利"；而在报业鼎盛时期产生的新闻学与新闻教育，也顺带成了传统新闻学科的前置"取景框"。在以报业为主题书写历史的惯性下，20 世纪以来兴旺发展的广播业、电视业乃至互联网新闻业都成了新闻史发展的"副线"或者说延长线部分。相对地，由于传媒结构调整而产生的新闻话语变迁、新闻人适应新闻传播介质变化而进行的多种探索等议题，则不仅较少为新闻史学界重视，也尚未被纳入新闻史教育的范畴。

## 二、上述课程体系存在的问题

这种以报业史作为初始设置的新闻事业史叙事，其在史料取舍、时空演绎中所蕴含的价值体系，本身就昭示了内在的问题或困局。

历史证明，以职业新闻机构的定期、连续和公开传播为特征的大众新闻事业，只是人类新闻传播漫长演化进程的阶段性产物，是人类新闻传播社会组织形态的一种。新闻传播活动与人类同样漫长，始终内嵌于社会生产与活动当中，是人类面对面即时传播的重要内容。文字出现后，部分新闻传播的内容借助文字及其载体(甲骨、布帛、莎草纸、羊皮纸等)的流转

---

① 黄旦. 新闻传播学科化历程：媒介史角度[J]. 新闻与传播研究，2018(10).
② 我国新闻教育的发端[J]. 新闻学报，1940(1).

而固化并传承，沉淀为历史书写的重要素材。造纸术、印刷术及无线电通讯等新技术加持下的现代报业出现后，"新闻业"正式登台，"新闻"似乎也成了大众媒介"专属"的具有特定内涵与外延的特殊文化产品。而大众传媒之外的新闻传播活动，则似乎被学界自动"过滤"掉了。

上述筛选与过滤机制同样被应用于新闻史课程的搭建中，形成了以新闻事业史为主题的架构。这种机制固然有助于学生了解新闻业的历史与逻辑起点，把握新闻行业的衍化进程，但若在互联网传播背景下回看这一架构，则会发现其内在的"兼容性"之不足。

首先，现有的报刊主体性思维，掩蔽了新闻传播演进中出现的主体位移、结构变迁及"新闻"内涵外延变化等核心议题。涉及新闻传播的主体位移与结构变迁层面，如在党的新闻工作历史上，1947—1948 年的一年多时间里，由于《解放日报》停刊，中共中央党报处于缺位状态，延安新华广播电台就成为当时唯一代表中共中央发声的媒体，此时中共中央新闻宣传的内容也因发声主渠道的改变而发生很大变化。类似这种媒介整体结构视野中的新闻传播之变，理应是新闻史关注并强调的，但在迄今的报刊史主体书写中却无法显示这类变化。再如通讯社作为现代新闻业的信息"批发商"，虽数量不多，但影响广泛；在报刊史主体思维框架下，通讯社却只能是不太重要的小"角色"；更不要说互联网新闻传播仅占新闻史的最后一小部分。涉及"新闻"内涵与外延的变迁层面，如"是否有一个本质的始终不变的'新闻'"①等。诚然，报业是新闻业历史中最早最悠久的媒介类型，但相比数万年的新闻业史只占一章，百多年电子媒体的新闻史只能作为一条辅线。就这种课时安排来说，新闻传播史以报刊为主要内容的系统设置，似有进一步优化的空间。

其次，即使以报业、广播业、电视业乃至新媒体新闻业的演进路径来建构新闻史，似乎还需回答另一个更为"终极"的问题：即，新闻史究竟是新闻传播演进史，还是新闻传媒变迁史？

---

① 黄旦. 新闻传播学科化历程：媒介史角度［J］. 新闻与传播研究，2018（10）.

　　美国哥伦比亚大学新闻学院教授迈克尔·舒德森认为：新闻是必要的，报纸不是。尤其是在当下职业新闻机构与非职业新闻传播者高度交融，新闻生产与传播者的范围无限扩大，呈现出多元主体特征时，仅聚焦新闻事业尤其是职业新闻媒体的生产活动及其产品，是否足以应对当下及未来的媒体变革？

　　需要进一步追问的是，这种新闻事业史的取径，是否在某种程度上限制了我们的思维？一个显见的事实是，在新闻事业史这一既定路线的导引下，历史上很多标志性甚至具有分水岭意义的新闻传播活动被有意无意地淡化甚至遮蔽了。更不要说中国数千年丰富多彩的新闻传播只能作为传统新闻史篇章的"序曲"，今日互联网技术所造就的全民皆可操控相同品质的即时传播工具进行新闻生产与传播的丰富"史实"，如政府、企业或个人的重磅新闻发布等，也很难有效整合进既有的新闻事业史框架，因而与课程名称"新闻传播史"出现了名实不符的矛盾。

## 三、改进中国新闻史课程的个人思考

　　基于上述认识和判断，聚焦新闻(舆论)的生产与传播进程，而非承载新闻(舆论)的媒体变迁，或许是新闻史课程改革的一个思路。

　　毕竟，新闻并非为媒体而生，而是报纸、广播电视乃至互联网这些能扩展新闻传播空间、提高时效的载体能更好满足新闻传播所需，才在一定时空条件下成了新闻传播的主渠道。人类对不同新闻媒介的使用与塑造，又会生成不同的传播景观。在当下提倡培养全媒体人才的背景下，在大众传媒的新闻控制权被严重削弱的前提下，沿袭已久的新闻传播流程与规则正在被"改写"。作为一门实践性极强的学科，让新闻教育回归聚焦"新闻"本身，新闻史课程从关注新闻事业史调整到关注新闻内容的生产、传播与再生产、再传播历史，从中梳理、分析新闻事实/世界变化与新闻作品生产/传播的内外关联，应成为其题中之义。

　　聚焦"新闻"本身及其发展历程，看似缩小了学科范围，从关注新闻事业退回到关注新闻事业的核心功能。实际却并非如此。个人认为，从聚焦新闻(传媒)事业调整到以"新闻"为原点，梳理与分析其产生与发展过程，并将新闻传媒的衍化、新闻事业的产生与发展作为这一过程的部分而不是全部予以展示，是新闻教育对传统新闻事业的一次"脱嵌"，是新闻史课程的思想解放，也是站在历史长河中观察与分析人类新闻传播活动与现象的一种较科学的思维方法。以新闻传播史为主题和主线构筑课程，报刊史、新闻事业史就成了人类新闻传播漫长进程的一个历史阶段。由此，可适当压缩新闻事业史的课时量，扩展事业史之外的新闻传播内容，尤其是注意打捞那些"沉没"的非职业新闻结构的重要新闻传播史料，构建一个非职业新闻机构与新闻事业共同生产与传播新闻，二者彼此关联交织、相互影响、互相塑造的贯通性历史课程。

从新闻事业的"有限"框架中跳脱出来，关注更为悠久、广泛与普遍的新闻传播活动或现象，一定意义上是与黄仁宇先生所强调的大历史观相契合的，即将宏观及放宽视野这一观念导引到新闻历史研究中，认真思考与打磨不同时代的新闻生产与传播机制以及在此条件下"新闻"成品的历史流变。从这一逻辑起点出发，不仅可以上溯历史、对接未来，还可对新媒体景观中新闻业者与研究者普遍关心的问题提供更多针对性的历史经验。

**艾红红**，中国传媒大学新闻学院教授、博士生导师，中国新闻史学会常务理事，中国新闻史学会地方新闻史研究会副会长。

# "中国新闻传播史"课程教学的厚度与温度

陈建云

"中国新闻传播史"这门课程，在复旦大学新闻学院的本科培养计划里分量很重，是新闻学、传播学、广告学、广播电视学四个专业都要学习的必修课，占据 3 个学分。我们进行过多次培养方案的修订与调整，不过"中国新闻传播史"这门课从来都没有被削减过，并且一直设定为学生必修的核心课程。因为大家形成了一个共识：新闻传播学专业的学生，应该对我国新闻传播事业的发展历程、演进规律有充分的了解，从而资鉴当代、展望未来。

"中国新闻传播史"本来是一门很厚重的课程，但有时会被讲解得单薄零碎；它又是一门非常有趣的课程，有时却被讲解得干巴枯燥。因此，我将结合自己的上课体会，围绕如何提升这门课的厚度与温度，解决课堂教学中容易出现的单薄和枯燥问题。

第一个问题，我认为可以通过史料来增加课程的厚度。史学也可以说是史料学，是建立在坚实的史料基础之上的。中国新闻传播史作为史学的分支，当然要高度重视史料。

首先，用新发现的史料充实"中国新闻传播史"课堂教学内容。史料是不断被发现、不断被挖掘出来的，但是教材的编写、修订、出版有周期，有些新发现的史料可能来不及编进教材，这就需要教师通过课堂来介绍新发现的史料。例如，"中国新闻传播史"课程必定会讲到戈公振，讲到他的《中国报学史》，这是第一部全面论述我国新闻事业发展历程的专著。其实戈公振还有一部著作——《世界报业考察记》。1927年，戈公振曾自费到欧洲、美国、日本进行为期一年多的世界报业考察，他在英国访问了泰晤士报社，在美国参观了纽约时报社，把考察过程中的所见所闻所思写成了《世界报业考察记》。书稿完成后他交给商务印书馆计划出版，不料1932年上海爆发"一·二八"淞沪抗战，商务印书馆大量的图书资料被日机炸毁，戈公振的《世界报业考察记》从此下落不明，极可能已毁于这场战火。没有想到的是，2017年完整的书稿在上海图书馆被意外发现。1927年出版了戈公振的《中国报学史》的商务印书馆，在90年后又出版了他的《世界报业考察记》。《中国报学史》和《世界报业考察记》交相辉映，堪称双璧。《世界报业考察记》书稿的发现和出版，为我们研究戈公振及其新闻思想提供了非常珍贵的新材料。如果把这些新发现的史料补充到课堂教学中，就会大大增加课程知识的厚度。

其次，运用新发现的史料来纠正成说。新闻传播史对一些事件、问题的评判当然是基于史料，但是有些史料可能有问题。例如抗战时期非常有名的"飞机洋狗"事件。1941年12月8日太平洋战争爆发，日军进攻香港，国民政府派专机"抢救"滞留香港的民主人士和政府官员。12月11日，《新民报》发表了一篇题为《伫候天外飞机来——喝牛奶的洋狗又增多了七八头》的报道，说该报记者在机场发现，本应该从香港乘机回到重庆的民主人士、政府官员并没有如期回来，因为这架专机被孔祥熙的女儿带着大批的箱笼、老妈子和洋狗占据了座位。这篇报道在当时引起了轰动，成为批评国民党政府官员贪污腐败的典型事例。《大公报》还就这一事件撰写、发表了一篇《拥护修明政治案》的社评，直指行政院副院长孔祥熙，提出要"肃官箴，儆官邪"。蒋介石得知后严令交通部部长张嘉璈彻查真相，并向《大公报》询问消息来源。12月22日《大公报》复函说"事属子虚，自认疏失"。12月29日，交通部部长张嘉璈致函《大公报》，说明向中国航空公司调查的结果：当时香港交通断绝，电话不通，无法一一通知待抢救人员；箱笼为中国银行公物，洋狗乃美国驾驶员之物，决无私人携带大宗箱笼、老妈子和洋狗之事。次日，《大公报》如实刊登了这封来函。1942年1月

12 日，宋庆龄专门就此事给弟弟宋子文写了一封信，讲述当时撤离香港的经过，指出《大公报》关于"飞机洋狗"事件的社评是不实之词。这封信保存于美国斯坦福大学胡佛档案馆，被民国史专家杨天石发现。杨天石针对此事写了两篇考证文章，发表在《南方周末》。但是，我们不少的中国新闻传播史教材和任课教师，讲到"飞机洋狗"事件时，还是按照《新民报》的报道和《大公报》的社评来讲的，而新发现的史料证明实际情况并非如此。史学研究最忌讳以假材料立论，因为假材料得不出真结论。建议任课教师把这些新发现的史料运用于课堂教学之中，不但可以增加授课内容的厚度，引发学生的兴趣，而且可以纠正固定成见，培养学生的质疑精神。学历史，对某一个事件、问题不能妄下论断，也不能盲信，要有质疑精神。

再次，对旧史料要有新的解读。不管讲授什么课程，前提是教师要有一定的研究作为基础，如果对问题没有一定的研究，很难将课程讲得有深度、有趣味。史料还是这些史料，但是每个人对史料的解读可能不同。提到《申报》总经理史量才，长期以来都说他是被国民党军统特务暗杀的，实际上到现在为止并没有找到确凿的证据。黄炎培是史量才的挚友，《黄炎培日记》经社科院历史所的专家整理，2008 年由华文出版社正式出版。能不能在《黄炎培日记》里找到史量才被害的蛛丝马迹？我通过仔细梳理《黄炎培日记》，写成了《〈黄炎培日记〉所载史量才之死》一文，发表于《新闻春秋》2015 年第 3 期。这篇论文经过详细考证，认为《黄炎培日记》中的相关记载，可以作为史量才被军统暗杀的旁证。《黄炎培日记》作为史料一直存在，我对它的解读相对而言就比较新颖。

第二个问题，我认为任课教师可以在课堂上阐发史识来提升课程的温度，避免把"中国新闻传播史"这门课程讲得枯燥无味。讲授历史首先自己要喜欢历史，讲授者尤其应该是一个有情怀、有温情、有温度的人。讲授"中国新闻传播史"，不是让学生简单记住报刊的创办时间、地点，这是基本层次的知识；更高层次是让学生通过学习"中国新闻传播史"，培养一种史家精神。这门课应该是传承学科文脉的一门课，通过这门课将中国新闻人求真、求实、维护社会公平正义的精神代代传承下去。唐代的刘知几说

"良史"应该具备三方面的素养：史才、史学和史识。史识就是对材料、问题、事件的评判力。"中国新闻传播史"不应该是零碎材料的累积排列，而是基于材料对历史事件和人物的论断和评判，向学生讲解清楚"是何、为何、何益"。梁启超在《中国历史研究法》中就说过："史者何？记述人类社会赓续活动之本相，校其总成绩，求得其因果关系，以为现代一般人活动之资鉴者也。"也就是说，历史是记述本相、求其因果，从而资鉴当代的学问。

钱穆先生在《国史大纲》的前言中说，读者要看《国史大纲》，首先应该具备几项观念，其中之一就是"对本国以往历史存有温情与敬意"。有史识、有史家精神的人，对历史肯定葆有温情与敬意。因此，建议教师在讲授"中国新闻传播史"课程时，将重点放在对学生的史识、史家精神的培育上，使学生对历史充满温情与敬意，这样他们自然就不会觉得这门课程枯燥无味了。

2016 年 11 月，我到中国人民大学参加"方汉奇新闻史学思想研讨会暨方汉奇从教 65 周年纪念大会"。会上方老讲了这样一句话："如果说新闻业是社会的守望者，新闻史学就是新闻业的守望者。"这句话让我感触良多，新闻史学正是通过对新闻传播发展规律的总结，对新闻传播思想演变轨迹的考察，对新闻人功过是非的褒贬，守望着新闻传播事业捍卫社会公正的良知与精神。我想，这就是学习"中国新闻传播史"课程的意义所在。

**陈建云**，复旦大学新闻学院副院长、教授、博士生导师，中国新闻史学会副会长，中国新闻史学会新闻传播教育史研究委员会副会长。

# "坚持走叙事的路":"中外新闻传播史"授课方式探析

赵建国

关于新闻传播史的授课方式,我借用了杨奎松教授的一个标题,就是"坚持走叙事的路"。我将重点谈两个方面:一是为什么新闻传播史教育要强调叙事? 二是怎样叙事?

为什么要强调叙事? 这是因为,从近代至今,中国历史教科书上的理论阐释越来越多。桑兵教授曾谈及,近代中国史学教育在向西方学习的过程中,发生了翻天覆地的变化,其中一个非常重要的进程就是科学化。对于这个问题,王晴佳教授认为,所谓"科学的史学"可以分为两种:一种是客观史学和批判史学,另一种是注重史学解释。如是以来,近代中国史学细分为两派:一是史料派,二是史观派。这两派都是强调科学化,强调社会科学对于历史研究的高度重要性。史料派注重的是考古学、生物学、语言学的重要性,史观派更强调的是经济学、社会学、政治学对于史学研究的重要性。19 世纪 20 年代,北京大学历史系朱希祖教授设置的历史学科,几乎就是以社会科学为基础,而且涉及学科类别非常丰富,如政治学、人类学、经济学、法学、宗教学、伦理学,等等,尤其强调社会学和社会心理学,真正的历史讲述反而退而求其次。针对当时的史学教育,桑兵教授做出了一个非常好的解释:近代新式教育的扩展使得史学不断条理化和系统化,但这种条理和系统几乎完全按照西方社会科学的办法来做,这种社会科学化刚好印证了近代学制变革的潮流。在这样的大背景下,中国史学出现了学派分离，即史观派和史料派。究竟如何调和，依然是一个令中国学人困扰的问题。

这类情况也影响到近代中国的新闻传播史教育。甚至可以说，在移植密苏里大学新闻教育模式的过程中，中国近代新闻传播教育和新闻传播史教育的社会科学化趋向更加显著。例如，燕京大学新闻系的课程设置分为四类：专修、必修、辅修和选修。其辅修和选修课基本就是以社会科学为主。不仅燕京大学如此，当年复旦大学新闻系、暨南大学新闻系都是这样设置课程，社会科学的比重极大，而真正的新闻学专业课程所占比重非常小。

而且，历史学和新闻传播学教育中体现出来的社会科学化趋向，直接导致学科研究和写作的社会科学化。在社会科学化的影响之下，史学研究，包括新闻史研究，越来越注重解释性的历史，强调阐释史学，而相对忽略叙事。杨奎松教授认为，讲社会科学是有好处的，社会科学的新概念和新理论专业性很强，能够引导研究者提出很好的问题，挖掘史料中的道理；借助于社会科学的方法、概念，能够比较清楚地表达作者的观点，我们确实需要社会科学来拓展视野。

但是，研究和写作过于社会科学化，也会带来一些值得关注的问题，即研究和写作越来越八股化，越来越格式化，而且太多的社会科学概念让读者感到不知所云、不知所从。我在中山大学攻读博士学位时，听过一位知名教授的讲座，题目是《读书人不读〈读书〉》。缘由在于，《读书》杂志虽然有名，但是这个杂志的很多内容，置入过多的社会科学的新概念、新名词和新理论，多数人没办法读懂。或许，这位教授说得有点偏激：部分论文的作者很多时候不知道自己在说什么，更不要问读者如何去理解了。但仔细思量，这种讲法还是有道理的，以己之昏昏，岂能使他人昭昭？杨奎松教授也曾讲到，用社会科学指导做具体的细致研究，包括寻找史料、举证和论证，时常会犯一个巨大的错误，就是容易脱离材料的历史背景和具体时空的内在联系，往往会用外来和后来的概念框架去梳理历史，讲述历史，结果会把后人意见看作当事人的意见，主观性和代入感过强。

这种写作和研究的科学化，也影响到教科书的编撰。《中外新闻传播史》教科书，也是越来越社会科学化。其中一个重要表征，还不只是洋八股的问题，更严重的在于教科书越来越注重史观，越来越注重寻找历史规律，强调对历史的解释。实际上，历史哪有那么多规律可循呢？历史必然性之中，可能更多的是偶然因素在起作用，有些问题根本讲不清楚，所以历史才需要不断地研究和探索。按照一些史学大家的建议，与其解释历史和探寻规律，还不如把历史事实讲清楚。在社会科学化的过程之中，史学教科书的面貌越来越单一化，也降低了历史学研究和写作应有的趣味性、文学性和艺术性。现在很多的历史教科书，包括新闻史教科书和历史著作，可读性是偏低的。当然，也有很多好的作品，社会科学化的趋向相对来说不那么明显。比如，《人类简史》援引了大量的社会科学知识，但整体上读起来还是令人比较愉悦的。

大体而言，史学研究与教学的社会科学化，确实有它的好处，但也存在较多的问题，特别是容易忽略叙事。其实，历史的本质就在于叙事，如中国史学名著《史记》就是以叙事为主体。在某种程度上讲，历史不需要过多的解释，应该让历史自己来说话，用历史来说明历史，用事实来说明事实，而不是用理论来解释历史、说明事实。按照本雅明的说法，写历史就是引用历史。清华大学国学院的导师陈寅恪教授也曾说，所谓历史就是整理史料，随人观玩，根本不需要多此一举地不断解释和阐释历史。而且，历史阐释永远是无止境的，每一代人都有自己的历史，都有自己的阐释。

杨奎松教授在一篇文章中提出这样的主张：一篇好的史学论文，一本好的史学教科书，应该学会讲故事。这样的观念对新闻传播学特别有用，我们经常说要讲好中国故事，那么先要在课堂上告诉学生，如何讲好历史故事。能够讲好历史故事，同样就能讲好中国故事。所谓好故事，就应该有好素材、好问题，并用好文字来表达。

简言之，史学研究和写作应该坚持走叙事的路。讲故事的叙事方法，最重要的在于，能够符合绝大多数读者的阅读习惯，能够通俗易懂，让大家知道你在讲什么。如果过于社会科学化，就完全把历史学，包括新闻史，变成了一个非常高端和小圈子的文化，也许可以自娱自乐，但知识传授和普及的意义就大打折扣。

这意味着，新闻传播史教育和新闻史的教科书，应该回归到历史叙事的本质。先侧重于把事情讲清楚，讲得有趣，再考虑如何讲道理。进一步来说，就是把所有的道理都放在事中，理在事中，或者寓事于理。因为事实不正确，一切都不正确。先讲事，再讲理，而不是以事代理、以论代事。理论是灰色的，事实之树常青！

"中外新闻传播史"教科书如何叙事呢？首先要以人为中心。现在的新闻传播史教科书或相关研究，可能更多关注新闻事业、新闻机构和新闻业务的变化。但是，实际上，新闻史依然在讲历史，而人是历史活动的中心，所以新闻史还是要以人为中心。讲历史不能只见事，只见机构，而不见人。人是最重要的，也是最难把握的，最值得琢磨的，讲起来也是最有意思的。

其次，要注重时间性。现有的新闻传播史研究和新闻传播学教育，一个非常大的缺陷，就在于过度社会科学化，而忽略具体的人和事，包括思想和行为的具体历史背景。但是，讲历史故事的最好的线索，就应该是时间。历史就是时间的延展，时间是历史叙述最好的、天然的、内在逻辑。历史叙事，包括新闻传播史的叙事，一定要注重特定的时间背景，注重整个叙事的发展阶段性和动态变化。

再次，在讲故事过程中，要注重应有的人文和社会关怀，不能为了讲故事而讲故事。其一是对现实的关怀。按照克罗齐所说，一切历史都是当代史。我们必须根据当代人对现实、对未来的关注而回顾历史，去解答当下的困惑，寻找未来的可能方向。其二是注重人文关怀，以人为中心讲历史，一定要关注人自身的问题。讲故事是为了把历史故事中的内涵意义讲出来，柯林伍德说过，"一切历史都是思想史"，要讲出历史故事的思想内涵和意义。只有讲出当代关怀、人文关怀和历史意义之后，读史书才能真正明智，才能做到"资治通鉴"。

最后，借用桑兵教授的话作为总结：讲真正的历史故事，要抛弃稀奇古怪的分案钩沉、刻板呆滞的说理套话……要学会倾听历史的原声，寓说理于叙事之中，方能呈现历史原汁原味的无穷精彩。

**赵建国**，暨南大学新闻与传播学院教授、博士生导师，中国新闻史学会新闻传播教育史研究委员会副会长。

# 加强新闻史教学中的理论视野

陈开和

我主要就世界新闻史课程的教学，谈几点看法。一是新闻史教学需要处理好的几对关系，这也是作为教师经常要面对的一些矛盾；二是如何利用好各种新闻史相关的数据库，让学生有更多的历史感；三是拓宽新闻历史教学的理论视野，讲好新闻史发展的规律性。

第一，新闻史教学需要处理好的几对关系。其一，课时与内容之间的矛盾。在北京大学的新闻史课程中，原来世界新闻史和中国新闻史都是3个学时，后来压缩为2个学时。不管是世界新闻史还是中国新闻史，涉及的内容都非常丰富，每周两个小时的时间，其实是很有限的。我们之前还有一个研修班的课程——中外新闻事业史，总共也就是30几个学时。在这么有限的学时内，要把中国新闻史和世界新闻史，甚至把中外新闻史都讲完，时间与内容存在很大的矛盾，所以就得有取舍。其二，过去与当下的矛盾。历史是过去发生的，但现在"90后""00后"的学生没有经历过那些历史，甚至对20世纪80年代的事情都很陌生。如果没有一些直观的体会去增强历史感，学生难以对课程留下比较深刻的印象。所以，怎么来处理过去发生的事情跟当下时空之间的距离感，也是一个需要解决的矛盾。其三，事实与观念的关系。事实是非常多的，但主要的相关观念其实没有那么多。所以，在事实背后，人做事一定受观念的影响，这并不是说唯心主义的观点，只是说观念本身对人的实践也是会产生很大作用的，而观念本身的变化也有一定的机制和规律。对新闻传播学而言，研究观念发展变化

115

的规律是很重要的，新闻史教学一定要观照观念传播这个层面的内容。其四，中国与世界的关系。中国新闻史和世界新闻史是分开的两门课程，但中国的新闻事业、中国的新闻观念与外国的新闻事业和新闻观念在很长时间里都是有密切关系的。刚才陈建云教授提到戈公振的《世界报业考察记》，戈公振、成舍我包括早期的严复等都受到欧美新闻事业和新闻观念的很大影响。所以，如何处理并讲好这几方面的关系，在新闻史教学中是很重要的。除此以外，当然也存在一些其他矛盾，各个学校情况不同。比如，由于师资力量有限，新闻史又是基础课，选课学生多，老师与学生之间难以有充分的互动，有的新闻史教师还要讲授其他课程。

第二，利用新闻史数据库，增强历史的现场感。国内外与新闻史相关的数据库越来越多，越来越全，越来越好用，而且检索起来非常方便，中英文都有。这对新闻史教学是一个非常大的利好，要好好利用起来，利用好了可以有效地解决历史与现实的距离问题，增强学生的历史现场感。具体而言，就是让学生在课后利用资料库来完成小组报告，对重点的历史事件、历史人物、重要的媒体进行挖掘整理。这样一定程度上也可以缓解第一个矛盾，即课时量有限但内容很多。我在讲课过程中，会让学生利用课外时间，动手参与小组作业。国内近代新闻报刊的中文、外文数据库基本上都可以全文检索和下载，非常便利，对课堂教学和布置课后作业都是非常有帮助的。例如，全世界的老旧报刊数据库，亚非拉美的，各主要语种的，现在基本上都有了。这些在讲近代世界新闻史时可以利用上，也可以发挥部分学生的语言优势。再如，大英图书馆的近代报刊的数据库就收集了大量的英国近代报刊，《北极星报》《贫民导报》《泰晤士报》等可以检索到了，也有单一报刊的数据库，比如《伦敦画报》，从创刊起至近年的完整资料都可以检索到并能下载全文。美国早期报刊的数据库，把北美早期的报刊都收录了。最早的《国内外公共事件》《波士顿新闻信》《纽约周报》等都是完整的。这些资料库对学生了解历史、感受历史现场是非常有帮助的。例如，用"China"这个词去美国早期报刊数据库检索，可以看到它早期出现的关于中国的各种情况，我发现 China 最初的意思不是指中国，而是指瓷器，主要跟贸易相关。之后关于中国的信息逐渐多起来，像1736年《纽约周报》上连载好几期我们中国典籍《论语》的内容摘要，同学们由此可以看到，其实北美人很早就关注到中国的历史文化。我在课堂上也曾经为了让学生去感受历史的实际情况，让选课同学分工合作，把北美的最早报刊按原来的版式翻译成中文，《国内外公共事件》《波士顿新闻信》都翻译过。翻译过程并不容易，因为涉及当时的历史事实，所以学生就要去了解当时的相关背景，北美与欧洲的关系以及当时的历史事件等，同时也可以进一步了解为什么《国内外公共事件》只出了一期就停刊了。总之，这些数据库是现在这个时代的便利，我们在教学中可以充分利用起来。

第三，拓宽理论视野，讲好新闻发展的规律性。张昆教授很早就提出，世界新闻史重点在三个方面，一是事业史，二是制度史，三是观念史。事业史是基础，制度和观念也非常重要，它们的发展是有一定规律的。我们要把这些规律讲好，当然重要的事实要准确，不能用规律去裁剪历史事实。从比较长的历史视野来看，我们是能够看到新闻史发展中的规律性的。史料、历史事实可以是无限多的，世界新闻史的各种著作也越来越多，如果要对新闻史的发展进程有比较好的把握，就需要借助于理论。理论不是凭空而来，而是从历史脉络中总结、抽象出来的。为了研究这些规律，我们除了新闻史本身的知识以外，还需要具备其他学科如政治经济学、经济学等的知识背景，这对于讲好这门课会有帮助。一方面，我们要厘清新闻事业发展演变不同历史阶段的主要影响因素和影响方式。不同时期各种因素影响世界新闻事业发展的方式是不一样的，不同因素相互组合而发挥作用的方式也是不一样的，这就需要借助其他学科的知识来探讨。另一方面，新闻制度的发展变化也有一定的内在规律。不同地域、不同阶段的新闻传播制度的发展都有其内在合理性，也都有一些内在问题，而且制度是相互影响的。有些人在观念上可能有点受弗朗西斯·福山的影响，认为资本主义社会的新闻传播制度是最自由、完善的。但如果从更长的历史角度来看，我们可以很清楚地看到，西方资本主义国家的新闻传播制度是有一个发展过程的。而且在这个过程中，各个阶段都会存在一些内在问题，如早期政党对媒体的影响，后期市场与新闻业之间的内在矛盾等。如果把长的历史脉络看得比较清楚，对我们今天讲好马克思主义新闻观也是有帮助的。马克思主义新闻观的一些核心观点，只有放在历史脉络里去讲，才能讲透彻。所以新闻史是整个新闻传播学科的基础性课程。另外，新闻观念、传播观念的发展变化也有其内在规律。一些观念，如新闻自由、有新闻专业主义，还有实践方面的如公民新闻、建设性新闻等，这些观念是怎么来的？公共新闻与过去所谓的第四权力等是有一些内在变化的，这些都值得思考。观念的变化不完全就是由经济基础决定的，观念变化本身也有观念互动的规律。观念的发展，一种是横向的互动，如苏联最后的新闻制度的变化，就受到西方很大的影响，具体的影响机制是很有意思的、值得研究探讨的话题。还有一种是观念的纵向传承的创新，比如传统的新闻传播观念与当代的新闻传播观念之间的关系，我们今天的马克思主义新闻观不只是外来的，它与中国传统的文化传播观念也有很密切的关系。

**陈开和**，北京大学新闻与传播学院教授、博士生导师，中国新闻史学会常务理事，中国新闻史学会外国新闻传播史研究委员会副会长，中国新闻史学会新闻传播教育史研究委员会副会长。

# 后人类时代如何讲授中国新闻传播史

吴果中

当今，社会已经进入人工智能、人机融合、人机"共生"的科技新时代，有人称为后人类时代，在这个时代所进行的教育，被称为后人类教育。与"前人类"相比，"后人类"意味着什么？在智能技术高度发达的"后人类"时代，人要做什么？人的用处是什么？教育何为？其实，这种种相关质问早在 20 世纪 40 年代维纳的《控制论》和《人有人的用处》等专著中被提及和论证，只是没有明确标注"后人类"的称谓而已。每一种新技术的出现，必定给人类社会带来某种进步，如电报的普及，不仅加快了信息传递的速度、扩大了信息传输的空间范围、带来了人类交往和生活的便利，而且改变了人们的时空观念，进而影响了人们的思维方式和交往方式。然而，技术的进步"给未来带来了新的可能性，也为未来带来了新的限制"。[1] 当我们欣欣鼓舞地迎接高科技时，也许我们也应该思考科技所带来的对人的威胁。在乌镇世界互联网大会上，库克曾说："我不担心机器变成人，我担心人变成机器。"[2]这种担忧也曾是维纳所论述的："当个体人被用作基本成员来编织成一个社会时，如果他们不能恰如其分地作为负着责任的人，而只是作为齿轮、杠杆和连杆的话，那即使他们的原料是血是

---

① ［美］维纳. 人有人的用处——控制论与社会[M]. 陈步，译. 北京：北京大学出版社，2018：38.

② 高建平. 科技新时代人文学科的使命[J]. 探索与争鸣，2020(1).

肉，实际上和金属并无什么区别。"①要预防这一点，防止人变成机器，防止人们麻木地使用机器或成为机器的附属物，导致人类社会的混乱、无序与堵塞，人文学科应该担当怎样的使命？科技越发展，人文学者的责任就越重大，当科技发展到具有毁灭世界的力量时，就需要人文学科来控制住这种力量。因此，必须加强科技新时代的人文研究和人文教育教学，发展适合这个时代的哲学、美学、历史学、伦理学、文学和艺术。这是在自然科学和人文学科研究领域所形成的基本共识。

我在这样的语境下重新思考中国新闻传播史的教学。随着智能技术对人类生活方式和交往方式的改变，人与人、人与物的关系也进而被改变，甚至有可能出现科技主义和人文主义的对立趋势，这些在很大程度上对当前的大学教育形成了挑战。

首先，受教育者由纯粹的自然人转变为人机融合的"赛博人"（cyber person）。② 曾经，人是掌握工具的自然人，是世界独一无二的主体和绝对的中心；而如今人与机器互嵌，成为"赛博人"，于是世界的主体已有两个：人和非人（或人与动物、人与机器）。甚至有时机器会超越人，或者是人与机器共生与融合。赛博格（cyborg）化的人机关系成为当代教育面临的新课题，成为一种后人类教育。这种教育所强调的并非教师与学生的绝对支配，而是人、技术、文本材料、社会环境之间相互生成的关系，③ 挑战了传统大学教育的传统中心位置。

其次，大学教育的去中心化趋势，挑战了大学教育的地位和功能。当今知识的生产是纵横社会各个领域的，大学不再是知识生产和传授的唯一场所。社交媒体相关的一切都是网络化的，大学教育也是如此。对学生们来说，这变成了"我想要选什么"，而不再是"我应该选什么"。按照个人的

---

① ［美］维纳. 人有人的用处——控制论与社会［M］. 陈步，译. 北京：北京大学出版社，2018：166.

② 赛博，英文 cyber 的音译，意为"网络"。

③ 朱彦明. 后人类主义对教育的挑战与重塑［J］. 南京社会科学，2018（11）.

兴趣选择自己想要掌握的知识，而不是应该掌握的知识。这不得不让人追问：对此，大学教育何为？是不是应该通过专注于思想的建构，赋予大学生一种批判性的思维架构，进而守卫自己的专业性和专业精神？如此一来，我们大学教育的内容结构是不是也应发生相应的改变？或者由纯粹知识的讲授转为对方法论、公民意识、伦理观和具有冒险精神的创造力等全球公共利益话题的探讨。一句话，教育工作者迫切需要思考的话题是：后人类时代如何通过高等教育实现完整公民人格的塑造？面对智能技术的发展，教育不应仅仅停留于策略、技术、方法等层面的分析，而应探究这种媒介技术对人类社会所带来的重要影响，以及由此而来的技术伦理、技术文化和技术哲学的深刻剖析。

带着这些后人类对大学教育的思考，我们不得不回归到所从事的专业教育或者专业课程讲授的思考。当重新检视中国新闻传播史的教学时，我发现中国新闻传播史教学中依然存在某些问题，既有曾提出过但未曾解决的老问题，也有最近发生的新问题，产生了许多矛盾和困惑。

# 一、中国新闻传播史教学的新老问题

## （一）老师与学生的认知矛盾

于老师而言，48 个课时，每周 3 个学时，有的学校"中外新闻传播史"合为一门课，那么"中国新闻传播史"的讲授只占有 24 个课时。若要讲深讲透，老师可能会觉得时间太少。

于学生而言，新闻传播史的内容往往不如网络传播、社交媒体新颖与时尚，也不如新闻采写编评、新闻摄影、短视频制作等实操课具有立竿见影的实际效果。有些学生一开始便认为新闻史无用无趣，而对之加以排斥，觉得老师无需讲太多内容、无需花太长的时间，何况历史知识可以通过慕课、网络文献资料及其他各种平台自行得到、自己学习。

## （二）理论认知与实际操作的地位矛盾

从学科建设和课程体系设置机制来看，新闻史与新闻理论、新闻业务构成了新闻学的三大学科体系。新闻史是新闻学的根基，是新闻理论、新闻业务的参照范本，也是新闻理论、新闻业务深入研究的主要路径，占有十分重要的地位。然而，就实际操作而言，从师资配备、教学安排、资金资源投入、社会的认可度和学生的潜意识里，新闻史没有那么受欢迎，甚至对于新闻传播学硕士博士的入学考试来说，新闻史往往不被纳入考试范畴，新闻史客观存在的学术地位与人们的理论认知、实践设计存有偏差。

## （三）自说自话和与世界对话的语言实践矛盾

我们曾经提出，对中国新闻传播史的讲授，要有全国或全局观念，不仅要关注中国共产党新闻传播史，也要关注国民党新闻传播史，还要关注民营新闻传播史。可是在实际讲授中，往往更加重视中国共产党新闻传播史，而无意中忽视了国民党新闻传播史和民营新闻传播史；在讲授中国共产党新闻传播史时，又最为重视中国共产党宣传工作重要思想原则的分析，如"以我为主"的宣传原则，如抗日战争时期和解放战争时期的整风运动、军事宣传和舆论动员充分体现了这一原则。在许多学校，中国新闻传播史的课堂仅停留于中国近现代新闻传播史，而忽视了新中国成立后的中国新闻传播史，缺乏对当下的关注。

然而，中国新闻传播史是世界新闻传播史的一个组成部分，中国新闻传播史的讲授除了立足本土，建立起中国立场以外，势必将中国新闻传播史的演变融入世界历史语境中，在"中学为体"和"西学东渐"的历史互动中探究人类新闻传播的发展历史，建立起与世界的对话。因此，不能割裂中国新闻传播史的当代历程，作为社会主义建设和革命过程中舆论宣传、社会动员、现实建构的发展轨迹，新中国 70 多年的新闻传播史有成功的范例，也有失败的教训，值得认真总结和反思。新时代需要中国新闻传播史教学具备世界历史观念和全球视野。

## 二、突出"三主体"意识：历史表象·历史理性·现实关怀

通过对自身十多年来的中国新闻传播史教学进行归纳和总结，我发现在教学中，智能技术和网络平台等社交化教学设备催生了"翻转课堂""慕课""虚拟教室"等多种教学方式，因此，学生主动地、全方位地进行预习成为可能。在督促学生结合慕课、网络文献资料等提前预习的前提下，中国新闻传播教学重在培养学生的历史意识和历史思维，突出"三主体"意识，即：以"新闻人—新闻媒介—新闻事件"为线索主体，以"新闻业务—媒介经营管理—新闻思想"为内容主体，以"关照现实—服务实践"为效果主体，并将这三种主体的有效实施作为该课程教学的目标指向。

### (一) 以"新闻人—新闻媒介—新闻事件"为线索主体

由于现行信息技术的发达与充分利用，繁杂的基本历史史料、重要报人重要报纸的纪录片等，可以通过慕课和翻转课堂的方式在线上加以呈现，让学生提前预习，使学生掌握基本历史事实，以节约有限的课堂时间；课后的相关材料，延伸阅读的经典书籍、相关研究的新成果等，也可挂在线上，供学生巩固知识，并形成讨论，从而改善教师"满堂灌"的沉闷课堂，突出以学生为中心的教学理念，激发学生的学习兴趣。这些都是传统中国新闻史教学模式的创新。关于这一点，有些老师做得很好，如赵云泽、① 俞凡②等。

然而，如何检验线上预习和线上讨论的效果，善于提炼、思路清晰的线下课堂讲授便显得十分重要。在具体教学实施中，教师要以"新闻人—

---

① 赵云泽.中国新闻史教学改革的新探索：翻转式课堂的应用[J].新闻大学，2016(2).

② 俞凡.基于慕课平台的新闻史"翻转课堂"教学探索[J].青年记者，2020(33).

新闻媒介—新闻事件"的线索主体为逻辑思路，引导学生调动预习的史料，发挥学生的主体性地位，加强师生互动。引导学生思考：新闻人是实践主体，那么作为职业共同体的主体结构是什么？他们通过创办新闻媒介，进行一系列传播活动和社会活动，那么这些新闻媒介呈现出怎样的景观？职业共同体在通过新闻媒介与社会建立起联系的实践过程中，会形成一些相关的新闻事件，那么如何评价这些新闻事件？教师按照这样的线索，建立起历史的逻辑关系，挖掘一个历史时期的新闻实践活动，重在探索新闻传播活动与社会运动发展两者互动的历史变迁，以此比较清晰地呈现中国新闻传播活动的历史表象。如对"苏报案""诚言事件""新生事件"等的讲授便可为证。

在以上课堂讲授中，要注意三点。首先，多让史料说话。掌握更多的历史资料，以讲历史本身为主，而不是让概念性的东西凌驾于史料之上。这些史料，学生可通过线上平台来掌握，教师则提供线索主体，让学生参与佐证史料，通过启发式、探究式教学，培养学生的历史常识和历史意识。其次，史料又可以是多方面的，除了文字、图像以外，可以利用网络技术更多地呈现实物或影像，如查阅老报纸，参观老报馆，以增强学生的直观感受。最后，增强对史料进行叙事的能力，学会讲故事。这是后人类时代中国新闻传播史教学中彰显教育重要性的一个主要方面。当然，这不是自娱自乐地呈现史料、铺陈史料，而是找到好的素材、要有好的问题设计和逻辑构思。如《申报》关于"杨乃武与小白菜案"的系列报道、《真相画报》关于刺杀宋教仁的凶犯的图文报道等，激发学生学习的兴趣，帮助学生实现由"应学"向"想学"的转变。

新媒体往往导致信息呈现的碎片化以及人们阅读方式的碎片化，因此，中国新闻传播史教学要加强史料的梳理和解读，加强该课程教学的深度感和逻辑性，逐渐培育学生的系统论思维。当然，我们一方面要重视史料的挖掘，另一方面不能停留于史料的表象，要注意解析中国新闻传播史上所积累的思想成果。于是要突出第二个主体：内容主体。

## (二) 以"新闻业务—媒介经营管理—新闻思想"为内容主体

从新闻传播活动的历史变迁上升到对新闻传播活动的归纳和对新闻实践规律、原理的分析，从描述性知识上升到规律性知识的探讨。这重在建构新闻传播活动的历史理性。

物质背后的东西必定是观念的东西。一种文本背后必定有文化、有观念、有思想。如"古长城"图像演变的背后象征着该时代的社会文化和人们一种新的关于信息的观念，由物质的长城发展为思想的长城、文化的长城、信念的长城和精神的长城。如对延安办报、《解放日报》的改版、典型报道、反"客里空"等做进一步的深度分析：本质是什么？积累了哪些思想、理论成果？有哪些教训应引起我们警醒？又如，在中国新闻传播史上，民营报刊有许多宝贵的财富值得我们好好总结：真正专业地、真实地做新闻，占据舆论主战场，具有强大动员影响力量，民营报刊功不可没。再如，国民党报刊很注重媒介经营管理，在抗战时期，《中央日报》的动员力量不亚于《解放日报》《新华日报》，而新中国成立后新闻传播的舆论宣传和社会动员又具有独特的情景，等等。

不能照本宣科，不要限于史料的介绍，而要挖掘启发学生思维、提升学生的理论思维，培养学生的批判立场，赋予学生一种批判性的思维架构，让学生更多地了解新闻传播史中丰富的思想和理论成果。这才是新闻传播史上的精华，也是后人类时代消解信息碎片化对大学生的影响的主要对策，更是后人类时代大学教育遵循的主要原则和目标，以此督促学生"学有所思"，解决学生从"历史表象"上升到"历史理性"的问题。

## (三) 以"观照现实，服务实践"为效果主体

后人类时代，中国新闻传播史教学应该观照怎样的现实？如何服务实践？在历史教学中如何发挥人文关怀的当代意义？这也是我一直思而未解的问题。

我们虽然讲授的是历史，但会延伸到当下，或从当下的话题回溯过

去。要随时观察社会现实的动态，关注新闻传播前沿的发展。从当今动态和前沿发展中，寻找与历史的联结，以史鉴今。可喜的是，目前已有很多的教学创新者取得了较好的教学效果。

例如，清华大学新闻学院"外国新闻传播史"课程聚焦于新闻传播和全球瘟疫的关系，由选课同学组成 9 个小组，从新闻史的视角出发分析历史中新闻与瘟疫的多元关系，探究新闻业与大众传播的发展如何推动了抗疫的进程，为我们今天理解瘟疫与人类的关系提供了宝贵的历史档案。9 个小组，9 个选题，9 种角度，9 项扎实成果。这是对现实话题的历史回顾，是历史与现实关怀的亲密牵手。通过这样一种学术训练的方式，激起学生的主观能动性和探究欲，我切实感受到新闻传播史是很有用的。

又如，十多年的中国新闻传播史教学中，我也一直采用课题研讨小组制。如几年前，有一组学生做的是长沙市报摊演变研究，他们首先从大量史料中了解报摊过去的情形。其次采取田野调查的方式，选择几家经营了十多年、当时还在勉强维持的报摊作为采访和调查对象，与报摊经营主一同上班，并深入报主收摊后的日常生活。最后，呈现了一个图、文、视频兼有的调查报告，并在课堂上汇报演讲，让其他同学提问，引起讨论。

再如，新时代"四力记者"与黄远生"四能记者"二者的历史关联性。新时代的"四力记者"指的是脚力、眼力、脑力、笔力，黄远生的"四能记者"指的是脑筋能想、腿脚能奔走、耳能听、手能写。依然还是四样，但具体内涵及其规定不一样，这是当今时代与历史的呼应。

再如，通过对历史上外国记者在中国的新闻传播活动的讲授，可以进一步分析全球传播、国际传播和跨文化传播，为当今人类的传播能力提供历史的参照。

通过这种种方式，我们可以应对新闻传播史课程被新媒体研究和新媒介技术话语所日益瓦解的外来冲击，提高新闻传播史课程的专业性和社会影响力。

当智能技术形塑了人机共生的主体性，侵袭了大学教育的中心地位，科技主义和人文主义逐渐对峙时，后人类教育应重视人文教育教学。中国新闻传播史的教学，一方面要充分利用现代信息技术，构建线上学生自主学习内容，构建"有学术味，有趣味，有品位"的教学社区——"三味书屋"；另一方面，加强教师线下课堂讲授内容的条理性和系统性，通过历史叙事，培养学生的历史常识、历史意识和历史深邃感，消解新媒体技术的碎片化对大学生深度思考的侵袭；通过新闻思想和理论成果的分析，培育学生的批判性立场和批判性思维。同时，借用技术平台，通过问题型的社会调查和专题型的学术训练，培育学生的现实关注和当下省思，实现新闻传播史教学中人文关怀的教育目标。

**吴果中**，湖南师范大学新闻与传播学院教授、博士生导师，中国新闻史学会地方新闻史研究会副会长。

# 中国新闻史论课程群建设刍议

齐 辉

中国新闻史是新闻学一门核心基础课程，其地位早在近代中国新闻学教育诞生之初即已确立。民国著名记者徐凌霄曾撰文《新闻记者应注重"史"的研究》，强调史学素养对于新闻工作者的重要性。20世纪20—30年代中国新闻教育初创，诸如燕京大学新闻系、上海圣约翰大学新闻系等高校将"报史"列为其新闻教学体系的支柱性课程，其传统一直延续至今。当下中国新闻教育受"功利"意识和"技术"教育的影响，在强调实际应用的同时，无形中忽视了对学生基础人文素养的培养，对新闻史教学有所轻视。有鉴于此，我结合自身新闻史教学活动对当下中国新闻史教学出现的问题及课程建设现状，谈一些个人的思考。

第一，新闻史课程建设的意义。新闻史课程建设是新闻教育理论根基；新闻史课程建设是新闻学课程的核心内容；新闻史既是新闻教育的一部分，也是历史教育的一部分，掌握必要的史学技能、史学素养，是卓越新闻人才培养的重要指标；新闻史教育是最为朴素和最具亲和力的思想政治教育，也为新闻理论课程提供历史的参考及依据。

第二，当下新闻史课程建设存在的问题。一是课时严重不足。以中国新闻史为例，由于当下的课程改革，很多院校对新闻史课程进行压缩，甚至是删减，以至于没有足够课时能够完成既定的教学任务。当前很多新闻高等院校，使用的教材是方汉奇先生的《中国新闻传播史》，由于课时只安排48学时或54学时，要讲完中国近千年的新闻史演变历程，课时显然十分有限，因此授课内容的讲解通常压缩至 1949 年以前，这种授课操作在很多新闻院校普遍存在。然而，新中国新闻史至今已有 70 多年的历史，这段新闻史与新闻现实结合更为紧密，新闻事业发展有很多经验及教训值得深入讲解，其对学生的教育意义和引导意义不应该被忽略。除了中国新闻史，外国新闻史教学更存在课时少的问题，与"中国新闻史"课程不同，外国新闻史国别多，各国的历史环境、新闻事业发展水平各异，这就要求教师和学生都应具备更为宏观的历史思维能力，能够把握历史的"大局"和新闻业发展的"大势"，既要在重要人物和重要事件上着墨发力、讲好讲透，又不能过于拘泥历史的琐碎和细节。这更依赖于适量的课时作为基础和保证；否则授课只能是浮光掠影，教师讲课匆忙费力，学生听课恍惚，难以形成良性的教学互动。

二是师资和教学条件参差不齐。目前中国新闻史教学的师资队伍中有相当一部分的教师缺少足够的史学素养和史学训练，缺乏对新闻史教学的研究和热爱，很多时候只是为了完成既定的课时教学任务。教师自身对新闻史缺乏足够的专业能力和专业兴趣，又如何能够把知识或兴趣通过教学传递给学生？目前，国内很多学院在教学中对新闻史课程地位不重视，认为新闻史谁都能教，任课教师的专业化程度不高，教师出身五花八门，缺乏基本的史学训练和史学素养成为相当普遍的现象。何为史学训练？它包括对历史理论的掌握，对史料的搜集、整理与分析能力，历史研究的写作能力等。何为史学素养？诸如对事件的"秉笔直书"，对人物认知的"不隐恶不虚美"，对待历史抱有的"同情之理解"的态度，等等，这些技能和素养构成了新闻史教师所应有的专业"知识"体系，但从目前的师资现状来看，新闻史教师队伍素质的提高仍任重道远。

除教师素质之外，新闻史教学团队建设也刻不容缓。目前很多地方新闻院校新闻史教学仅配置一至两名教师授课，难以形成团队。师资的不足和缺乏使得中新史、外新史、名记者研究、外国记者研究等相应课程的教学任务无法完成。笔者认为，上述课程应该至少有三位以上的新闻史专职教师组建队伍，相互切磋，配合讲解，形成团队。优秀师资队伍的形成是新闻史课程群建设的保证。

三是新闻史教学物质条件及教材建设的落后。新闻史教学创新尝试，团队的建设，课程教学形式的改革如翻转式教学、史料的叙事和理论素养的提高等都需要有相应的历史文献数据库来支持。而一些地方院校，包括一些工科院校，在历史文献数据库的建设及购买上十分滞后，给学生授课却没有一手报史材料做支撑，即使学生有对新闻史的探究热情，也不得不受制于环境，成了"巧妇难为无米之炊"。

除了资料的缺乏外，目前新闻史教材建设仍十分滞后。当下的新闻学教材几乎还是沿用 20 世纪八九十年代由方汉奇先生主编的《中国新闻事业通史》，后续很多教材实际是这套书的复制缩写或是精炼和改写。经过近30 多年的发展，当下中国新闻史的史料发掘和科研水平已经有了新的进步和提升，如何将这些成果转化成一套高质量的教材，以教材建设带动教学效果的提升，这有赖于新时代中国新闻史教学及研究者群策群力。鉴于教材建设已刻不容缓，笔者呼吁学界应该集新闻史学界的力量，编纂一部立足当下、结合新时代的中国新闻教育特点，吸收最新新闻史科研成果，集权威性和可读性于一身的优秀教材。

针对上述问题，我提出几点改进新闻史教学的建议。首先，要做好顶层设计。新闻课程教授的好坏、课堂效果的呈现，很大程度上取决于学科设置上对其的重视程度，我呼吁专业学术委员会要确定新闻史在新闻教学中的核心地位，各个地方、各个学院在新闻史的课程建设中也要重视学科、学术团队和教学团队的建设。例如重庆大学新闻学院的新闻史教学团队有 5~6 人，目前在中外新闻史、新闻名记者研究、新闻史要导读等版块有相应的老师去讲解，这与学院对新闻史教学的重视是密不可分的。其次，要努力提高教师的专业水平和史学素养。希望类似的专业学术会议能够长期举办下去，能定期召开以新闻史教学为主题的学术研讨会，使新闻史教学交流能常态化进行和坚持下去。最后，要重视教材的建设。希望能够集全国新闻史一线的优秀教师组成教材编写团队，共同编写中外新闻史或新闻史课程群的专业、权威、可读的教材。

　　我是一名从事新闻史教学十余年的一线教师，这是我对中国新闻史教学的一点意见和思考，期待各位专家批评指正，共同努力提升中国新闻史教学和科研水平。

　　**齐辉**，重庆大学新闻学院教授、博士生导师，中国新闻史学会新闻传播教育史研究委员会常务理事，中国新闻史学会地方新闻史研究委员会常务理事。

# 史料学建构与新闻传播教育

程丽红

我主要与大家分享的是史料学建构与新闻传播教育。

首先，学科发展决定着人才培养。新闻传播学和传统文史哲优势学科相比，一直被视为应用学科。在学界，"新闻无学"的争论曾长期困扰着本学科的发展。新媒体时代，虽然国家对新闻传播学科已重视起来，"部校共建"使得新的学院不断出现，新闻传播学也成为显学，但是这些其实更出于应用层面的需求。尤其目前学界聚焦技术、冷落史论的学术风气，使得新闻传播学虽然地位提升，但仍然缺少根本的学科支撑。

其次，新闻传播的学术创新，一直以来过于依赖西方理论与范式。特别是新闻传播史学领域，抛开本学科的特性，完全依赖于政治史和思想史，形成政治史范式，这是其研究走向深入和成熟的重要障碍。21世纪初以来，新闻传播史学界老一代宁树藩先生、吴文虎先生等谈到关于政治史范式的问题。政治史范式的形成主要是由于本体的迷失，因为它找不到自己的本体，所以始终都没法独立。学界对于这个问题做了相关的探索，但是综观已有研究成果和学者们的探讨，大多属于视角的转换和领域的拓宽，属于研究界的一些新鲜面向，但是却有难以为继、难再深入之嫌。特别是缺少基于中国新闻传播实践的原创理论，这是一个关键问题。研究范式的革命和理论的创新不可能一蹴而就，与其套用西方的理论，莫不如从新闻传播实践做起。中国新闻传播史学最缺少的是史料学的建构，史料学是新闻传播学真正实现科学化、历史化的前提。

新闻传播史料并不是我们以往理解的仅仅用来研究的辅助材料，更不仅仅是证据。史料学是读书治学的门径之学，一门成熟的学科应当具备稳定的史料学基础，每门学科都有其主体史料。新闻传播史与众不同的学科内容，应该建立在有关新闻传播的历史资料和史料方法论基础之上，缺乏本学科的史料，尤其是处理史料的理论思维，就等于失去了学科对象和特色，必然会造成本体的迷失，也必然依附于其他学科的研究范式。以傅斯年为代表的史料学派虽然有些偏颇，但是依据史料学本身的内在逻辑，全面系统呈现史学的原始轨迹，不失为改进新闻传播史研究范式依赖、理论套用和游谈无根这个问题的有效途径。史学、哲学、文学源远流长，都有深厚的史料学基础，特别是文学中，古代文学史、现代文学史非常发达，都形成了自己的科学体系。但是当代文学在整个文学里，一直被看作最没有学问的、最薄弱的，学科地位也是最低的。近年来，当代文学界掀起一股史料热，就是意识到学科地位低，不成熟关键在于没有史料学基础。新闻传播史料已经引起了足够的重视，方先生等老一代学者特别重视史料，作了很多贡献，但是目前新闻传播史料研究仍然处于初级整理阶段，亟待建构学术体系。

一方面，系统性、完整性比较欠缺，有大片的荒原需要拓垦。目前系统整理的都是报刊史类，但像流言传播、口语传播的史料整理是完全没有的；由于史料整理采取精英视角，注重主流媒体，因而忽视了底层民众的新闻实践活动。另一方面，在研究方法论上仍然以整理为主，考辨不足。史料学不仅是史料的整理，如何收集、整理、分析、运用史料是有方法论的，但新闻传播史学界尚未涉及。特别是史料学的理论建构亟待拓荒。史料学研究的目的是在观念层面重组历史事实，而事实仅依靠史料本身是无法建构的，在浩如烟海的文献中发掘属于新闻传播的历史记忆，考察相关史料之间的内在联系，离不开史料学的理论建构。但目前的新闻传播史料学的理论建构仅限于个别学者极为有限的涉猎，从基本概念的界定到一般原理的探索，以及学科学理体系的建立都非常不成熟。

　　**程丽红**，辽宁大学新闻与传播学院院长、教授、博士生导师，教育部高等学校新闻传播学类专业教学指导委员会委员，中国新闻史学会常务理事，中国新闻史学会新闻教育史研究委员会副会长，中国新闻史学会地方新闻史研究委员会副会长。

# 新闻传播史学教学的理论与叙事

蒋建国

我今天分享的观点主要是，在新闻史教学当中是否可以探讨理论和叙事的结合。新闻传播史必然会涉及很多理论，这与传播现象有很大的关系。所以新闻史教学中是否可以在理论和叙事相结合上做一些尝试？我认为这是可以探讨的。例如，黄旦老师经常讲，报纸就是知识纸、思想纸、文化纸、新闻纸，这拓展了对新闻史的原有认知。再如，文化地理学里的恋地情结，即人们在看新闻时会有一种地方和空间的关系，恋地情结即是个体与时空的联系。又如，地方性知识、意义的网络，等等。实际上新闻史上很多的人、事和社会的关系就是一种社会网络。因此，教师在讲学讲课中是可以拓展的，或者可以应用一些理论和关键概念深化学生对某些新闻现象的认知，这与叙事并不矛盾。

第一，新闻史的叙事，要摆脱传统新闻史研究中以报刊为中心的年鉴式教学方法。很多新闻史教材对时间的序列很清楚，但对空间的概念、对人事的相互关系，尤其是报人之间社会交往的关系的研究还不够，教学也很不够。例如，讲近代重要的报人，一是王韬，二是汪康年，还有梁启超、胡适等人，他们的交往网络对整个新闻业的发展有很重要的影响。他们跟谁交往，在何处吃饭，在何处聊天，谈了些什么，这些内容都可以用叙事的方式丰富起来。晚清很多文人喜欢在上海的一品香吃西餐，外地的文人到上海去找汪康年等人，都会到一品香聚谈，这个地方事实上对晚清的言论空间有非常重要的影响。在晚清的几百种日记当中有众多关于一品香的非常零散的记载，如果把它们联系起来，就有可能形成新闻史上一个非常值得关注的现象，即报人在上海的都市空间里利用聚餐的机会拓展交往网络或人际关系，对办报活动产生重要影响。例如，《国闻报》的创办人之一夏曾佑是汪康年的表弟，而《国闻报》为什么会依托《时务报》发行，这其中就有交往网络的问题，所以这方面的研究可以大胆拓展。

第二，要注意利用日记、年谱、档案材料来关注新闻史上的一些现象，纠正一些常识性错误。比如，很多新闻史教材认为上海《新报》是1876年创办的，实际上从李鸿章写给冯焌光的书信当中可知，这封信写到光绪元年（1875年）四月二十三日，就是说当时的总理衙门已经知道《新报》在天津发行。在天津的李鸿章当然了解冯焌光在上海办《上海新报》，要求冯焌光每一期寄两份给总理衙门，再寄一份给他。这至少表明在1875年农历4月23日之前《新报》就已经创办。再如，很多新闻史教材认为1869年以后《中外新闻七日录》就没有了，但是当时《上海新报》的国内新闻转载了很多《中外新闻七日录》的新闻，一直到1871年还有这方面的新闻，这说明至少在1871年《中外新闻七日录》事实上是存在的。由此可见，我们原来所下的结论可能不一定正确，那么就需要用多元的材料去解释和更正。

事实上，新闻史的教学和研究是有机结合在一起的。研究者平时要注意挖掘新的史料，从不同角度去质疑原来已经定论的问题。同时要学会讲故事，讲故事不是编造，而是要结合具体的人和事。比如，胡适对鲁迅的评论是值得关注的，他在写给苏雪林的书信中就有客观的评价。因此，在书信、回忆录、日记、档案中可以非常丰富地挖掘新闻史教材中难以见到的材料，将这些事实串联起来，在课堂教学中去深化教学的方式内容，是很重要的。

第三，虽然现在多媒体方法和手段的应用非常丰富，但是我认为一名新闻学本科学生，至少是要看过《申报》，才算得上是新闻学本科出身。新闻史教学要培养学生接触一手材料的习惯，要求学生在课外阅读一定数量的近现代报刊，并且要求学生撰写读书报告，进而加强新闻史经典著作的研究，这是特别重要的。

**蒋建国**，复旦大学新闻学院教授、博士生导师，中国新闻史学会常务理事，中国新闻史学会地方新闻史研究委员会副会长。

# 新闻史本科教学中兼顾真实性与生动性的问题

## ——以宋代笔记史料的运用为例

魏海岩

## 一、现实问题：新闻史课堂吸引力受到挑战

本科阶段的新闻史教育是力图通过对历史现象或人物的讲解，向学生形象、生动地展示新闻事业的发展历程与规律。课程的特点、教学目标及学生所处的学习阶段，决定了课堂讲授过程中适度保持生动性的重要性。尤其值得注意的是，当前由以下原因导致新闻史课堂对本科生的吸引力明显减弱。

第一，随着高考方案的改革和调整，历史在文科考试中所占的分值不断下降，一些学生出于功利目的，轻视历史学习。带着这一习惯走进大学的他们对新闻历史学习热情下降。而且，过去对历史的轻视，造成学生基础知识的匮乏，接受新知识困难，也影响了他们对新闻史学习的热情。

第二，现在是短视频、浅阅读大行其道的时代，轻松、幽默、轻松、功利性的信息成为流行，学生群体也必然受到影响，一些学生对枯燥冗长的、没有实用价值的新闻历史日渐疏远也是很自然的事情。

第三，新闻传播专业学生受学科特点影响，新鲜的、变动的信息对他们具有天然的吸引力，加之现在又处于历史上媒体更新换代最快的时期，

他们以有限的精力去追逐日新月异的、代表着社会发展的最新信息尚显吃力，更遑论长时间沉淀的信息。

## 二、破解路上的难点：兼顾生动性与真实性

作为新闻史的教学工作者，自然无法改变宏观环境，唯一的出路就是顺应时代特点，努力提高课堂讲学质量、增强新闻史对学生的吸引力。至于如何落实以上目标，加强课堂教学的生动性是至关重要的一点。

要加强课堂教学的生动性，除了认真做好课件、改革语言表述风格等形式上的东西以外，还要在内容方面引入大量恰如其分、具有情节性、幽默性的案例。但是，新闻史教学的基本要求就在于把真实的历史传递给学生，无论是生动性还是形象性都不能突破这一红线。也就是说，负责一线教学的教师在选择案例的同时，一定要保证史料的真实，不要为了追求生动性而忽视真实性甚至违背历史真实。

这样就带来了问题，即新闻传播史的案例是充满迷惑性的，想要一眼辨识真伪并非易事。以笔记史料为例，笔记是作者信手拈来、随笔记录、不拘体例的杂记见闻、心得体会等文字作品的统称。

笔记中的条目多为作者亲身经历、耳闻目睹，带有故事性、具体性和轻松性，是提高课堂生动性的最好史料之一。但同时，由于笔记写作过程中带有极大的随意性，一般来说多数作品的真实性、严谨性没有保证。

下面，本人就以宋代新闻史讲学、教材中出现几率很高的笔记史料为例，具体说明选取之难。为了方便汇报，更接近此次会议主题，本人不采用其他专家对笔记类别的划分方式，而是仅仅将其划分为两类，即形似文学作品实则历史记录的条目和貌似历史实录实则文学作品的条目。

### (一) 形似文学作品实则历史记录的条目

该种类型条目具备的一些疑似文学特征使研究者误认为它们是文学作

品而弃之不用，或被作为文学作品而举例引用，实际上它们是真实性很强的历史片段记录。按照容易引起误解的特征划分，此类条目又可分为两个子类别。

### 1. 笑谈类条目

此类条目记录生动性、活泼性、幽默性强而重要性、严肃性相对较弱的事件。例如：宋陆游《老学庵笔记·但中庸》载，南宋时期，岭南有个监察官姓但名中庸。一天，中央一群官员"同观报状"，见岭南有位郡守因行不法事被劾，朝廷下旨，命但中庸调查核实。其中，有一人感叹到，这个郡守定有权贵作依靠。他人问何以知之。他回答，倘若是孤寒者，朝廷必定痛治，这里却只命令依据中庸原则调查，就可知道郡守靠山实力如何。

这是一个官场笑话，但是引人捧腹的背后，却有着很真实的一面。首先，但中庸，历史上确有其人。宋王应麟《姓氏急就篇》、宋陈郁的《藏一话腴》附录记载，绍兴年间，但中庸任南方某地监司。清徐松《宋会要辑稿》记载，淳熙十年(1183年)闰十一月十二日，朝散大夫、知南雄州吴辉为提刑但中庸所劾而降一官。

因此，通过其他史料对比印证，《老学庵笔记·但中庸》基本可信。

### 2. 唯心色彩的条目

这一类型的条目情节离奇，甚至夹杂宣扬宿命论、因果报应等与今天的唯物史观相对立的思想。

宋岳珂《桯史·琵琶亭术者》记载，淳熙十六年(1189年)，孝宗厌倦政事，下诏把北宫改为重华宫。光宗随即登基，以自己的生日为重明节。当时岳霖自地方奉命还京，归途中于琵琶亭小憩。恰巧有一个以拆字为预测手段的"术者"也经过那里。岳霖就招呼他一起饮酒。饮酒至半，"术者"忽然说："近得邸报乎？重华、重明非佳名也。其文皆二、千、日，兆在是矣。"不久，"甲寅之事"发生，果如其术者之言。

此则"故事"虽充满唯心色彩，但是却存在一定的真实性。第一，故事中的岳霖，是笔记作者岳珂的父亲。第二，作者与此事没有利害关系。第三，孝宗退位、"甲寅之事"等历史事件的记载确实是准确的。

术数是推算个人、国家等命运的预测之术。术数滥觞于原始社会，先秦时期融入五行、阴阳等学说，使其逐渐找到理论基础，而后大行其道，历代不衰。术数的应用范围极为广泛，上可预国祚短长，下可测个人祸福，因此，有着广泛的社会基础。术士达则登天子堂，穷亦可行走于江湖。他们会利用各种手段，伪装已经获知的信息或修饰自己的辞令以取信于人。当然，也不排除偶有巧合者。因此，此则史料可以作为真实的例证，只不过在教学当中，要指明它的唯心色彩。

## (二)貌似历史实录实则文学作品的条目

### 1. 含有真实性暗示的条目

此类故事的作者与故事主人公之间有一定的密切关系，或者主人公活动、故事发生与被记录下来或被创作出来之间的时间较近，抑或故事中往往有"真实背景"存在等，以上种种因素的存在增加了迷惑性。

《后山谈丛》载，张咏当年在陈州，一天"进奏报至"，读后知丁谓成功地驱逐了寇准，"抵案恸哭久之，哭止，复弹指久之，弹止，骂詈久之"。张咏知道祸事不久将至，于是邀请大户赌博，赢了他们便买田宅以自污。丁谓听到以后就放下心来不再迫害他了。①

《后山谈丛》的作者陈师道(1053—1102 年)，曾任徐州教授、颍州教授、秘书省正字，苏轼等宋代名流为其友。《后山谈丛》内容丰富，其中很多涉及宋朝重要人物与事件。由此看来，这个故事的真实性有一定的保障。考察历史可知，张咏(946—1015 年)与寇准为同榜进士，私交甚好。

---

① (宋)陈师道. 后山谈丛(卷四)[M]. 李伟国，校点. 上海：上海古籍出版社，1989：39.

可是，大中祥符六年（1013 年）张咏知陈州，大中祥符八年八月一日，卒于任所。大中祥符六年，知天雄军寇准被任命为权东京留守，第二年，被任命为枢密使、同平章事。大中祥符八年五月，寇准为真宗所不喜，出判河南府。天禧三年（1019 年），寇准再相，第二年，因为丁谓等人的联合迫害而罢相，进而又被贬为雷州司户参军。丁谓迫害寇准一事根本不会在张咏任职陈州期间，张咏也不必买田自污。另外，张咏以刚毅正直闻名于世，看透丁谓是奸佞之人，临终前尚且上书请求斩贼臣丁谓之头以谢天下，丝毫不惧遗祸子孙，又何来为保命自污。以上事实均与《后山谈丛》的内容相悖。

因此，"张咏自污"这个故事应定位为文人士大夫根据某些历史细节附会而成的文学作品。

## 2. 已经为正史所收录的条目

邵伯温的《邵氏闻见录·王安石似王敦》讲了这样一件事：李师中任州县长官之时，"邸状报包拯参知政事"，有人说朝廷从此要多事了。李师中却说，包公没有什么，倒是今天的鄞县知县王安石，面相好似王敦，今后乱天下的就是这个人。以后 20 年，师中所言有中。

此则记载看起来充满唯心色彩，但是由于已经为《宋史·李师中传》所收录，因此被不少新闻史教材当作历史事实加以引用。

实际上，我们对照历史就会发现王安石任鄞县知县是在庆历七年（1047 年）至皇祐三年（1051 年），在此期间，包拯并未担任过参知政事，只是嘉祐六年至七年（1061—1062 年）任枢密副使。① 故此说虽为《宋史》采用，也不足信，大约是当时政敌制造的谣言或文人创作的文学作品又为笔记所收录。

---

① 李之亮. 宋代京朝官通考（1）[M]. 成都：巴蜀书社，2003：214.

## 三、建议

由以上举例分析可知，不经仔细鉴别就贸然采用史料是十分危险的。那么，我们如何在教学中做好生动性和真实性兼顾的工作，本人认为可以从以下几个方面入手。

一是授课教师应该关注学术最新进展，慎重选择史料。虽然新闻史的研究热度已不复当年的盛况，但是几乎每年都有质量上乘的成果问世，有的时候里面包含史料创新。作为授课教师可以紧跟学术研究的步伐，捕捉适合课堂教学的、经过专家最新考证的史料。

二是授课教师需要提高鉴别能力。关注学术前沿，选择那些经过专家鉴定的最新史料的同时，也要保持理性的质疑精神，不迷信、不盲从，这就需要授课教师注意提高自身的鉴别能力。

三是院系管理者应该对新闻史教学提高重视程度。过去和现在都存在一种现象，教学管理者以为新闻史教学就是讲故事，或者是出于教学架构完整性的考虑，不得不开设这门课程，因此在教学师资的调配上，往往将它交给新入职的教师甚至需要增加工作量的教师，造成担任教学的教师对新闻史不熟悉也不感兴趣，更不要说有能力对新闻史料的真实性加以把关。因此，提高新闻史教学生动性的同时也要保持它的真实性，教学管理者要率先转变认识，安排一些有新闻史研究专长的老师负责教学。

有条件的院校可考虑采用集体授课形式。新闻史的时段极为漫长，一个教师穷其一生的精力都未必对某一时段的新闻史研究得完全通透，要求他在短期内掌握所有历史时段的史料鉴别能力是不现实的。因此，有条件的单位，可以考虑将新闻史教学的教师集中起来，结合他们新闻史研究的专长，分段把关，分段授课。

**魏海岩**，河北大学新闻与传播学院副教授。

# "中国新闻史"教学的理论视角与方法

胡正强

"中国新闻史"课程的讲授是一门艺术，很难有唯一正确的模式。这门课有这样几个鲜明的特点：第一是课程的知识性，中国新闻史的讲授很大程度上是一种历史知识的叙述，教师在讲授过程中容易使学生产生该门课程与当下联系不太紧密的认知，所以部分学生先天地具有排斥和轻视心理；第二是课程知识具有相当强的稳定性，虽然中国新闻史的学术研究在不断向前发展，但是中国新闻史的教材体系则呈现出相对稳定性，学生在课堂上难以在心理上产生某种知识获取的急迫感和需要感，学习积极性不高；第三是教材的成熟性，由于中国新闻史是新闻传播学专业的基础课程，大体上学生人手一册教材，其知识呈现的明晰性和连贯性，大大降低了学生对老师授课的依赖性和期待度。这三个特点在一定程度上导致学生在听课上关注度不够。基于这样的角度考虑，笔者在上课的过程中，就设想在大体上遵从教材主体内容和线索的情况下，尽可能地增强学生对授课内容的新鲜感，以提高学生听课的积极性。

在一定的意义上，任何新闻史实都是思想观念的产物，从这样一种基本设想出发，我在讲授中国新闻史的过程中，尽量把史实放在某种理论的框架内进行叙述，即尽量突出隐藏在新闻史实背后的社会观念性因素。首先，观念作为一种精神性的内容，容易引起学生的理论关注。其次，传统地依靠增强或挖掘教学内容的故事性和生动性，还不足以完全扭转和改变学生对新闻史学习的排斥和轻视心理，所以有必要相应地增加学生对学习内容的陌生感。在此，应以理论的有用性来带动学生学习中国新闻史的积极性。在课程安排上，一般是把新闻史放在新闻学原理或者是新闻学概论之后的第二学年，这时候学生也有了一定的经验理论基础，所以在新闻史课程讲授中穿插或者融汇新闻学理论知识，就具有了相应的接受基础。但是由于新闻学理论和新闻学原理的讲述属于基本概念和理论知识范畴，学生在学习时会感到不通不透，这就为向学生传授相关的理论知识提供了可能，也提供了需要。根据调研，学生对学习新闻理论的兴趣普遍要高于新闻史，特别是对一些有一定深度、具有争议性的新闻理论知识尤其具有进一步探索和钻研的兴趣。另外，相比新闻史课程，学生往往更会从将来的实用性角度出发，从就业和学术素养提高的角度来对课程做出价值判断，他们往往会觉得新闻理论更具理论性，更具有现实的指导意义。因此，如何挖掘和利用学生对理论的偏好，就成为新闻史教学改革的一个着力点。

在具体做法上，第一，从新闻史实中挖掘和归纳出新闻理论观点，打通新闻史与新闻理论的区分，将二者融汇起来，重点讲述新闻史实中所隐藏或涵盖着的理论问题。例如，1912 年的"《民国暂行报律》风波"，是中国新闻史上一个重要的事件，也是新闻史考试中一个常见的考点，但新闻史教材对该事件的叙述，常常是就事论事，比较简略。笔者通过还原当时的历史细节，重点阐述这一风波背后所体现的社会控制与新闻自由之间的矛盾和冲突关系，从社会控制的角度解释为什么会产生这种风波，这个风波并不完全是一种敌对双方的关系，而是社会治理的不同观点设计所导致的冲突。这种解释，固然可能属于一种见仁见智的一家之言，但却可以使学生超越一般历史事实的束缚，从比较深刻或新颖的理论层面来理解新闻历史的细节。

第二，将新闻史叙述置于"发展"的框架之中叙述，尽量挖掘出新闻史实背后新闻观念和新闻理论的演进逻辑及其发展动力。例如，1943 年陆定一发表了重要论著《我们对于新闻学的基本观点》，在新闻史教材的讲述中往往将其放在《解放日报》改版的史实中一带而过，但笔者在讲授这部分内容的时候，则通过具体地介绍和分析这篇文本，重点从这篇文本产生的社会必然性和可能性的角度来阐释有关新闻史实，把它与整风运动、《解放日报》改版放在更大的历史框架之内，放在中国革命史的更宏观的背景之下，突出叙述当时中国共产党新闻理论体系建构的社会必然需要，从而解释这篇文章所出现的某种历史必然性，以及这篇文章所表达的基本观点为什么能够经受得住时代和环境变迁的考验。这就使学生对这一文本有了更为深刻的印象和理解。

第三，尽量突出和呈现中国新闻史发展过程中的理论和观念性线索，从人的观念和新闻实践的相互依赖、相互制约的关系之中，展示和呈现新闻史的演进轨迹及其逻辑。例如，对"有闻必录"论的叙述，它在中国近现代流传了将近半个世纪，这其中人们对"有闻必录"论的态度、理解和认知往往会大相径庭，言人人殊。19世纪70年代，人们把它当作一种比较流行的观念来信奉和遵行，而到了"五四"时期，则又作为反面内容来批判，尽量突出观念的内部缺陷。若把不同时代人们对于这一观念的不同认知和处理进行比对，就较为容易地展示出一种新闻理论或新闻观念是如何从产生、兴盛到退出历史舞台的过程。这会让学生感觉到观念的历史纵深感和联系感。当然，新闻史课程的讲述毕竟不是要演绎或代替新闻理论，也不是要给新闻业务套上理论的罩衣，所以要注意尽量不要把新闻史讲授成新闻理论或新闻理论史，仍然要尊重新闻史的学科属性，就是将理论、观念性的内容融入新闻史的叙述框架之中，而不是喧宾夺主，不是用史实去代替或阐释观念，而是用观念统领史实。

需要特别注意的是，讲授中要突出新闻史的时间性，遵循时间先后发展的基本线索。在不同的历史阶段内，选取和突出某一个新闻理论和新闻观念问题进行重点的集中阐释。新闻理论是一个体系，很多内容可以在新闻史中找到其历史渊源，但又不可能也没有必要把新闻理论再重复一遍，所以只能够挑选一些在新闻史中比较容易发现的、能够对历史史实具有解释力的理论观点来进行相应的阐述。另外,适当地引入传播学理论和视角来解释新闻史实。传播学相对于传统的新闻学,对新闻现象具有更强的普适性,具有更强的解释力和概括力,而且学生们往往会感觉传播学理论过于理论性而缺乏实用性,因而对它有所忽视,如此适当地引入传播学理论与新闻史实来进行互相生发和互相印证,往往能够收到比较好的讲授效果。最后,注意内容的更新,关注学术动态。这是讲授新闻史的老师的一种共同感受,即尽量使用比较前沿的理论研究成果,突出讲授内容的新鲜性。理论只是一个切入点而不是落脚点,在讲述过程中,仍然要注意回归到历史知识和史实的细节,回归到对历史的接受和理解上,而不是纯粹地进行理论阐释。

**胡正强**,南京师范大学新闻与传播学院教授、博士生导师,中国新闻史学会地方新闻史研究会常务理事,中国新闻史学会新闻传播教育史研究会常务理事。

# "外国新闻传播史"课程建设与在线
# 教学模式探索

陈　薇

在传统上，历史、理论与业务方面的知识和技能是构成新闻传播教育的三块主要内容，被称为新闻传播学科构成的"三驾马车"。三者之中，涉及历史和理论的知识是基础性的板块，是塑造新闻传播学子关于本学科的认知结构、专业价值体悟和实践策略的根本性因素。新闻传播史论课程作为新闻传播专业的核心基础课程，承担了联结通识教育与专业教育的桥梁作用，同时也为新闻传播实务的教学提供相应的理论支撑。近年来，随着信息技术的飞速发展与深度应用，传媒生态发生了颠覆性的变化，传媒行业的人才需求也产生了重大变化，尤其体现在课程体系建设中，作为学科专业建设的基础与深化教学改革的关键，涵盖系列系统工程的新闻传播史论课程体系亦需要改革与创新。

## 一、外国新闻传播史的课程建设

"外国新闻传播史"这门课程由湖北省新闻传播史论教学团队负责人、湖北省新闻传播史名师工作室主持人张昆教授领衔，2009 年被评为国家级精品课程，2013 年入选首批国家精品资源共享课，2016 年被正式授予国家精品资源共享课的称号，2020 年 11 月入选国家级一流本科课程。以下从培养目标、课程内容与教学模式这三个层面，对该课程体系建设的历程与经验进行总结和思考。

首先，在培养目标上，新闻传播学科培养目标的设定是基于专业知识的内在逻辑与专业定位，对学生的知识、能力、道德、思维与人格等提出要求，并由此确立课程内容及其结构体系。外国新闻传播史的培养目标覆盖"提升素质、传授知识、培养能力"三个维度，培养学生的全球视野、历史思维、理论素养和专业能力。其一，就学科素养来看，外国新闻传播史以马克思主义唯物史观为指导，引导学生认识和把握新闻传播的客观规律，加强学生对马克思主义新闻思想的认同、内化和实践，树立科学的新闻观，建构专业的知识观，培育高尚的人生观。其二，就知识要求来看，使学生掌握新闻传播演进的脉络，了解新闻传播系统与社会环境的互动及新闻传播内容与形式进化嬗变的内在规律；同时，帮助学生理解复杂的新闻现象，正确地解读新闻传播理论，形成合理的知识结构。其三，就能力要求来看，以史为鉴，结合专业，锻炼学生的新闻传播理论与实践能力，培养人文社科调查研究能力，激发学生批判能力与创新能力。这三个维度不仅体现了新闻传播人才培养的高度，也强调了人文关怀的温度，旨在坚持立德树人，从职业素养、社会责任与伦理修为等方面，全面培养学生的综合能力与人文精神。

其次，在课程内容上，外国新闻传播史需要以历史思维与全球视野为统领，理顺古与今、中与外、史与论的关系，不断完善课程体系建构。华中科技大学外国新闻传播史课程组负责人张昆教授是我国著名的新闻史专家，率先提出并实践了新闻传播史体系的"三维空间"与"三个结合"。一方面，针对新闻史教研局限于新闻事业史层面的弊端，将新闻事业、新闻制度与新闻观念有机地综合起来，建构包容事业、制度与意识的三维空间；另一方面，打破以历史发展的年代或时段为序的编年史、以地域为基本框架的国别史、以新闻传播媒介演进为时序的媒介史之间的边界，采取历史与现实的结合、中国与外国的结合、理论与实践的结合的思路，注重历史的横向发展，融中外于一炉；同时将历史的视野延伸到最近的现实空间，实现古今结合。由此，变单维的、平面的新闻史为多维的、立体的新闻史，大大丰富了新闻传播史体系的内涵，延展了史论课程教学的空间。

最后，在教学模式与方法上，倡导以教师和学生为"双主体"的研究型教学模式，广泛吸纳多元的声音，通过模块技能培养、教学资源的开发、建立翻转课堂与自主学习工作坊等多种方式，实现混合学习（blended learning）框架，使学生重归主体地位，建立更为完善的知识图谱。各位老师在发言中也都提及了课程教学最终要回归到"人"身上，使学生能够感受到温度——不仅能够感受到历史的温度，同样也能感受到人的温度。那么，怎么让这门史类课程活起来，让学生爱起来？怎么让比较抽象的理论素养知识融入具体的实践中？我们在教学研究过程中发现，具有深厚理论基础的研究性教学这一现代教学模式与新闻传播史论课程可以高度契合。一方面，以学生为教学主体，鼓励学生自主学习，敢于质疑，善于思考，张扬个性，勇于发表个人观点；另一方面，教师与时俱进，注重在教学方法的稳定性与创新性之间保持良性平衡，由此保证教学活动的开展与教学效果的实现。事实上，这种教学设计的背后，体现的是新闻史论的研究者和教育者基于史实的理性精神和基于新闻传播思想的批判性思维，由此培养学生的质疑精神，使其成为善于反思的行动者。

## 二、外国新闻传播史课程在线教学模式创新

智能技术的迭代发展正在深刻影响着现有的教学模式，推动了教师授课、学生习得以及师生课堂互动形式的重组与更新。美国纽约城市大学教育学者皮恰诺认为，一门课程就像一个特定的咨询社区（Inquiry Community），强化线上社区的认知整合，关键在于强化师生之间的情感交流与有效互动，侧重于知识受众对技术的自适应和个性化。在线教学模式的创新，意在强化师生间的交流与互动，让冰冷的电脑或手机屏幕充满温

度。我们从以下四点出发，尝试探讨外国新闻传播史的在线教学模式创新策略。

第一，融合学科边界，倡导"一体两翼"的建设思路，实现专才与通才的平衡。

近年来，华中科技大学新闻与信息传播学院持续深化"文工交叉，应用见长"的学科建设和人才培养思路，倡导践行"面向未来、学科融合，主流意识、国际视野"的发展理念，致力于在专业建设、师资团队、培养方案、课程设置等方面进行改革创新，并在此基础上，提出新闻传播史论建设的"一体两翼"建设思路。"一体"是指以培养智能媒体时代具有扎实新闻传播史论基础的优秀人才，借此来促进新闻传播学专业的转型升级；"两翼"一是突破媒介介质壁垒以重构新闻传播史论知识体系，强调跨专业、跨学科的知识融合；二是强化新闻传播史论课程群在智能媒体时代的重要性，以此形成"厚基础、宽口径"的知识结构，促进专才与通才的平衡，实现不同领域、不同媒体、不同时空的彼此交织与关联，以适应全媒体新闻人才培养的要求。

第二，针对外国新闻传播史的教学方法，在研究型教学理念的指导下采取多种手段进行课堂创新。

美国教育学者格鲁梅特认为，课程不只是固定的方法或大纲，而是人们用来建立事物意义的交流活动，是学习者与引领和塑造他的人一起建构意义的一个过程。这样的观点在线上教学的空间体系中得到了充分的体现，这个过程是流动且开放的，如流水般遵循既定的方向又灵动活泼、无形却有万形。在外国新闻传播史的在线教学中，我们立足于新闻与传播的学科体系，将课堂拆解为若干具有逻辑关系又特点各异的知识板块，采取包括教师提问、课堂讨论、即兴辩论、报告分享等多种教学手段，加强师生互动、资源共享与观点碰撞。主讲教师精心挖掘学生可以研究并具有启发性的问题：一是能充分展示新闻传播历史背景和联系的问题，二是能反映新闻传播史学学科发展最新动态的课题，三是与其他课程内容相关的问题。在指导学生进行研究性学习过程中，教师强调清晰思维路径，引导学生对自己的研究成果进行反思。课后通过给学生布置延伸阅读、史料采风、撰写报告等任务，夯实学生的基础认知，并有针对性地开展研究型教学，针对学生的特点因材施教，调整课程进度与模块组合，启迪学生挖掘新闻史背后的新闻观念、逻辑和发展动力。

第三，针对外国新闻传播史的翻转课堂设计，学生自主学习、独立思考是本门课程的教学目标之一。

外国新闻传播史的课堂教学中，应广泛吸纳多元的声音，通过培养模块技能、开发教学资源、建立翻转课堂与自主学习工作坊等多种方式，实现混合学习框架。例如，中国人民大学新闻学院率先在新闻史教学中开展了"翻转课堂"实践，实现了从以"教"为中心到以"学"为中心理念的转变，为学生提供个性化指导，有利于使学生重归主体地位，建立更为完善的知识图谱。我们的"翻转课堂"设计结合了华中科技大学新闻传播教育模式的精神内涵——"以人为本，教学相长；文工交叉，应用见长"的融合理念，鼓励学生涉猎与课程相关的跨学科资料，并通过自主数据采集、文献挖掘等方式，形成个性化的延展学习资料。考虑到当前一系列功能多样的电子数据库越来越健全，在线教学中可引导学生学习资源传递和文本梳理，进行线上知识互动；同时，参考智慧教室和模拟实验的模式，引导学生以多媒体技术再现历史场景和代表性历史事件与人物，打通知识生产与习得的边界，由此实现知识的广度与深度有机融合。

第四，针对在线教学的氛围和体验，利用纷繁的数字媒介景观提升在线授课的丰富性、生动性和临场感。

我们线下课堂的传统环节之一是小组辩论，就历史上较有争议的新闻事件或观点进行观点的碰撞与交锋，现场的剑拔弩张和头脑风暴氛围皆可感知。将这种场景移植线上，如何在虚拟空间中保持观点的交锋与思维的激荡呢？我们进行了一些创新性尝试，例如开设线上辩论赛和读书会，借鉴网络流行的"直播+应援"方式，让学生对所支持的辩方观点与喜爱的阅读资料进行在线投票，提升学生对在线课堂的卷入度、参与度与归属感。再如开设"外新史我来讲"环节，针对不同章节的内容鼓励学生开设课程微信公众号或微博主页，以文字故事、绘画图例、虚拟小说等形式，讲述历史上的人物事件、媒介组织的脉络，引导学生在多媒体的协同创作中实现知识的再生产与多次传播。这种教学策略和教学方式的创新，极大地激发了学生学习外国新闻传播史的热情。课程的学习不再只是枯燥的记忆，而是通过多种富有创意的学习方法将支离的知识点和既有的知识体系结合起来，构建完整的知识网络，培养学生运用历史观追古问今的能力，运用世界观融会贯通的能力，运用实践智慧进行批判性思考的能力，通过个人参与学习的新知获得更高层次的自我赋权，从而实现自新。

**陈薇**，华中科技大学新闻与信息传播学院教授、博士生导师，中国新闻史学会外国新闻传播史研究委员会常务理事。

# 回归经典　展望前沿

平行论坛(三)
"新闻学理论"课程研讨

# 对新闻理论与马克思主义新闻观
# 教学的几点思考

郑保卫

感谢华中科技大学的邀请，使我有机会能跟大家就新闻理论教学如何守正创新问题进行交流与研讨。这几十年我一直在教新闻理论课，感触很多。事物总是处在不断发展变化之中，但万变不离其宗，如何守正创新是一个常想常新的话题。

## 一、关于新闻学的学科属性问题

关于新闻学科的属性问题，就是一个需要我们时常思考的问题。记得2002年我刚从新华社调入中国人民大学，我在《国际新闻界》看到了一篇美国哥伦比亚大学新闻学院副院长卡莱教授的文章，其核心观点是新闻不等于传播，也不等于媒体，更不等于广告和公关。他说，新闻有自己"本身的东西"。我看后非常赞同，随即写了一篇回应文章，题目就叫"新闻≠传播≠媒体"。我认为，新闻学有其独特的内涵与本质，它是一门兼具人文学科属性的社会科学学科。我们的新闻教育不是培养没有灵魂、没有情怀的机械文字匠，而是要培养有思想、有情怀、有担当的媒体人。新闻工作者要讲理想、讲情怀、讲道德、讲担当。早年靠黄色新闻起家的普利策，后来拿出200万元给哥伦比亚大学创办一所新闻学院，他认识到新闻从业

157

者要担负社会责任，因此要像医生、律师那样进行系统的专业教育。

从这个意义上说，我们的新闻教育，特别是新闻理论教育一定要有明确的目的，要坚持正确的方向。通过新闻理论教学，要培养教育学生讲理想、讲情怀、讲道德、讲担当，要能够写出"有思想、有温度、有品质"的新闻作品，要成为思想好、作风正、业务精，让党和人民放心的新闻工作者。

新闻教育要防止出现两种倾向，即过度政治化的倾向和"技术第一"的倾向，要防止新闻学的人文属性被弱化和抛弃，政治属性被排斥和奚落，专业属性被无限放大和过度夸大的情况。现在新闻传播已开始进入智能化时代，智能机器人可以写新闻了，但再高级的机器人也代替不了活生生的人，因为它无法完全代替人的思想和情感，也无法进入人的内心世界，表现出人的道德品行。

## 二、关于新闻"有学"与"无学"问题

"新闻无学论"在我国已经风行了几十年，可以说到现在依然"阴魂不散"。前段时间清华大学停招新闻学专业本科生又引起了人们的担忧。有人问：清华大学停招新闻学专业本科生是"个案"，还是带有普遍性？此举会不会使"新闻无学论"重新"死灰复燃""卷土重来"？我的答案很简单：是个案，但有一定借鉴意义，无需对此事做过度想象和任意解读。

新闻到底是"有学"还是"无学"，我想现在在我国这已经不是个问题了。因为"新闻有学"已成定论，"新闻无学论"已经没有什么市场了。大家知道，近些年来党和国家一直高度重视新闻工作，重视新闻学科。2004年，党中央出台的"关于进一步繁荣发展哲学社会科学的意见"中，就把新闻学科作为国家重点扶持建设的9大学科之一，将其纳入"马工程"建设之中。特别是习近平总书记在2016年5月17日哲学社会科学工作座谈会的讲话中，明确把新闻学作为对中国哲学社会科学具有"支撑作用"的、需要

加快构建的 11 个重要学科之一 。可以说新闻学的学科地位从来没有这么高过。而在 2016 年 2 月 19 日党的新闻舆论工作座谈会讲话中，习近平专门对如何用马克思主义指导新闻教学和理论研究提出了明确要求：要使新闻学科真正成为马克思主义指导的学科，使学新闻的学生真正成为牢固树立马克思主义新闻观的优秀人才。这些论述为我们做好新闻学科建设、培养好新闻专业学生提出了明确要求，确立了正确路径。

近些年，中宣部和教育部把新闻学作为"部校共建"的学科，把新闻传播卓越人才培养作为人才队伍建设的重中之重。这说明，在我们国家，新闻学科的地位越来越重要。多年来的新闻教育实践使我深深体会到，在我国从事新闻与传播教育，一定要坚持"新闻立院"，做到"新闻立学"。因为如果不重视用新闻学来办新闻与传播教育，就难以入主流，难以成气候。新闻学是办好新闻教育和搞好新闻学科建设的根基与基础。因此一定要把新闻学作为立学之本、立院之本，对此我们要有明确的意识和强烈的自信。

## 三、关于新闻理论教学问题

我教新闻理论已有 40 年了，发现新闻理论又好教，又不好教。说"好教"，是因为这是一门必修主课，学校、学院和老师通常都比较重视，认识上应该比较"到位"。说"不好教"，是因为这门课理论性和政治性较强，内容显得有些"枯燥"，学生理解起来有一定困难，学习的积极性不是太高。加之有的学生接触了不少西方新闻理论观点，对教材中的一些新闻理论观点有自己的看法，有的甚至还有抵触情绪和逆反心理。这些都会影响到新闻理论的教学效果。

我想我们的新闻理论教学要讲知识、讲理论、讲方法，也要讲理想、讲信仰、讲情怀。要明确新闻理论教学在整个新闻学教学中有着重要地位，即要通过这门课帮助学生明理、立德、铸魂、导向。我们的任务是传道、解惑、育人，因此教新闻理论课的老师要做个理想主义者。我们要帮助学生增强国情意识、国际视野，要承担社会责任、国家责任，要能够正确辨识西方新闻理论观点的内涵及实质。

改革开放以来，随着西方新闻学和传播学理论进入我国，在一些年轻老师和学生中产生一定影响。对此，我们要分清哪些是需要学习借鉴的，哪些是需要警惕排斥的。习近平总书记用"不忘本来、借鉴外来、面向未来"作为我们学习和传承国内外哲学社会科学理论的原则。对于新闻理论教学，这三个"来"很重要。"不忘本来"，就是要继承好我国传统新闻学、社会主义新闻事业、党的新闻工作的传统、经验和理论成果；"借鉴外来"，就是要学习借鉴人类一切文明成果，包括借鉴国外新闻学理念、原理、原则、规律，要尽可能把包括西方在内的各国的一切优秀新闻理论成果吸纳进来；"面向未来"，就是要关注并研究全媒体时代新闻传播新特点新规律，要不断开拓进取、改革创新，要努力建构中国特色社会主义新闻学的科学体系，包括学科体系、学术体系、话语体系和教材体系。

我们要建构的中国特色社会主义新闻学科学体系，应该是符合中国国情，适应中国社会主义新闻工作需要，反映中国特色社会主义新闻工作客观规律，同时又能与国际新闻工作惯例接轨的理论体系和知识体系。要实现与国际新闻工作惯例接轨的目标，就要增强国际意识。我们从事新闻理论教学与研究一定要有这样的理想。

新闻理论教学还要坚持"重理厚实"，即要靠"理论"立足，靠"实践"支撑；要做好案例教学，即要注意理论联系实际（理实并重），调动学生的积极性；要加强互动教学，即要实现教学相长，加强教学过程中的师生互动。

总之，在整个新闻教学中，新闻理论处在"中心"与"核心"的地位，我们从事新闻理论教学，首先自己要做到明是非、辨方向、有定力、不彷徨、不动摇、不随波逐流。

## 四、关于马克思主义新闻观教育教学问题

如今，我国马克思主义新闻观教育方兴未艾，任重道远。自2016年习近平总书记发表"2.19"重要讲话以来，许多高校成立了马克思主义新闻观教育和研究中心，开设了"马克思主义新闻观"课程。但是如何避免"说得多，做得少"，或是"光说不做"和抓得"不紧、不实、不细"的情况，还需要我们付出许多努力。

我们要考虑怎样才能使马克思主义新闻观真正"进课堂、进书本、进头脑、进人心"，怎样才能做到习近平总书记讲的四真——"真信、真学、真懂、真用"？这就需要首先解决认识问题。要正确认识马克思主义新闻观教育工作的定位及要求。习近平总书记说，新闻观是新闻舆论工作的灵魂，要深入开展马克思主义新闻观教育，引导广大新闻舆论工作者做党的政策主张的传播者、时代风云的记录者、社会进步的推动者、公平正义的守望者，认识这个定位很重要。

党的最高领导人在党的重要会议上专门讲马克思主义新闻观教育问题，这在党的百年历史上从来没有过。我们一定要紧紧抓住马克思主义新闻观教育从未有过的难得机遇，进一步推动马克思主义新闻观教育的深入开展；要自觉坚持用马克思主义指导新闻教学、理论研究、学科建设，用马克思主义新闻观帮助学生铸魂、励志、导向；要使马克思主义新闻观课成为新闻学与传播学专业教学中的核心内容与中心环节；要使马克思主义新闻观教育贯穿到新闻学与传播学专业学习的全过程，实现课程和人员的全覆盖、无死角；要使"马克思主义新闻观"课程成为新闻学与传播学专业课程中最具影响力的课程。这些目标很理想，也很宏大，需要我们共同朝着这个方向做不懈努力。

党和国家对新闻工作者的素质要求很高，包括政治素质、理论素养、业务能力、道德修养等多方面，要帮助学生打好理论根基，增强理论素

养，做好多方面素质修养和知识储备。新闻学科作为社会科学学科，应用性很强，因此我们需要重视对学生的业务能力培养，要使学生"十八般武艺样样精通"。马克思主义新闻观教育任重道远，我们须不负重托，不辱使命，有所作为。

2021年是中国共产党成立100周年，让我们高举马克思主义、列宁主义和习近平新时代中国特色社会主义思想旗帜，不忘初心，牢记使命，奋发图强，继续前进，为保卫、创新、发展和壮大中国特色社会主义新闻学，为推进新闻学科、新闻理论、马克思主义新闻观教育教学工作作出新的更大的贡献。

**郑保卫**，原广西大学新闻与传播学院院长，中国人民大学新闻学院教授、博士生导师，教育部社会科学委员会语言文学、新闻传播学和艺术学学部副秘书长兼新闻传播学科召集人，原全国新闻学研究会会长。

# 理论课要强调理论性

杨保军

非常高兴有这次机会跟大家交流，对华中科技大学的邀请表示感谢！线下相距千里远，云端见面一瞬间。听了诸多学院院长、领导们对新闻传播史论课地位、作用等的看法，他们是站位全局来发表看法的，可以说站得高、看得远；新闻学理论分论坛则落实到具体的教学上，需要我们坐得低、看得清，要细致入微。每一个老师都应该对自己的新闻理论教学有一个自觉，对自己提出一些要求。

我 2003—2004 年撰写《新闻理论教程》时，就在前言中对自己提出了自觉要求，包含三个方面。直到现在，这三个方面的要求没有改变：第一，在教学与科研的关系上，要站在前沿研究问题，与时俱进地展开教学；第二，在服务学生和培养学生的关系上，要脚踏实地地服务学生，境界高远，培养英才；第三，在教学内容与目标追求上，要掌握理论体系，学会理论思维，培养理论精神。

我今天要讲的主题是"理论课要强调理论性"。我们经常听到学生说理论课的理论性太强了、太抽象了。我们反过来问，理论课不讲理论性还叫理论课吗？理论课没有一定的抽象性还叫理论课吗？我们讲理论，就得强调理论性。这与我们讲理论与实践的关系并不矛盾。实践是理论的根源，事实是理论的本基，这些道理我们谁都清楚。但是讲到理论课本身的时候，我们是在讲理论，那就要强调理论性。

我所强调的理论性大致有如下几个方面的意思。

第一点，理论有它的抽象性。到了理论这个层次，"象"已经被抽掉了，把感性的东西已经抽掉了，上升到了理论的具体，抽掉了"象"之后自然就难理解了，理论的抽象性就表现出来了。理论的抽象性是理论的自然特征，这一点要在教学中跟学生讲清楚。不能说一听到理论比业务、比历史难理解，就对理论课不感兴趣，觉得理论意义不大，没有多少作用。我讲新闻理论的第一课，讲的就是什么是理论，什么是新闻理论，理论的基本功能是什么。也就是说首先要让学生对理论有所理解。正因为理论具有抽象性，才能在个别特殊的基础上表现为一定范围的普遍性。如果理论没有普遍性，理论就不再是理论了。只有一定范围的普遍适用性，才是理论的基本品质。我们做新闻理论教学的，首先自己要理解理论自身的特点，即抽象性。

第二点，理论具有纯粹性。理论来源于事实，来源于实践，但在理论形成过程中，已经把事实、实践中感性的、粗糙的一面在抽象过程中打磨掉了。所以理论不仅是比较抽象的，也是比较纯粹的。这种抽象性、纯粹性表现为理论的透明性和理论的理想性。理论的纯粹性，使它能被作为工具、方法运用，让我们能够解剖现实，能够揭示现实对象的真相，这正是理论的价值之所在。理论的纯粹性还表现为透彻性，理论的透彻一方面是讲理论自身逻辑的自洽，理论自身从它的概念到它的判断，到它形成的推理，到它的原理体系的形成，它内在的逻辑是贯通的。理论自身要透彻，只有透彻的理论才能说服人，如果理论不透彻，就说服不了别人，我想也就说服不了自己。只有说服人的理论人们才会相信，人们相信理论之后才会内化，内化之后才会成为一种动力，才会有力量，精神才能转化为物质，观念才能体现在实际的行动之中。只有透明、透彻，最后才会有力量，才会对实践形成真正的指导。

第三点，理论具有理想性。理论没有理想性，就没有召唤力。读过《共产党宣言》的人都知道，《共产党宣言》里表达了马克思、恩格斯对未来社会的理想。这样一部短短的《共产党宣言》，从它 1848 年出版到现在，引发整个世界发生了天翻地覆的变化。这种理论的召唤力、号召力、理想性，唤醒、唤起了多少蒙昧的、沉睡的人。理论有理想性，才有召唤力。从直接意义上，大家都觉得理论是对"是"的一种揭示，它形成的理念是理论理念，但是我们做理论教学和理论研究的人都有体会，从一篇小论文，到大部头的著作，其中都贯穿着我们自己的理想，我们自己对"应该"的一种追求。所以理论不只是对"是"的揭示，还有对"应该"的诉求，理论包含着希望，甚至有一些乌托邦的设想和色彩。

下面，我再简单谈谈理论与实践的关系。

其一，理论不是实践，而是中介。

理论的抽象性、纯粹性、理想性都说明理论有自身的特点，也在表明一个道理：理论就是理论，不是实践。第一个环节，理论来源于实践，但理论本身不是实践。正因为这样，从感性世界到理论，有一个中介化、构建化的过程。第二个环节，从理论重新回归到新的世界，又有一个中介化的过程。可见，理论是中介性的存在。正是因为这中介地位，我们的学生，特别是本科生，感受到理论学习的难度。但这个难度是基本事实，必须接受，只有克服了这样的障碍和难度，才能够真正地学到理论，把握理论，才可能运用理论。

要给学生讲清楚，理论来源于实践且需回归实践，但理论本身不是实践，理论有理论自己的任务。理论首要的任务就是揭示事实世界或一定对象的内在关系，包括内在的稳定关系、内在的趋势性关系，这就是我们所说的内在规律。新闻理论的基本任务就是揭示新闻现象、新闻活动的内在规律。从历史的积淀，到我们自己的研究，要把成果展示给学生，这个过程并不容易。

其二，理论与实践的结合。

大家经常讲到理论学起来难，太抽象，其中一个问题就是我们经常挂在嘴边的"理论与实践的结合"，这个问题需要弄清楚、讲明白。

理论作为一种中介，它是理论观念，要重新回流到现实有一个艰难的过程，就是要把科学的理论或合适的理论和人们当下及未来的需求结合起来，这个过程是将合规律性与合目的性有机统一的过程。这个统一的过程是比较艰难的。将理论用到实践中，需要知道自己的需要是什么，还要评判自己的需要是否真实、合理。这个过程中人们容易出错，所以理论运用到实践的过程当然是一个艰苦的探索的过程。我想在讲新闻理论课的过程中，一定要把这个东西给学生讲清楚，要让学生明白：从理论到实践，本身是一个复杂的中介化过程，比从实践到理论的第一环节还要困难。

其三，理论常常成为实践的前提。

理论一旦形成，它可能比实践更正确合理，我们一定要有这种反向思维。我们习惯说实践是检验真理的唯一标准，这话当然没错。但是大家注意，我们的实践活动本身也可能出错，这个时候错误并不一定在于理论。这是我们要有的意识，即双向意识。有时候理论比实践更正确，理论往往是实践的根据。如果我们对第一个环节，实践是理论的根据这个环节暂时不考虑的话，理论就成为实践的根据，我们对未来的设想是基于理论，基于我们的需要，这二者的有机结合，形成未来的蓝图，形成实践观念，所以我们的行为往往是观念决定行动，未来决定现实。一个国家、一个政党、一个人对未来怎么设想，就会对当下的行动形成什么样的约束，在这个意义上，我们完全可以讲，理论是实践的尺度，未来是现实的根据，未来决定着现实。这样一来，我想对于理论与实践的关系，就会理解得更加全面透彻，也就能使学生更好地理解我们为什么要讲观念，为什么要讲认识，为什么要讲理论。如果把这个道理讲清楚了，学生学习理论的动力就有了，有了动力，那么抽象性、理论性太强这些问题慢慢就会不再是问题。

最后，我想强调的是，理论有正确与否、合理与否、好坏与否的区分。这是我们讲理论课时一定要注意的。针对一个问题，不同的人有不同的看法，会形成不同的观念、不同的认知、不同的理论，这个时候不能说所有的理论都是一样的，所有的观念都是一样的。事实并非如此。理论有正确与否之分，有合理与否之分，有好坏之分，这个评判的过程，才能显示出作为理论研究者和教学者的水平。

**杨保军**，中国人民大学新闻学院教授、博士生导师。

# 无用之用？浅议新闻理论课程的三个教学难点

苏俊斌

非常感谢华中科技大学提供这么好的平台和机会！郑保卫老师讲了新闻理论不好教，他也提出了"重理""务实"的方法。杨保军老师让我们听到了新闻理论第一课，我感到非常亲切。我有个问题，即新闻理论是否可以仅凭自己的理论为自己的理论性辩护呢？

我给本科生开的课是"新闻学概论"，给研究生开的课是"史论精解：新闻"。在应用学科里，如何向学生讲解理论课程？新闻理论通过课堂教学要达到什么目标？我理解新闻理论课的教学目标应该包含三个层次：①新闻素养，让学生看得懂新闻，拥有基本新闻素养，这是最低目标；②新闻技能，培养学生掌握新闻写作和非虚构叙事的基本技能，这是中层目标；③新闻思维，培养学生面对客观世界时能尊重事实、描述事实、把握重要事实，并能用事实有时效性地影响外在社会。

杨保军老师说新闻理论要有理论性、要抽象。制约新闻理论教学效果的因素多源自学生以为新闻理论"没用"，然而比新闻理论更抽象的数学等理科课程，学生绝不会以为学那些课"没用"。在讲授新闻理论时是不是还要体现"有用性"？① 怎样改善新闻理论课的教学效果，让新闻理论"有用"

---

① 默顿在《十七世纪英格兰的科学、技术与社会》里提出："在科学被当作一种具有自身价值而得到广泛的接受之前，科学需要向人们表明它除了作为知识本身的价值之外还具有其他的价值，以此作为自身的存在进行辩护。"（详见［美］罗伯特·金·默顿.十七世纪英格兰的科学、技术与社会［M］.北京：商务印书馆，2000：15.）实际上不仅在近代科学诞生之初，乃至到了大科学时代，科学（尤其是基础科学）都不是"无用"的学问，而是"无用"与"有用"的辩证统一。

呢？感觉"有用"，其实是一种"获得感"。新闻理论教学实践中，提高学生"获得感"有三个难点：一是怎样使用案例来让学生理解理论？二是怎样用理论直面现实问题？三是怎样将新闻理论与哲学社会科学其他领域的理论关联起来，以展示新闻理论本身固有的独立性？这第三点也是一个教学难点。

## 一、两类案例教学

刚才几位老师都提到了案例教学，案例教学涉及两个不同的教学目的：①理解内化规范：通过用相同的逻辑构建不同的案例故事，其目的是让学生透过具体案例而理解抽象理论，这类案例是例证型案例；②掌握实践技能：用不同的案例验证相同的经验知识，其目的是让学生掌握实践技能，这类案例是实践型案例。在这两种不同目的的案例教学中，理论与实践的对话方式有着显著差异，被称为"理论"的知识也具有不同程度的抽象。

例证型案例的教学逻辑是通过个别案例引导学生管窥全豹，然而问题在于案例何以管窥全豹？在《实践中的马克思主义新闻观：新闻报道经典案例评析》里，就是用《素描罗阳》系列报道为案例，来例证只有具备人文关怀的内核，才能使先进典型报道入脑入心。① 例证型的案例是一种叙述方式，需要结合实证材料的具体和理论概念的抽象，或者说用逻辑把实证材料重新装配起来，重新构建起一种思维的具体，以此实现理论逻辑、历史逻辑、实践逻辑的三者统一。技能型案例教学本质上是一种实践方式，它是将源自实践的需要学生掌握的技能应用在对案例的批判、纠错以及完善之上。通过对案例的操作，来练习实践技能，其最终落脚点是在实践技能上。正如马克思所指出的，"哲学家们只是用不同的方式解释世界，而

---

① 本书编写组. 实践中的马克思主义新闻观：新闻报道经典案例评析［M］. 北京：高等教育出版社，2015：279-298.

问题在于改变世界"。① 与此相联系的又一个问题，是在构建理论与实践对话之前，首先需要明确可以与之对话的理论。

## 二、直面现实问题

一般来讲，理论是运用抽象概念及其关系来对客观存在的存在和演化的一般规律性进行概括。理论常常是抽象的，而现实问题则是具体的（不同类型的理论有不同抽象程度，例如麦奎尔区分了传播学领域里五种不同类型的理论，就具有不同的抽象程度）。更吸引在校学生的是层出不穷的具体问题，尤其是社会热点问题。要让学生有"获得感"，新闻理论就必须直面现实问题，用理论所具有的普遍性将现实中千差万别的特殊性涵盖其中。那么，在具体教学中新闻理论怎样直面现实？

现实世界总是充满着矛盾和问题的，教学如果要直面现实，便不能回避矛盾和问题。苏格拉底式的对话问难，是揭示矛盾和问题的有效途径，可新闻理论课常常是大课，在课堂上很难组织学生对话。② 根据很多高校大课的探索经验，一种可行的模式是预先准备具有争议性的案例，在介绍案例基本情况之后，提出问题让学生表决，再让参与表决的学生说明其所持立场的理由，最后教师做总结。例如，在某个具体的舆情事件里，搜索引擎算法是不是价值中立的技术？为什么"是"，抑或为何"不是"？如此等等。

虽然都涉及案例的使用，但与前述例证型案例和技能型案例不同，这里的案例只是作为引子，旨在启发学生运用理论工具去分析揭示现实的矛盾和问题，所适用的理论选项并不是唯一的，其结果也没有唯一答案，因此其讨论是开放性的。新闻理论与现实社会距离很近，多数知识都不难找

① 马克思恩格斯选集(第 1 卷)[M]. 北京：人民出版社，2012：140.

② 在厦门大学，无论是本科生"新闻学概论"或是研究生"史论精解——新闻"，都是百人大课，要进行研讨殊为困难。

到与之密切联系的社会热点，直面现实问题进行论辩，能够使课堂氛围生动且具有思辨色彩，学生也能够打开思路，不被书本知识所禁锢。在这个充满矛盾和问题的现实世界里，理论被寄予的期待是：要么解释现实，要么批判现实，甚至要预测未来。然而，固执于理论与现实两边当中的某一边，都不是唯物辩证法的典型解决办法，实践对理论的检验具有历史性和社会性。面对诸如《金刚经》第二品所提出的"云何应住"的问题，新闻理论是可以安住在"道"与"器"之间的。

## 三、理论适当独立

作为学科的知识基础，新闻理论不必追求直接应用性。通过与哲学社会科学更广阔的理论背景建立逻辑关联，展示理论自身的魅力，从而维护理论的适当独立性。

哈佛大学科学史系 Peter Galison 教授在其 2000 年发表的《爱因斯坦的时钟：时间中的空间》中，回顾 1902 年爱因斯坦在伯尔尼专利局工作的历史现场，揭示出当时欧洲技术方面的现实需求与狭义相对论之间的复杂联系。在 20 世纪初，欧洲面临的最强烈的社会需求是"铁路与时间"问题。在 19 世纪，"铁路要良好运行不能缺少统一的时间，这已被普遍公认而且不可阻止。但是，在德国我们拥有 5 种不同单位的时间……因此我们在德国拥有五个时区，其结果是导致了所有缺点和不便"。①这是爱因斯坦思考时空相对性理论问题的现实背景。

然而爱因斯坦的理论思考与现实需求之间远非线性的关系，相对论并不是从技术上升到理论。在爱因斯坦的专利工作中，他作为专利审查员所处理的发明申请文件，最多的是关于欧洲时钟同步器的发明，上司 Haller 给他的教导是："当你拿起一份申请，要认为发明者讲的任何东西都是错

---

① Galison, P. Einstein's Clocks：The Place of Time[J]. Critical Inquiry, 2000, 26(2). 参见苏俊斌. 爱因斯坦的时钟：时间中的空间[EB/OL]. [2020-04-20]. https://core.ac.uk/display/41378000.

的。"跟着"发明者的思维方式"盲从会导致灾难，"而且那将损害你。你必须保持批判的警醒"。理论思考应该保持适当的独立性和批判性，而不是尾随着应用技术亦步亦趋，这是针对当时专利工作的忠告，也是针对物理学的忠告。其实新闻理论又何尝不是如此？

另外，新闻理论对哲学社会科学的贡献并不必须是直接提出了理论概括，也可以是捕捉到了具有重要意义的社会需求。在新闻理论教学中应有一个功能，即启发学生回应新闻实践中提出的问题，这与前述直面现实问题的落脚点不同，前者是为了展示理论对现实的解释、批判乃至预测的功能，而后者是听取源自新闻实践的社会需求，并在哲学社会科学广阔理论背景里思考求解问题。正如恩格斯所言，社会上一旦有技术上的需求（诸如如何推动媒体融合向纵深发展、如何因应网络民粹主义等），这种需要就会比十所大学更能推动社会前进。

总之新闻理论有多个不同层次，与新闻实践建立对话的方式有多种。在新闻理论教学中遇到的难点是：①怎样通过选择典型案例来例证理论知识，练习实务技能；②怎样直面现实中随时出现的矛盾和问题，让新闻理论解释或批判现实中的矛盾问题；③怎样将新闻理论与更大的哲学社会科学背景关联起来，以展示新闻理论本身存在的独立性。只有新闻理论不作为新闻实践的奴婢，新闻理论才能理直气壮地说新闻理论是"无用之用，方为大用"。解决这三个难点，目的是通过教学来提供新闻素养、新闻技能、新闻思维，激发学生思考新闻实践提出的问题，使新闻学成为对哲学社会科学真正具有支撑作用的学科。

**苏俊斌**，厦门大学新闻传播学院副院长、副教授，中国新闻史学会网络传播史研究委员会常务理事。

# 从方法论的层面运用马克思主义：
## 以"新闻学理论"为标尺

朱至刚

　　各位师长、各位学友，我今天的汇报，来自多年来在教学过程中一直思考的一个问题：如何从方法论的层面将马克思主义运用于新闻理论？当然，从逻辑上往前一步，还得界定什么是理论，什么是新闻理论。到了近两年，终于有了一些思考，写成一篇论文发表在《四川大学学报》上。标题是"'我们'为何以'新闻'为起点——试析《我们对于新闻学的基本观点》的理论构造"。在很大程度上，这是我2016年出版的那本《早期中国新闻学的历史面相：从知识史的路径》的续篇。我曾在这本书的序言中提到过，接下来将从同样的路径探讨中国的马克思主义新闻学和中国共产党新闻学。这些年在读到从20世纪20年代到30年代陆续出现以马克思主义为指导，或者自认为是、自我定义为以马克思主义为指导的中国新闻学文献的时候，能够非常直观地感觉到作者们在展开理论写作的时候有非常强的理论自信。这种理论自信从何而来？这种理论自信从知识层面来讲，对我国的新闻学造就了什么样的结果？又在什么程度上塑造了新闻学的面孔？

　　实际上，从10多年前，刚开始教新闻学概论的本科课程和新闻理论研究的研究生课程。从那时起，我就有意识地阅读了一些中国新闻学的早期经典论述，除了陆定一的文章，还有萨空了的《科学的新闻学概论》、甘惜分先生的《新闻理论基础》以及王中先生1981年以后在《新闻大学》上陆续发表的论新闻、论传播的各篇文章。读的时候，我有这种感觉，似乎他们不仅是在论，而且是在述、在讲。这跟后来以 SSCI 为模板的学术规范大不一样。我感觉到，虽然不像现在这样引用大量的理论，但从字里行间、遣词用句，再到通篇全书，非常清晰连贯，至少在作者本人那里，如托一个掌中之物，让大家看得十分轻快。在对比研习了其他学科的一些著作之后，我得到了这样的判断：这种讲出来，而不是论出来，背后出自作者对于某种学理，以及学理所依托的整个世界观的高度认同，甚至可以说是信仰。也就是说，他确信世界确实是这样，而且仅仅就是这样。苗力田先生在翻译亚里士多德《形而上学》的时候，把通常翻译成"存在"的词翻译为"是""所以是"。后来，苗先生在亚里士多德全集中译本的总序里说，应该用古风来翻译古典文本。古典著作在文本上的一个非常明显的特征，也许就是作者似乎认为凭借自己的方式和方法，足以去了解整个世界，尤其是顶层架构和宏观架构上如何构成的、如何生成的，如何"be"和"to be"的。就此而言，对于经典文献的读法，也许应该更加注重他们何以如此讲，而且讲得如此自信。王先生和甘先生都有一篇文章叫《论新闻》，在他们各自的体系里都非常重要。我以为他们当时未必阅读到了在西方已经很"规范化"的理论和主义的学术著作，但是写出来的东西却非常清晰、非常明朗、非常纯粹地和结构功能主义方式和历史主义方式暗合，都对"新闻是什么"构造了非常自洽的语境。现在我们"80 后""90 后"这一代可能在读这些早期经典文献的时候，不仅要抱同情式理解，还要理解其语境。我们需要了解那个时候新闻学理论和学说、知识在形态上和现在不太一样，也许要将不同时代的"学术"形态放在一起，才能更好地体会到为何前辈宗师在探索过程中，面对什么是社会、什么是世界、什么是意识的时候，真正做到了不是说进行论述和学术生产，而是探索根本性、终极性的问题。盲人摸象经常被认为是贬义词，但是盲人毕竟在摸这头大象，而且把摸到的结果拼接起来，虽说不一定是大象本身，但发挥足够的想象力或者整合能力的话，拼接起来之后所形成的理论和学说，对于实践的指导意义，其重要性怎么评价都不为过。

因为偶然的机缘，我曾在芝加哥大学社会学系访学一年，我去的时候，带着问题而去：我们所理解的芝加哥学派，为什么能形成一个学派？进而延展过去，"社会科学"如何得以成立？当然，虽然回国三年多了，但是此行的所见所感，还需要时间继续消化。但是，就当下而言，我觉得在方法论上，能在知识社会学讨论的领域之中"借"到以一个理论本身为分类对象的理论工具：那就是什么是理论，什么是某某学的理论。这里所说的理论通常包含两个构件，一是遵循明确的方法论，二是具有独特的对象化路径，还能由此生成内部自洽，而且对现象具有广泛解释力的解释图示。

在这里向令人敬畏的后浪学友们说一句，我现在所说的话和杨保军老师说的有关理论的内容，其实完全是一回事，只是用了不同的表达方式。两种表述放在一起，也许就是学术路径乃至于学术表述语言本身就具有多样化的例子。关于什么是新闻理论与新闻学理论，我是直接从社会学界"借"过来的，因为社会学界的社会学和社会理论分得很清楚。什么是社会理论？我关注这个社会问题，并且把它理论化了，这是社会理论。那什么是社会学理论呢？即给出一整套从对本体是什么，到与社会存在有怎样的关系，又怎样关涉的，而且通常涉及其演化、动力机制的总体化解释。当然"总体化"借用的是乔治·卢卡奇在1920年前后自认是自创的，对什么是正统的马克思主义的阐释方式。

中国社科院社会学所的元老苏国勋先生曾经在访谈中提到过一件事：他们所的一个研究室，牌子换了很多次，原先叫社会学理论研究室，后来牌子改了，叫社会理论研究室。什么是社会学理论？我们换个术语描述，一定是对整个社会顶层结构的描述，这种描述不是一语带过的，而是给出一整套对整个社会的解决方案的体系。从这个意义上讲，社会理论林林总总，遍布都是，但社会学理论却寥寥无几。举个例子来讲，互动仪式链是社会理论，但从顶层化、广谱化的解释意义来讲还不够，算不上社会学理论。什么是社会学理论呢？马克思、涂尔干、韦伯的才是社会学理论。从某种意义上来讲，戈夫曼的理论能否称为社会学理论还不好说。实际上，米尔斯所说的社会学的想象力，我理解的是研究要做到社会学理论层面。当然，要求别人跟自己能不能做到，是两回事。比如说米尔斯本人，从他的著作来看，他真正了解的可能只是成了建制以后的美国社会学。他的古典学造诣，包括对古典社会学的造诣其实不够，比如说他对马克思的了解基本上是转了手的。至于对韦伯的理解，其实远远比不上帕森斯。再如他对拉扎斯菲尔德的批评，近年来在大陆传播学界似乎认可度不低。但实际上拉扎斯菲尔德并非那么简单，了解他不能只从社会学这个学科的层面来看，因为他有非常鲜明的维也纳学派背景。我想如果米尔斯研读过《普通认识论》，可能对拉扎斯菲尔德的认识会不完全一样。当拿"某某理论和某某学理论"这个工具来看的时候，再去看文献，其实不难看到如果理论化到了"某某学理论"的程度，某种程度上看起来就会不太像或不完全像某某理论本身。如果只是某某理论，或者针对某某问题的理论，或者某领域的理论的话，理论的论述即便不是内卷化，它也会关注和侧重这个问题本身，不敢有半分过界。当然，什么是过界，这个尺度不好来衡量，可能得因事而异，因著作而异。但如果过度"内卷"的话，容易导致我们自己觉得研究的这个学科太重要了，我们关注的东西太重要了，好像没有我们这个学科关注的对象就没有人类社会和现代社会，但是不是这样呢？我们在说传播学很重要的时候，在说没有传播就没有人类社会的时候，可能旁边的教室里，法学界或者说经济学界的人士也在这样讲，说没有我们这个学科就没有人类社会。我个人比较认同希尔斯的说法，虽说世界并不是完全被整合的，但是是耦合的，离了谁都不行。习近平总书记提出要重点建设"三大体系"的哲学社会科学包含 11 个。从名单不难看出，其本身就是试图搭建学科间耦合的大结构。换句话说，我们需要的中国哲学社会科学或者哲学社会科学的中国学派，本身是一个整体，这样的构想在很大程度上就是贯彻马克思主义在看待社会的时候运用历史唯物主义、辩证唯物主义的整体性观念。当然，要真正做到很难。所以，它才会被纳入国家层面的战略中去。

至于某某学理论是如何生成的，涉及社会观、历史观、世界观这些意识形态。"意识形态"这个词语，如果我们从马、恩在写作《德意志意识形态》时的使用意义来理解，就必须承认，如果是真诚的学者，应该会坦然地认可意识形态的存在。它不但是客观存在，而且存在于所有涉及价值判断的学科。某种意义上来讲，马、恩正是用意识形态来概括认识的整体性和综合性。如果要刻意回避作为框架的意识形态，我们将很难对较大的问题、较大的结构给出宏观的解释。因为到这个层次，必须涉及立场选择，就是根本的世界观是什么。如果回避掉这个问题，不谈根本的世界观是什么，很可能谈出来的知识，分开来讲都是对的，但拼接起来就是乱的，因为理论的体系化程度不够。汪晖先生在多年前写过一篇文章，他认为在学术研究之中，强调去政治化本身就是一种政治。我觉得这句话非常对。根据以上思路，我们有充分的理由认为，中国新闻学中最知名的文献之一——《我们对于新闻学的基本观点》，就是一个相当成功的理论构建。其不但是成功的新闻理论构建，而且谈得上是成功的新闻学理论构建。因为在被列宁阐述的，以马克思主义为立场的范式内，它所给出的解释，既逻辑自洽又具有广泛解释力。据我个人理解，其中的关键是陆定一是从新闻谈起而不是从新闻业谈起。因为从真正的马克思主义或者历史唯物主义的观点来看，整个社会本身就是整体，每个部分必然存在频繁的、耦合的联系。如果不把社会当作整体来考察，就不是马克思主义的考察方式。

最后，回到开头那个话题。如果要将马克思主义运用于新闻学的教学和研究，可能必须上升到方法论的层面；否则，就未必是真正的、完整的马克思主义立场。因此，对于马克思主义立场的新闻学文献，尤其是中国的此类文献，我们也许真有重视的必要。当然，重视的前提，是要先平视。如果贸然地带着诸如"当时学科还不成熟"的成见，甚至以后来的 SSCI 为模板的所谓"标准"去看待它们，也许遗失的，恰恰是我们中国新闻学自身最宝贵的财富。

**朱至刚**，四川大学文学与新闻学院教授、博士生导师，中国新闻史学会外国新闻传播史研究委员会常务理事。

# 边界与主线：新闻理论课程教学的几点思考

涂凌波

## 一、初识课程：来自学生的反馈

新闻理论(或者新闻学概论)课程，在教学安排上一般是本科二年级的专业必修课，前序课程是"中外新闻传播史"，后序课程为"马克思主义新闻观"。2020 年新冠肺炎疫情期间课程是以线上教学的方式进行的，畅课线上教学平台的数据显示，上课当天的访问量较大，呈波峰状，课后学生访问平台下载资料、完成作业，在学习时间上呈现一定的周期性。

杨保军教授提到，理论课的"第一堂课"是一个重要开端，非常重要。对于刚刚开展理论教学的年轻教师而言，第一堂课实际上是倍感紧张的。同学们有诸多的疑问，比如这门课要学什么、这门课的特点是什么、这门课如何进行，等等。第一堂课，需要把同学们想要了解的这些问题交代清楚。

2021 年新冠肺炎疫情期间，我们通过线上留言的方式，对同学们做了一个小调查，看看在"第一堂课"上，他们对新闻理论课和新闻学学科有着怎样的理解。

陈同学：新闻学不是一门实践课，而是要去研究揭示新闻现象基本规律，以及新闻业和整个社会的互动关系。除了学习各种新闻传播知识，还需要对各门各类的领域进行综合学习。

赵同学：新闻学的研究对象就是社会中发生的人和事，同时在研究过程中还需要更多地关注人、回到人、关注人性等，就是不光研究事情层面，还要上升到社会的"思辨"层面。

步同学：新闻学科还与其他学科如传播学、广告学等有着相关性。新闻学科的研究与分类，不是恒定不变的，而是随着时代的发展不断更新演变。新闻学是一门历史地发展着的学科。应注意如何处理和其他学科的关系，如何对待本学科的发展。

胡同学：老师，想问一下为什么早期新闻学科创立时，会给当时社会一种"缺乏地位，不能登大雅之堂"的感觉，除了与它本身的实践性有关，是不是还与它偏向生活化、通俗化的内容有关？

李同学：新闻学的重要组成部分是新闻理论、新闻业务和新闻史。当今的新闻理论和应用的边界有些模糊，常停留在就事论事的层面上。新闻理论和新闻应用的边界不清晰，这是我最大的困惑。

可以看出，同学们在上新闻理论课前已经有初步的了解和认识，一些同学还读过一点教材。本科二年级学生已认识到新闻学的研究要关注"人"，这是十分难能可贵的，对我们的教学来讲也是一个重要的提醒。一些同学还提到新闻学与其他学科的关联，其实也提示授课老师在教学过程中进一步思考，如何处理新闻学和其他学科的关系，如何处理本学科知识的传承与更新的问题。还有同学表达了对新闻理论课的知识"正当性"的困惑。

## 二、教学过程：疫情期间线上课程的探索

在新闻理论课教学中，过去有一种体会，就是线下课程中学生们不太主动发言，这与新闻实务类课相比尤为明显。但是，今年线上教学中可以发现，同学们不是不想发言，恰恰相反，从弹幕区留言可以看出，他们对

很多问题非常关心。

教学过程中，热点、争议话题容易激发学生讨论。比如讲到新闻选择、新闻价值的时候，弹幕区就比较活跃。课程上，我们就围绕新冠肺炎疫情相关话题、"后浪"、民法典、新发地疫情、小学生缪某馨跳楼等议题展开讨论，学生们的参与度也比较高。理论课的教学同样需要融入**案例教学**的方式，也需要直面一些争议话题。不过这同时带来案例使用的挑战性，比如案例不能太陈旧，这样同学们讨论可能会更积极，因此备课压力会比较大。

除此之外，虽然理论课就是"理论"课，但为了理论课教学的丰富性，我们也给大二的同学布置了一些作业，要求他们用新闻学的视角分析最新的新闻现象，然后进行小组演示（presentation）。有的同学用可视化工具分析"后浪"话题在舆论场中的走势和结构，还有的同学分析新发地疫情的媒体报道密度等。这体现了同学们学习这门课的思考能力和分析能力。

还有一点需要讨论的是，本科教学中是否要布置文献阅读？过去我们认为新闻理论课以讲为主，作业以案例分析、小论文为主。也有一些老师提到要读经典文献。我们主张在课程教学过程中引导同学读文献，而且是要回到原始文献的脉络中去，通过文献阅读与课程知识学习，同学们搭建起自己的知识结构和体系。在教学实践中，同学们读文献、分享文献阅读收获，大家的参与度比较高，反响也不错。现在本科的同学已经是"00后"，他们的课堂参与度、对理论课的热情以及课后作业的完成度都是不错的，也带有"00后"的学习特点。

# 三、形式与知识：新闻理论课的边界问题

在新闻理论课的教学中，我认为首先要讨论的是三门理论课之间的边界问题。

"新闻理论"（或称"新闻学概论"）、"马克思主义新闻观"及"传播学理论"这三门都是专业基础课，不同老师讲课有不同风格，但作为同学，他

们同时或接续学习这几门课就会产生疑问：如何区分几门课的知识体系。尤其是"新闻理论"和"马克思主义新闻观"这两门课，在知识传授上会有一些交叉，这在教学上是不可避免的，那么如何让同学们有效辨识课程就是一个很大的挑战。所以，解决理论课边界问题的重点是要让同学们能辨识课程核心内容的构成。

第二个问题是如何解决同学对理论课先入为主的刻板印象。有些同学可能认为理论课枯燥无趣，学不到什么东西，我想核心在于帮助同学认识到他们能从这个课中学到什么。

第三个问题是教学对象。如果面对同一批学生，同时教授"新闻理论"和"马克思主义新闻观"这两门课，尤其是在"马克思主义新闻观"教学上，如何与"新闻理论"既相互关联又有所区分，这是一大难点。比如，以"理论课+案例课"结合的模式讲授"马克思主义新闻观"课程，请优秀的业界老师来分享案例，让老师、同学和业界对话，这一教学方式的教学效果是不错的。不过同样要解决的是课程知识的体系化、结构化问题。

除了课程之间的知识边界外，新闻理论课自身的知识边界也面临一定的挑战。备课过程中，我们参考了传统的新闻理论课程体系，即板块结构——以职业新闻活动为核心，以基本原理和概念为主，以论为主。与此同时，近年也辅以新闻学术史和思想史的知识，在课堂讲授中讲解新闻理论的学术脉络。

但这也有个问题，如果我们是概论类课程，散点或板块化的确没有问题，因为只是对新闻学作一个初步介绍。但是，如果是作为理论课，有的版块则理论性不强，而且有的板块有专门的课来讲，比如媒介伦理与法规等。理论课的特征，正如许多老师指出的，应该要强调理论的抽象性、纯粹性、理想性，理论本身不是实践。再如，新闻生产相关的知识，新闻业务类课也会讲到。所以在理论课上，除了传统的经典新闻理论之外，我们是否要补充社会学或者其他学科的理论知识？

最后还需要讨论的是，新闻理论的最新研究成果是否要涉及。在教学过程中，我们尝试介绍了算法新闻、建设性新闻，同学们非常感兴趣。所以我觉得新闻理论课自身边界的突破和更新是非常值得讨论的。

## 四、新闻理论课的主线是什么

理论课是新闻学科的根基，是新闻学知识体系中的基础部分。谈到主线问题，关键在于通过新闻理论课的学习，同学们能够掌握学科的基本知识、方法论、价值观，进而培养理论思维的能力。

第一，在现行知识形态的冲击下，我们如何坚守新闻理论教学主线？在大学慕课平台检索新闻理论课，发现慕课上新闻理论课总体较少，且课名不一致；授课者以团队为主；内容结构上，优点在于（网课是）主题式的，涵盖面广，缺点在于相对分散，知识的系统性较弱。在新闻传播类课程中，新媒体、实务类的课较多，理论课较少，尚无精品课。这引出以下问题：新闻理论课的主线尚不清晰，现今教学中我们要解决学生什么样的学习问题？

第二，新闻理论课主线的教学意义与价值。面对新闻业的快速变迁、新闻活动的变迁、新闻媒介的变迁，如何从理论层面讲清楚什么是新闻、怎么做新闻、新闻有什么用。比如学生会问，互联网时代新闻真实有哪些变化？这反过来提醒了我，要帮助他们掌握新闻理论的来龙去脉，实事求是地认识新闻世界。学生在学习新闻理论课程后，也会产生如下问题：今天我们面对怎样的新闻，如何区分新闻与其他信息，如何辨识新闻，如何做新闻（包括非职业新闻），为什么还要学新闻，做新闻工作应当遵循哪些规范和原则……新闻理论课主线的选择是一个取舍的过程。

第三，课程主线要回归学科经典、回到核心问题、面向时代前沿。具体来说，在教学实践中，新闻理论课可以设计八个板块的内容：新闻学与新闻理论；新闻的本源形态及功能；新闻活动的本质、演变及系统构成；新闻传播的基本原则（事实、价值、方法）；我国新闻舆论工作的任务与原则；新闻选择与新闻生产；新闻传媒的属性、功能与媒介体制；新闻出版自由与职业道德规范等。在讲授过程中，围绕以下三条基本线索展开：首先是新闻本体、新闻传播和新闻活动；其次是追根溯源，包括新闻与人、新闻与社会的关系；最后，以新闻学主要问题作为课程框架，以新闻学术史作为体系根基。

## 五、新闻理论教学如何面向新的知识形态

学生从知识的接收者正在变为知识的"游牧者"。

近年来，得到 App、喜马拉雅等网络知识平台逐步兴起，从知识"搬运"向"设计"转型，以用户思维改变知识形态，成为互联网知识传播的典型方式。过去这类课程被认为是碎片化、缺乏营养的，但现在也逐步结构化、系统化，这种设计正契合了当下学生的知识获得习惯。另外，得到 App 上理论课大量出现，比如哲学史、思想史、信息论等，这些知识类课程擅长"打包"，课程结构以关键词、核心概念、案例+理论形式搭建，便于学生检索和记笔记。但从根本上说，知识本身没有改变，它们（知识平台）只是改变了学生知识接收的习惯，这也让学生在课堂上越来越坐不住，线下课程教学需要不断给他们强刺激。

系统化的知识习得仍是理论思维培养的必经之路。

中国人民大学出版社和中国传媒大学出版社的新闻传播系列教材、译著等是多年打磨、沉淀的系统知识的呈现，学术类出版物的畅销也一定程度上体现今天我们对系统知识的追寻。理论课的主要目的在于训练学生的理论思维、学术品味和理论厚度。理论课的讲授未必能改进实践操作，但有助于提升学生的学术品味，这一点尤为重要，正所谓"随风潜入夜，润物细无声"。此外，理论课教学除了系统知识的传授，还在于学生经过理论思考后的对话与"辩论"。在课堂教学中，我也时常设计一些辩论题目，启发他们对话和思考。

面向新的知识形态：怎么办与怎么做？

那么面对新的知识形态，我们在理论教学实践上该怎么做？以下三个方面是我个人的一些做法，很多老师也采取了类似方法。第一，翻转课堂

设计，课前让学生先看文献，或是在慕课上提前学习，对新闻现象简单分析。但核心仍在于在线下课堂教学中突出重难点，而且要注意延展性、扩充性知识的课堂传授。第二，扩充知识量，现在学生们不再满足于新闻传播自身的知识边界，他们还希望老师多做延展，比如经济学、社会学等知识，这对年轻老师来说考验比较大。第三，尝试探索"知识包裹"这样的教学形态，比如让同学们结成学习小组，在课后完成文献阅读或共同参与研究项目，尤其是对于研究动力足、研究原创性高的本科生而言，参与研究项目更有助于他们应用课堂所学，形成"知识包裹"。而且，同学们可以借助新媒体传播形式，比如微信公众号，展示研究成果，反过来，这也推动了他们进一步学习新闻理论的热情。

**涂凌波**，中国传媒大学新闻传播学部电视学院教授。

# 参与式案例教学：新闻传播史论课程的教学方法初探

卢家银

## 一、前言

在当前的新闻传播学教学过程中，我们不仅要传授新闻传播学的基础理论知识，还担负着培养掌握各类新闻传播技能、胜任实际工作的新闻传播工作者的重任。在传统媒体时代，新闻传播院校主要是培养新闻人，现在则要进行工作转向，要以培养新闻传播工作者为任。如何在这样一个实践性和应用性非常显著的学科中做好理论课教学，是一个重要的挑战。笔者从参加工作到现在，经过长时间的探索和尝试，以及在周围朋友和同事的帮助建议之下，发现参与式案例教学在理论教学中可以发挥重要作用。笔者在平时的课堂教学中很喜欢运用这种教学方法，在与学生的长期互动交流中亦感乐在其中。

从历史源头来讲，案例教学最早发源于苏格拉底开创的问答式教学。后来美国哈佛商学院(Harvard Business School)将其发扬光大，产生了较大影响，从而慢慢发展为一种备受欢迎的教学模式。这样一种教学方法通常要求学生对相关的基础知识和文献进行充分的提前预习，老师在课堂中结合具体的案例，通过问答一步步引导学生剖析事实、分析争议和展开理论探讨。案例教学法通过将案例情景化和语境化，可以促进理论知识在道德层面与实践维度之间的相互转化，既将理论知识外显，又将认知与应用能力内化。

笔者所提倡的参与式案例教学不是举例法，而是根据授课内容提前精心准备实践案例。在教学活动中，教师需鼓励学生根据案例寻找理论、学习理论和进行理论分析。目前所讲的理论，并不局限于某个学科，而是涉及整个人文社会学科。新闻传播学是一个边缘交叉学科，老师在教学中不能让学生故步自封和坐井观天，要根据教学需要，引导学生从案例出发，主动学习与案例相关的理论和基础知识，让理论服务和指导学生的实践。也只有这样，才能让学生加强理论学习，以避免学生到实习单位实习几个月后自我否定本科四年学习的尴尬处境。

## 二、基本理念

参与式案例教学的基本理念是道与术的结合，即基础理论和实践应用的结合。基础理论相对于实践应用来说是一个根本性的前提，如果没有基础理论的研究，应用研究和实践应用是没有生命力的。中山大学近几年做的就是鼓励做基础理论研究。学校所提出的三个"面向"，其一是面向学术前沿，其二是面向国家重大战略需求，其三是面向区域和社会经济发展。在这样的氛围之下，老师上课的时候也鼓励学生关注和了解基础理论。防止学生在完成本阶段学习之后，以个人经验取代理论学习，甚至在没有对社会现象进行任何的抽象的情况下，就简单地把个人经验概括出来等同于理论。

在金庸的小说《神雕侠侣》中，杨过发现了独孤求败用剑的过程：30岁之前用紫薇软剑，30岁到40岁用玄铁重剑，恃之横行天下；40岁之后则进入无剑的状态，所谓"不滞于物，草木竹石均可为剑"。现在所讲的教学就是取法乎上，直接进入"无剑"状态的教学，引导学生进行"不滞于物"的主动学习。重点是学习理论，即新闻传播学之"道"，而不是学习简单的一招一式或一器一物，一味追求形式上的好看。在术的层面，比如现在很火的网络软文写作、直播带货、快手视频制作、抖音发布等可以吸引流量和迅速变现等对学生们的吸引很大，这确实会对我们的教学带来挑战。

但是，在这种情况下，既需要对理论教学的坚持，也需要以有趣和接地气的方式开展课堂教学，让学生在参与中学习理论知识。所以，理论课程的教学就需要根据内容需要，鼓励学生参与课堂教学，让学生变成课堂的主人。当然，为了防止手机、电脑等电子设备影响课堂，我在课堂教学中要求学生不使用电脑、手机等各类电子设备，只允许学生带笔记本。同时，努力在教学方式上提升课堂的趣味性，除了提前认真备好课和发放阅读材料，还需进行单口相声式的教学或脱口秀式的讲解。既要鼓励学生积极参与课堂讨论，还要引导学生在线分享个人案例和参与课程微信群组讨论。对于参与式案例教学来说，案例选择的挑战比较大，可结合不同课程的特点和需要，进行有针对性的准备。例如，对于"中国新闻史"的授课，既可以引导学生关注和分析报人、报刊、电话、电报、电影甚至是小报，也可以鼓励学生搜集和分析学生所在地的县志等材料。

## 三、教学实施

参与式案例教学的前期准备投入比较大，需要每年提前做好 PPT、准备好教材，还要及时进行修订，并向学生公布教学大纲、教学内容和考核方式，明确课堂要求等。第一节课就需要确立课堂规矩，没有规矩不成方圆。老师要做好准备，新教师需要向资深教师请教一下心得体会，既要坚持原则，又要充分尊重学生需求。每年完成授课之后还要根据评教结果、同事反馈和日常教学总结并及时改进。课程内容方面，对于"新闻传播法规与伦理"课程的教学，我通常将课程内容分成 12 个专题模块：基本权利、媒介政策、煽动诽谤、保守秘密、淫秽诽谤、亵渎宗教、种族仇视、知识产权、名誉侵权、隐私保护、媒介审判、媒介伦理，围绕这些模块展开教学。

同时，案例是参与式案例教学的起点，选择恰当和成功的案例是实施教学的重要前提。经过十年的探索，笔者认为一个好案例有三个标准，第一应该是理论意义和实践价值兼备，即案例和理论有所联结，且指向一定的实践价值，能够反映理论和实践的应用。第二是紧跟实践发展。现在抖音、快手等短视频平台已经很火爆了，如果在这种情况还大量使用一些过时的案例就会显得不接地气和不合时宜，学生也会认为教学脱离实践。当然对于经典的案例还是要分析，但要尽量紧跟现实，要选择能够体现媒介技术、新闻理论发展过程中出现的新问题、新现象、新争议的案例，让学生切实感受到课程学习与实践是紧密相关的。第三是尽量具备趣味性。学生普遍有好奇心，理论课的课堂教学必须考虑学生的心理需求，这样可以激发学生的学习兴趣和热情，提高学生的参与性。并且，具备趣味性的案例还能够启发学生的思考，有助于培养学生的创新思维和批判性思维。不能忽视的是，在案例的选择和使用上，还需要考虑经典案例与最新案例的均衡，要有新旧对照和适当的比例设计。

## 四、课程考核

课程考核是参与式案例教学的重要保障。这需要在课程开始之前，就明确告知学生课程考核方式、课堂参与要求以及占分比例等。特别是对于学生的案例分析、个人报告与小组讨论等，均要明确考核内容与形式。在"新闻传播法规与伦理"的教学中，除了授课教师选择的案例，还要求学生自建小组，选择近三年发生的热点事件或者中国裁判文书网中的案例；在"中国新闻传播史"的教学中，则建议学生选择知名报人或者报纸的某个阶段，或者是中国最早的电影、导演、画报、电话等，以此鼓励学生搜集和阅读相关的理论著作和文献，指导学生使用中国知网、读秀搜索、中国裁决文书网和民国时期期刊全文数据库等搜索和阅读文献。要求在小组成员完成阅读之后，再进行小组讨论，讨论之后再搜索文献和阅读。以此确定案例选题和分析案例并做出最后的案例报告。在此过程中，授课教师和助教可对学生的选题进行指导和修订。

在这样的要求之下，学生的积极性被主动与被动并行的方式所调动。

根据近年来学生的情况来看，几乎所有的学生积极地参与了这种案例教学过程。学生们在搜集和分析案例材料的过程中，不仅学习了理论知识，而且运用了采写设备，还学会了如何与他人进行沟通与辩论以及如何报告研究发现等。可以说，在理论的牵引之下，巧妙结合实践，通过训练实践技能的方式去展现和报告各自的理论分析结果。在"新闻传播法规与伦理"的教学中，通常要求每个小组最终提交一份 3000 字的案例分析报告。该报告既要对案例事实进行概述，又要有理论分析，还要有规范的引用，最终要像论文一样把理论分析呈现出来。在学生对案例进行分析之后，授课教师与现场专家会结合学生的分析，对案例概述、理论分析、展示方式等进行全面的点评与指导，以进一步深化学生对相关理论问题的认知。

## 五、结语

总体而言，参与式案例教学是新闻传播学理论教学中的一种重要方法。它既强调应该教授什么内容，又解决如何去教授的问题，属于理论课程教学与现代实践教学方式的有机结合。参与式案例教学将学生作为课堂教学的主体，以案例为线索，引导、鼓励和启发学生主动搜集和阅读理论文献并进行案例分析，有助于教学目标的实现。同时，参与式案例教学服务于学生理论素养的提升，它将学生的理论学习和实践技能训练相结合，以真实案例将学生语境化至特定场景，鼓励学生对社会现象进行理论分析和概括，不仅培养了学生的批判思维能力，而且提升了学生运用所学知识解决复杂社会问题的综合能力。简而言之，参与式案例教学的运用，将有助于新闻传播院校对理论人才和精英型新闻传播工作者的培养，总体上将会促进我国新闻传播教育的全面发展。

**卢家银**，中山大学传播与设计学院教授、博士生导师，中国新闻史学会应用新闻传播学研究委员会副会长兼秘书长，中国新闻史学会媒介法规与伦理研究委员会常务理事。

# 基于成果导向的"新闻学理论"本硕博课程贯通

刘　洁

2020 年 7 月，习近平总书记对研究生教育工作作出重要指示，强调适应党和国家事业发展需要，培养造就大批德才兼备的高层次人才。国务院总理李克强在批示中要求进一步优化学科课程设置。① 《教育部关于改进和加强研究生课程建设的意见》（教研〔2014〕5 号）要求，"完整贯彻本学科研究生培养目标和学位要求，重视课程体系的系统设计和整体优化"，"加强不同培养阶段课程体系的整合、衔接"。② 作为在一线从事"新闻学理论"课程教学多年的教师，我深切感受到新闻学理论在本科、硕士、博士阶段存在断裂、重复等不能高效贯通的问题，本文将对此进行分析，并提出改进建议。

## 一、问题的提出

"新闻学理论"是新闻学专业核心基础课，贯穿本科、硕士研究生和博士研究生培养全流程。它们以不同的名称出现在培养方案中，一般而言，

---

① 习近平对研究生教育工作做出重要指示强调适应党和国家事业发展需要培养造就大批德才兼备的高层次人才 李克强做出批示[N]. 人民日报，2020-07-30.

② 教育部. 教育部关于改进和加强研究生课程建设的意见（教研〔2014〕5 号）[EB/OL]. [2020-08-11]. http：//www. moe. gov. cn/srcsite/A22/s7065/201412/t20141205_182992. html.

在本科阶段，"新闻学理论"课程被称为"新闻学概论"或"新闻学原理"；在硕士研究生阶段，被称为"新闻学理论专题研究"；在博士生阶段，被称为"新闻学理论研究"。同类课程在本科、硕士、博士不同学段如何贯通和区隔？"兔子理论"认为：本科生学习捡"死兔子"，研究生学习打一只在视野中奔跑的"活兔子"，博士生学习打一只看不到的"活兔子"。该比喻有一定的解释力，但如何实现本硕博"新闻学理论"课程的贯通，一直没有得到重视和解决。

在实际教学过程中，本科生新闻理论教学相对成熟，有马克思主义理论建设工程重点教材《新闻学概论》(高等教育出版社)和其他高水平教材和教学辅导材料，教学内容和要求比较明确。研究生阶段，各高校教学内容各有特色，加上学生来源和质量的差异，研究生新闻理论课程基本内容和要求没有形成普遍共识。在尊重研究生培养特色的同时，该课程本硕博内在联系问题(包括贯通和区隔)并没有得到重视，课程纵向规划缺失，出现了不同学段间同类课程培养目标不明确、课程内容断裂和重复、教学质量良莠不齐、不能满足不同学生学习要求等问题。在国内其他学科和国外新闻学教育中，若实现了本硕博贯通的培养体系，课程衔接问题能在一定程度上得到解决，在我国新闻学教育分段实施的条件下，该问题在全国新闻学教学中普遍存在，急需引起足够的重视。

这个问题在硕士阶段最突出。由于硕士生来源于不同层次的学校甚至不同专业，学生的专业基础、学习能力和学习需求各不相同，硕士阶段"新闻学理论"课程如何向下与本科内容衔接，向上与博士教学建立联系，面临诸多困难。如何区分学术硕士和专业硕士的课程教学内容，也是摆在新闻理论课程建设面前的新问题。

一些全学段新闻教学的高校对本问题做了探索性回答，如将本科阶段定位于新闻理论基础知识的学习，强调知识的广度和理论体系框架的学习；研究生阶段对新闻学理论重要问题进行专题研究，更注重知识的深度；博士生阶段结合博士生科研对有争议的学科前沿问题进行讨论，或者就新闻学理论学科定位和学科发展等进行教学。以上区分基于新闻理论知识不同深度、学生学习能力不同层级的把握，这些努力是非常有价值的。但是，本硕博新闻学理论教学贯通的根本依据是什么？如何落实到教学实践中？这些问题还没有得到很好的解决，如果这些问题不能在认识上和实践中得到回答，将会影响新闻人才培养和新闻理论课程发展。

## 二、问题根源分析

不同学段间的课程贯通是伴随我国新闻学教育快速发展产生的问题，该问题从出现，到进入视野，直至被解决，是我国新闻教育不断提升的必经之途。问题的产生既关涉新闻教育机制，也有教学思想的问题，还有院系和教师的具体因素。

当前，我国新闻学教育绝大多数没有实行本硕博培养和硕博连读，在机制层面，本硕博贯通的课程体系没有纳入总体性考虑。在学校层面，本科和硕士、博士教学分别属于教务处和研究生院管理；在院系层面，分别属于分管本科和研究生的副院长管理。在院校两级管理中，本科生和研究生课程设置和发展没有有效的连接机制。

更为关键的是教学思想问题。在既有的课程设置和教学内容中，起关键作用的是知识体系。"新闻学理论"系列课程划分的依据是学科知识，将学科知识的广度和深度作为区分本科、硕士、博士课程的标准。这种划分依据有其合理性，同时存在缺陷，主要表现：①学科知识广度和深度本身缺乏可操作的标准；②知识只是课程目标之一，没有充分考虑能力、情感、思想等课程目标，没有充分考虑学生的学习动力和需求等；③这种做法是"以教师为中心"的教学理念在课程中的体现，注重"教师教什么""教师怎么教"和"教师教的效果如何"，对学生这个最核心的要素缺乏足够的重视，学生在课程贯通中是缺位的。

本硕博课程贯通对教师要求很高，首先要求教师具有学段间课程贯通的自觉和有效手段。其次，要求教师对新闻理论课程全学段教学宗旨、内容和资源调动具有足够的理解力和行动力。如果教师自身认识和能力不到位，全学段课程贯通就会成为一句空话。能掌控全学段教学的高水平新闻理论教师"一将难求"，因此，特别需要建立起不同学段任课教师的协同、整合机制。

对学生缺乏深度了解是难以落实全学段贯通的重要因素。硕博士生的学习能力、学习愿望、学习基础、其他支撑因素等的复杂程度远高于本科生，异质性非常强。从本科生的偏于同质性到研究生的偏于异质性，面对这个转变，如果没有全面深入的学生、学情调查，以及对个体的关注，实现课程教学内容的贯通就难以落到实处。

由上可知，本硕博课程贯通是一项系统工程，需要机制、理念、教师教学能力和学生学情调研的协同推进，要实现实质性改进，最基础和重要的是从教学思想上进行革新，本文探讨基于学生成果导向的课程贯通思路。

## 三、转变思路：基于学生成果导向

单纯地以学科知识来贯通本硕博课程，已被实践证明行不通，本文探讨以成果导向教学理念构建课程贯通的路径。

成果导向 OBE(Outcome-Based Education)是 1981 年由美国学者斯派蒂(Spady WD)提出的，此后经过 10 年左右的发展，形成了比较完备的理论体系，至今被认为是追求卓越教育的正确方向。①我国于 2005 年开始构建工程教育认证体系，2016 年我国成为《华盛顿协议》第 18 个正式成员，将 OBE 先进教育理念引入我国工程教育，"逐步实现了三个转变，即从课程导向向产出导向转变、从以教师为中心向以学生为中心转变、从质量监控向持续改进转变"。②

OBE 教学理念和我国工程教育论证十余年成功经验，可以成为新闻学

① 李志义.适应论证要求 推进工程教育教学改革[J].中国大学教学，2014(6).
② 李志义.对我国工程教育专业论证十年的回顾与反思之一：我们应该坚持和强化什么[J].中国大学教学，2016(11).

理论全学段贯通的借鉴。《华盛顿协议》和我国《工程教育认证标准》充分体现了 OBE 理念,其集中体现在《毕业要求与职业能力》(*Graduate Attributes and Professional Competencies*)的 12 条框架性要求。① "反向设计、正向实施"是 OBE 实施的原则之一,"正向设计是课程导向,教学设计从构建课程体系入手,以确定达到课程教学目标的适切性。反向设计是从需求开始,由需求决定培养目标,再由培养目标决定毕业要求,再由毕业要求决定课程体系。"具体过程分为 6 个步骤:"根据需求确定培养目标、根据培养目标确定毕业要求、根据毕业要求确定毕业要求指标点、根据指标点确定课程体系、根据课程体系确定教学要求、根据教学要求确定教学内容。"②

OBE 教学理念具有清晰严密的逻辑性,将学科知识导向转变为学生成果导向,为"新闻学理论"课程全学段贯通提供了新的指导思想,能在课程设置和发展上切实体现"以学生为中心"的思想;OBE 反向设计的 6 个步骤,具有实际可操作性,为"新闻学理论"本硕博课程内容设置和连接提供了操作指南。

如何理解"新闻学理论"课程学生成果导向?美国心理学家、教育家卢姆(B. S. Bloom)将教育目标体系分解为认知领域、情感领域、动作技能领域。其中认知领域包括知识、领会、运用、分析、综合和评价;情感领域包括接受或注意、反应、价值评价、价值观的组织、价值或价值体系的性格化;动作技能领域包括:直觉、准备、有指导的反应、机械动作、复杂的外显反应、适应和创作。③就单一的课程而言,需要将卢姆的教育目标体

---

① International Professional Engineers Agreement, International Engineering Technologists Agreement, APEC Engineer Agreement. Graduate Attributes and Professional Competencies (Version 3: 31 June 2013)[EB/OL]. [2020-08-01]. http://www. ieagree-mnets. org.

② 李志义. 对我国工程教育专业论证十年的回顾与反思之一:我们应该坚持和强化什么[J]. 中国大学教学,2016(11).

③ 李允,周海银. 课程与教学原理[M]. 济南:山东人民出版社,2008:92.

系转化为课程目标。"新闻学理论"作为新闻学专业的核心基础课，课程的学生成果不仅包括获得关于新闻传播基本规律的知识，而且应该树立整体的课程学生成果观，即基于"新闻学理论"课程的学生成果，包括知识、能力、情感态度和价值观，实现知识、能力、思想和境界的统筹。

具体到新闻理论课程的学生成果包括：对新闻传播规律相关知识的了解、运用、评价等；对新闻传播现象、新闻思潮的分析辨别能力以及研究创造的能力；马克思主义新闻观和中国特色社会主义新闻理论价值观的树立和培养；新闻传播促进社会民主、国家发展等观点的确立；新闻传播伦理和情感，并且促进专业的性格化。

在以学生成果为导向的基础上，综合课程发展的外部社会需求（如培养新的新闻从业者、适应党和国家事业发展需要的德才兼备的高层次新闻人才、提升公民新闻素养）和内部学科知识发展需求（如在技术、新社会发展引领下的学科知识更新），制订课程目标，从而拟定本硕博不同层次同类课程的教学目标和教学内容。

不同学段"新闻学理论"课程贯通统一于课程"产出"，"把焦点放在学生'学到了什么'，而不是学校、教师'教了什么'，课程设计回归学生毕业后能'带走'的实际能力，而不是具体的课程要求，强调围绕学生的学习任务、专业设置、职业范围开展，重视培养学生适应未来、适应社会的综合能力。"①以学生成果为导向的课程贯通思想超越了所谓的"兔子理论"，比以学科知识为依据更能体现"以学生为中心"的先进教学理念。

## 四、具体对策建议

"新闻学理论"本硕博课程内容贯通不是简单的"抓兔子"问题，而是关乎教育思想、机制、人才等的系统工程。

---

① 马金晶. 成果导向教育博士课程发展研究——以教育领导与管理专业为例[D]. 重庆：西南大学，2012.

## (一)建议制订"中国新闻学毕业生核心能力框架"

本文建议通过调研了解成果导向教学理念在新闻学科的适用性和在地性,针对本硕博"新闻学理论"课程贯通的具体问题,我们需要紧紧抓住其逻辑起点——学生核心能力。学生核心能力既是出发点,也是目的地,新闻学毕业生核心能力框架又是关键的"枢纽"。

现行的教育评价有教育部的学科评估、学科认证等,以及各类社会机构的排名,但学科评估和学科认证广泛涉及教学、研究、人才培养、社会服务等多方面,重在学科整体,社会机构的排名标准不一且受非学术因素影响,以上评估不能满足新闻学毕业生人才培养的内生需求。

通过"反向设计"理念,先制订新闻学毕业生能力框架,依据能力框架反推与新闻理论课程相关的指标点,根据不同层级毕业生能力的指标点,实现本硕博"新闻学理论"教学内容的贯通和区隔。建议借鉴《华盛顿协议》"毕业要求与职业能力"和《工程教育认证标准》"毕业要求"中学生核心能力12条框架性要求的设置思路,在充分调研的基础上,将马克思主义新闻观、中国特色社会主义新闻理论和中国共产党新闻宣传实践等因素融入核心能力框架体系中,建构适应党和国家事业发展需要,又能与国际"实质同效"的中国新闻学毕业生核心能力框架。

## (二)探索学生成果导向的"新闻学理论"课程贯通模型

建议将"新闻学理论"本硕博课程贯通放在整个社会生命体和新闻人才培养体系中考虑,新闻学专业学生个人发展需求、家长及校友期待、院校特色、新闻传播事业(产业)发展、党和国家需求等综合因素提出了新闻教育目标,教育目标对本硕博各层级学生的核心能力提出要求,由此决定培养核心能力的课程内容,再通过内部评鉴和外部考核,实现对课程的持续改进。在整个过程中,注重对本硕博不同学段教育目标、核心能力、课程内容交叉和区隔的分析,在此基础上实现"新闻学理论"课程不同学段的贯通。

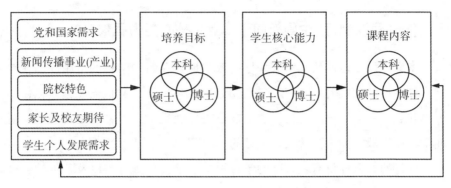

图 1　学生成果导向"新闻学理论"课程本硕博贯通模型

## (三) 建议探索学生成果导向的课程贯通管理方法

本硕博课程贯通有赖于管理机制的保障。在新闻学专业人才分段培养的现行体系下，需要在既有的本科、研究生分部门管理和院系领导分工管理的条件下，建立有效的协同机制。在学校层面，教务处和研究生院联合设立本硕博课程衔接研究专项，结合学校和专业实际情况，研究课程贯通的节点问题；教务处和研究生院定期就课程设置进行协同办公。在学院层面，组织"新闻学理论"教师集体备课，梳理各层级教学中容易重复的内容，如新闻价值、新闻自由、新闻工作党性和人民性等问题，辨析这些问题在各层级教学中的各自归属、侧重及不同深度的要求。学院组织对不同生源的调查，如对从本校升学与从外校考来的硕博士研究生的调研，对新闻学专业与其他专业背景的硕博士研究生的调研，了解不同来源的学生对"新闻学理论"课程贯通的差异性需求。

综上，本文认为以学生成果导向为指导，采用"反向设计、正向实施"路径，再辅以体制机制保障，有望实现"新闻学理论"课程本硕博不同培养阶段课程体系的整合、衔接。

**刘洁**，华中科技大学新闻与信息传播学院教授、博士生导师，湖北省科技新闻学会会长。

# 寻求变革　共谋新篇

平行论坛(四)
"传播学原理"课程研讨

# 如何面对传播理论的知识革命？

刘海龙

如何面对传播理论的知识革命？当今传播理论课程到底该讲什么？这是笔者在教学当中的困惑和问题。当今传播理论课程到底该讲什么？如今的传播学教学内容实质上仍旧基于大众传播理论，而在教学过程中，常常被学生的现实性问题问住。不仅仅是学生困惑，老师也深感压抑。现实社会已经发生了翻天覆地的变化，传播学知识、体系已经落后于现实社会，对学者们提出了巨大的挑战，不得不令人反思传播学知识、教学体系的出路，提出应对的策略。

第一，缺席在场的"大众传播"与传播学知识体系。

当今的传播学研究依旧是大众传播时代形成的理论体系，大众传播的概念体系、隐喻及思维框架仍然不自觉地为己所用，特别是工程学中的信息论、控制论所遗留下来的诸如信息、信道、效果、反馈等概念体系仍在沿用。新技术导致的媒介革新颠覆了传统的人性观念和社会的基本组织方式，在传媒资本和政治等多方力量的牵制下导致革命不彻底，甚至存在"头身不同步"的现象：身体已经步入新媒体时代，而头脑依旧停留在大众传播时代。同时，大众传播理论包含西方中心主义的视角，因其产生于西方的工业革命与民主化进程，而隐含了西方特定的文化背景，早已深入学科基建中难以摆脱。若西学东用，会妨碍我们去理解中国的现实。

第二，中西文化语境下对"传播"理解存在差异。

一方面，表现在中西方对传播概念的理解差异上。为什么中文中没有

"communication"的概念？在英文语境下，"communication"有双向平等互动之意，这在中文强调单向性的"传"与"播"的概念中是没有得到体现的。从观念史的角度而言，西方是在进入大众传播时代之后才逆向形成了传播的观念。现代意义上的传播概念是经历了近代民主化过程后形成的，而中国不存在这样的背景。以儒家思想为主流的中国文化缺乏这种抽象的人际交往，中国传统观念中不存在独立平等的个体间交流，交往必须嵌入家族、文化等级中才能理解，这就造成了理解"传播"的思维障碍。例如，张光直论述中国的传播观念起源于"通"的观念，也属于一种等级式的传播。

另一方面，中西方对"传播"的理解存在以"人"为媒还是以"物"为媒的差异。中方以"人"为媒，西方则以"物"为媒。以"物"为媒具有工具性，不会改变信息内容，能够保持其客观性、他律性和透明性。以"人"为媒，媒扮演了一种积极主动的自律性角色，必须以中介为媒来进行人际交往，避免出现"尴尬"。

施拉姆利用信息论将不同学科、领域的研究黏合在一起形成了大众传播理论，具有极其重要的影响。但同时也带来了其他问题，如过度注重传播的效率，强调传播的工具性，忽略了非信息的传递，忽略了过程与制度。

第三，传播研究的两个传统。

传播研究拥有两个传统，即观念传播的精神交往传统和交通运输的物质性传统。过往的研究常常偏重观念、精神等，当面对新的现实情境时便会出现问题。例如，平台型媒体的发展能给予我们新的思考，平台型媒体的本质其实是一种基础设施，与现实中的道路交通扮演着一样的角色。以"今日头条"为例，当人们谈论"今日头条"的时候，更容易关注其内容，反而忽视了其平台本身。实际上，不仅仅是内容产生了变化，承载内容的基础设施也发生了变化。因此，不应忽略传播的物质性传统，不应再将传播过程看得如此狭隘。当然，也存在成功的传播学理论，例如"创新与扩散研究"就很"出圈"，它为什么能够影响其他学科？因为创新扩散理论研究的不是信息而是创新，它脱离了信息与物质的二元对立，更多的是研究物质实体。传播研究的两个传统差异，也体现在对麦克卢汉媒介观的误读。以内容或信息为中心的媒介观缩小了麦克卢汉的媒介概念，人们常常批判麦克卢汉的"泛媒介观"，但麦克卢汉的前瞻性正在于此。麦克卢汉将媒介视为物、人、能量等载体，是人生的环境，这种"泛媒介观"突破了信息与物质的二分法。现今，新技术的发展使信息与物质的分野愈加模糊，以内容为中心的媒介观已经不合时宜。

第四，"新媒体研究"还是"新传播研究"。

"新媒体研究"的概念本身就存在问题，新媒体依旧是媒体而且依旧是大众传播的概念。然而，新媒体对于传统媒体不仅是一个局部的挑战，而是对整个传统的传播理论体系提出了挑战。并非传统媒体收编新媒体，而是新媒体重塑传播的概念体系。新媒体传播突破了大众传播的界限。就人类历史而言，从19世纪初古登堡印刷术面世开始，人类才真正进入大众传播，大众传播只是一个短时间的现象。今后，新媒体传播会有越来越多的变化，可能会突破大众传播的特征。笔者所提出的"新传播研究"，一方面在于突破大众传播范式的局限，借助技术的去蔽，超越和重构传播研究，在更开阔的平台上思考传播问题；另一方面在于恢复传播的物质性传统，将其与侧重观念、精神交流基础的传统同等看待，以此带来新的变化。

随着新的理论资源的引进，旧的体系被逐渐打破而新的秩序尚未建立，这是一种打破美国简单理论传统的向好现象。新的理论资源的引进为传播学的改革注入了营养，如雷吉斯·德布雷1971年提出的媒介学（mediology），齐林斯基、基特勒等提出的媒介考古学，以及媒介环境学、媒介哲学、"媒介化"（mediatization）理论等，这些都能帮助我们重新思考传播学科。

此外，传播研究的新向度不断涌现。空间、记忆、情感、身体、声音等近年来不断涌现的新话题，都在突破传统研究中仅仅对于信息和效果的关注。

今后，新传播研究可将知识、网络与权力等作为支点。在新的传播秩序中，需要突出三个支点帮助重建传播秩序。其一是"知识"，从信息到知

201

识，强调人的意识、角度，有助于突破以效果为中心的传统路径，重建传播研究与人文学科的勾连。其二是"网络"，从大众媒介到网络，网络是一种连接，大众传播可能会消失，但网络会一直存在。我们在网络中创造新的网络，可以是个体的网络，也可以是群体大众的网络，用网络的意义代替大众传播，研究人与非人构成的节点如何连接并且传递人、物、信息与能量。其三是"权力"，结合宏观权力与微观权力、现实权力与话语权力等。

另外，面对未知知识的教学方法。首先，贯彻思想史和知识社会学的方法，将知识"客观化"和"语境化"，在问题意识中凸显理论研究。其次，立足当下问题，阅读原典，明晰其创新性和智慧性。最后，鼓励学生从现实经验出发，不断去质疑、挑战理论，与学生一起探索未知领域。

**刘海龙**，中国人民大学新闻学院教授、博士生导师，中国新闻史学会新闻传播思想史研究会常务理事。

# "西方缺位"背景下的传播理论研究和教育的创新路径

史安斌

从全球范围来看，我们正在经历百年未有之大变局。传播理论研究和教育如何顺应这一新的变局，这是笔者今天要重点讨论的问题。2016年的美国大选和英国脱欧在欧美学术界引发了"全面反思"的呼声。特朗普当选的结果出炉时，美国很多学者特别是搞政治传播学的教授们抱头痛哭，大家在反思传播学出了什么问题？为什么美国人民选了这样一个完全不符合政治传播基本教义的"推特总司令"当总统？为什么传统民调的预测完全失灵？传播学尤其是政治传播的研究和教育出了什么问题？当时的说法是2016年世界进入了"后西方、后秩序和后真相"的时代。但近几年来西方的衰落之势愈演愈烈，到2020年又出现了另外一个概念，比"后西方"更加令人震撼，已经演化为"西方缺位"（westlessness）。

2020年的"大变局"遇上或加上"百年未见之大疫情"，欧美国家"抗疫"与"抗议"相互交织，危机面前西方百年以来延续的"教师爷"地位不保，欧美各国自顾不暇，也没有"作业"可以让别人去"抄"。网上有人把新冠肺炎（COVID-19）翻译成中文"可畏"，意思是可以敬畏的，也是"可卫"，即可以"防卫"的，这恰好表明了中国"抗疫"的立场和做法。"敬畏+防卫"，所以采取了严格的隔离措施和有效的应对策略，抗疫斗争取得了重大的战略性成果，成为2020年全球唯一实现经济正增长的主要经济体。在应对"COVID-19"这个全人类共同的敌人的过程中，在两种不同的模式或者不同的文化政治语境下，大家有截然不同的理解。无论人们还有怎样的争议，有一点共识就是，西方的理论和经验不能像过去那样统摄世界了，所以说"西方缺位"，也就是西方模式不是唯一具有权威性的模式了。在新的历史背景下，我们需要秉持的是多元共存与交流合作，才能战胜这场世纪大疫。"COVID-19"的前缀 co，意味着合作(cooperation)，也意味着传播与沟通(communication)。在这样一场全球大危机面前，传播学者能做什么，如何反思传播学教育，特别是传播学理论的建设，是全球学界需要共同回答的新问题。

在此，笔者想从两本传播学的"年度专著"入手来探讨这个问题。获得国际传播学会(ICA)2020 年度专著奖的有两本书。一本是《媒介等同》(*The Media Equation*)，该书提出了"媒介等同"理论，重新界定了人与媒介之间的互动关系。作者从社会心理学的角度做了大量的实证调查，发现人们在使用电视、电脑等媒介设备的过程当中，实际上是将后者当成"人"一样来看待，人和媒介之间的主客体关系已经被完全重新定义。这本书颠覆了西方学术界长期坚持的"人类中心主义"。另一本书名为《追逐创新》(*Chasing Innovation*)，聚焦对传播学经典理论"创新扩散"的重新思考。作者通过在印度 IT 行业进行的民族志研究得出结论，在第三世界国家积极加入"创新扩散"或者说追逐西方现代性的过程中，最终受益的还是那些已经拥有社会和文化以及经济资本的精英阶层，并没有颠覆原有不公平的等级制，也没有实现社会平等的理想。如果说《媒介等同》一书是从经验性的角度反思西方传播理论，那么《追逐创新》则是从批判的角度进行反思，到底是"谁"在对"谁"进行现代化或者说"创新扩散"，这一过程的最终结果又是什么？从印度的经验来看，追逐创新不过是媒体编织和扩散的一种"神话"。从这个意义上说，ICA 选择的"年度专著"充分反映了对西方传播理论研究和与教育进行反思和重构的两个维度，一个维度是人本主义或人类中心主义，人与物、人与机器、人和媒介之间的关系需要重新界定。另一个维度是去西方化，从非西方国家的"在地"经验反思西方中心的理论。在"西方缺位"的语境下反思"去西方化"，不是在原有的基础上进行小修小补，而是真正从根基上进行彻底的反思。从这个意义上说，在学界讲了 20 多年的"去西方化"到 2020 年才算是真正全面和彻底地铺开。

从历史上看，西方中心的传播理论有两个核心理念，第一个层面是以人为中心的二元对立，它是基于启蒙理性对人性的认知，具体表现为人与物、人与自然、人与机器、自然与文化等二元对立的主客体关系。第二个层面是以科学主义和工具理性为中心的二元对立，如传统与现代、西方与东方、文明与野蛮、进步与落后，等等。大众传播理论的"四大件"，即议程设置、涵化、使用与满足、沉默的螺旋仍然是课堂教学的主要内容和开展效果研究的基础。但这些理论所蕴含的上述两个层面的二元对立关系并没有得到深刻的反思，往往被不加鉴别地移植到非西方的语境中。显然，以"四大件"为代表的传播理论在全球化所带来的多元文化主义和新媒体所强化的"媒介等同"的语境下已经逐渐丧失了解释力，亟待更新和升级。

那么，在"西方缺位"的后疫情时代，如何创新传播理论的研究和教育？笔者提出以下两条思路：一是超越西方中心，即构建超越人类中心主义的传播理论；二是去西方化，去除所谓的 WASPM（即以盎格鲁-撒克逊为种族溯源的英美白人男性）为中心或经验主义为中心，构建以多元文化主义为核心的传播理论。

首先是超越人类中心主义。18 世纪以来西方的启蒙理性传统宣扬人性解放，按照西方的标准来定义"何以为人"，以人类为中心构建了我们的认知体系，这也成为传播理论的基础。具体而言，我们可以从以下四个方面来重新构建"人类传播理论"。一是重新定义人与自然的关系。环境传播和生态文化成为近年来传播学研究的一个新的领域，用西方比较常用的表达是 naturalizing culture。这是对"文化"的重新定义，探讨文化的自然化或自然的文化化，解构了过去人与自然之间的主客体或等级制的关系，人和自然是和谐共存的关系，所谓"人定胜天""征服大自然"，在全球气候变化的语境下已经过时。环境传播和生态文化研究旨在构建人类、自然、文化三者之间的互动关系。二是行动者网络理论（Actor Network Theory），重新定义了人与物之间的主客体关系。它强调的是人们所使用的各种器件和资源成为人类传播的主体要素，而非工具化的客观元素。疫情期间的"云传播"说明了这一点，网络基础设施成为人类传播的重要参与者，而非仅仅是工具性的渠道。三是重新界定人和传播技术之间的关系。前面我们探讨过的"媒介等同"理论就是阐述这种新型的关系。传播技术和媒介的人格化成为一种新的生活体验，奥斯卡提名影片《她》讲的就是男主角与 Siri 这类声控智媒所产生的感情。四是重新界定人类与各类精神力量之间的关系。近年来宗教传播与虚拟/增强现实技术（VR/AR）之间的结合也让我们看到了超越人类传播的另一种可能性。上述四个方面是如何构建超越人类中心主义的传播理论的着力点。

其次是去西方化的尝试。自 20 世纪 80 年代后殖民主义兴起以来，跨文化传播学者在"去西方化"方面做了不少值得关注的探索。为了对抗西方或欧洲中心主义，非洲裔美国学者阿桑蒂（Molefi Kete Asante）和日裔美国学者三池贤孝（Yoshitaka Miike）分别提出了传播文化研究的非洲中心和亚洲中心的范式。简言之，人格主义（personalism）、精神至上主义（spiritualism）和物质至上主义（materialism）是非洲、亚洲、欧洲中心主义这三种范式的世界观来源。非洲中心范式主张物质和精神之间的不可分，亚洲中心范式主张精神要高于物质，欧洲中心主张物质和经验高于精神。从本质来看，欧洲中心也好，非洲中心、亚洲中心也罢，实际上还是延续了过去西方范式的二元划分，例如东方与西方、传统与现代、物质与精神、个人主义与集体主义等二元对立。这些"去西方化"的理论尽管引入了一些非西方的文化理念，但仍然没有跳出文化本质论的陷阱，对 20 世纪 80 年代以来的媒介文化全球化所导致的"球土化"（glocalization）和"文化杂糅"（hybridity）等新趋势也没有做出有力的回应。

近两年跨文化传播理论出现了一些新的气象，超越了欧洲、非洲和亚洲中心的本质化建构，强调超越二元对立，倡导差异性的协商。例如"面子理论"、共生文化理论、文化合约理论，等等。实际上，传统的跨文化传播理论强调的是文化的内生异质性，而当代全球文化的交融和杂糅需要我们过渡到"转文化传播"。例如好莱坞拍摄的《花木兰》，就是要把西方价值观与中国的传统文化进行杂糅，打造出强调人类共同价值的全球文化产品。花木兰替父从军的孝道文化被转化为动画版中的爱情至上和最近公映的真人版中的女性身份认同。无论人们的评价有怎样的不同，这个"杂糅"的木兰形象显然是"转文化传播"的起点。

在疫情期间大火的抖音海外版 Tiktok 的成功出海也体现了"转文化传播"的特质，它不是以传播中国或某一特定国家的文化为诉求，而是为全球不同文化之间的交融和杂糅提供广阔的平台。例如疫情期间吸引全球网民积极参与的"洗手舞"。从更为宏观的层面来看，"一带一路"倡议之所以不同于美国的"马歇尔计划"，就在于它秉承了平台化世界主义的理念，不是某一个国家的"独唱"，而是沿线各国的"合唱"。相比之下，"马歇尔计划"以"普世价值"的名义推销的是美式价值观和美国的快餐文化。前面我们提到的《创新扩散》就是"马歇尔计划"在发展传播学领域的体现，我相信中国的学者一定会以"一带一路"倡议的全面推进为契机构建出超越"创新扩散"的新型理论范式。

总的来看，现在的传播理论的研究和教育仍然是以欧美为主导的，中国的传播学理论课程不能满足于复制以"四大件"为代表的西方中心的传播理论。ICA 在 2018 年出版了一套百科全书，它的标题意味深长，叫作《传播理论和传播哲学》，其中引入了"传播哲学"这样一个概念。这显然是未来传播理论升级的一个方向。传播理论注重经验和效果，传播哲学关注的是人类共同价值和文化取向，后者显然具有更为广阔和包容的视野。

传播哲学关注的焦点与哲学本身差不多，基于个人主义和启蒙理性的西方哲学关注的是"我是谁、我从哪里来、我到哪里去"这三个经典的问题，而传播哲学关注的范围更加广泛，因为它不只关心"我"，更关心的是我们是谁、从哪里来、到哪里去。自我与他者的沟通和交流是构成人类传播的基础。最近美国发生了"BLM"（黑人的命也是命）运动，一位白人警察压了受害黑人的脖子 8 分 48 秒，致其死亡，国会议长佩洛西也跪了 8 分48 秒表达忏悔。这就是未来可能需要传播哲学回答的一个问题，就是我不能仅仅关注你自己，而且还有我是谁、他是谁、我们是谁、我们和他们的共生关系，等等。这是未来的传播哲学构建的切入点，也是传播学成为"第二哲学"的起点。我曾经翻译了《人类传播理论》这本经典教材，现在看来，"人类"的概念也在不断拓展，不仅要包括女性、少数族裔、LGBTQ 等亚文化群体，还要拓展到非人类（non-human）、后人类（posthuman）、异形人（transhuman）等，这种趋势在"西方缺位"的后疫情时代逐渐成为新的概念和理论潮流。知名学者彼得斯（John Peters）的名著《对空言说》体现的就是传播理论到传播哲学的升级，他的新著《奇云》中文版已经出版，笔者在最后把这两本书推荐给大家，作为对今天提出的传播理论研究和教育创新的一个小结。

**史安斌**，清华大学新闻与传播学院副院长、博士生导师，中国新闻史学会常务理事，中国新闻史学会外国新闻传播史研究委员会副会长。

# 强化"传播学原理"课程建设，构建中国特色新闻传播学课程体系

廖圣清

作为舶来品，传播学是从美国引进的。最早译介"mass communication"时，学术前辈将它翻译为"群众思想交通"。1978 年 9 月开始，复旦大学新闻系在高年级学生中开设介绍传播学的选修课，这是国内最早开设的传播学(原理)课程。复旦大学新闻系也是最早开始传播学(原理)课程的教材建设，陈韵昭先生翻译出版了美国学者赛弗林、坦卡德合著的经典教材《传播学的起源、研究与应用》(福建人民出版社，1985)。陈韵昭先生是复旦大学新闻系传播学(原理)课程的首位主讲教师。随后，张国良教授主讲这门课程。1997 年，笔者硕士研究生毕业后留校工作，很荣幸参与到张国良教授的教学团队，开始讲授"传播学原理"课程，随后负责这门课程，并领衔将其建设成上海市精品课程。

复旦大学传播学的起源与发展可视为国内传播学(原理)课程的起源、发展的缩影，回顾"传播学原理"课程在复旦大学的起源、发展，对于我们理解中国新闻传播学科、新闻传播事业的建设、发展，具有重要意义。

一方面，这门课程对中国新闻传播学科的发展起到了重要的推动作用。教研相长，课程促进了(新闻)传播学研究的发展，传播学理论、传播学研究方法得到关注与扩散，新闻学开始重视受众与传播效果、新闻生产等方面的研究，并且培养了一批将传播理论与研究方法相结合研究中国新闻传播问题的学者。1997 年，新闻学由二级学科上升为一级学科——新闻

传播学；随后，新闻学院的更名、传播专业的设置等，进一步对整个新闻传播学科产生了重要影响。另一方面，这门课程对新闻传播业界也产生了重要影响。信息、受众的观念开始传播并进入业界，对于业界，特别是20世纪90年代新闻媒体的市场化运作和发展，以及广告、公关等新兴传播领域的发展，具有重要推动作用。

回顾发展历程可知，传播学（原理）课程是新闻传播学科一门非常重要的课程，不仅撬动了学科的发展，而且推动了业界的发展。

在前辈的努力下，经过长期艰苦卓绝的课程建设和理论研究，中国新闻传播学科得到发展，上升为一级学科。当前，我们责无旁贷，理应承担起新时期的重要责任，在原有的基础上，进一步推动这门课程的建设和发展，推动具有中国特色新闻传播学课程体系建设。

首先，我们要清楚地认识当前的学科发展状况，坚持党的领导，以人民为中心，服务于国家战略，基于中国的国情开展课程体系建设；课程体系、专业、学科的建设、发展，必须能够服务于国家战略、推动社会发展，尤其是参与到当下国家治理体系与治理能力现代化建设中。

其次，在"新文科"建设背景下，开展课程体系建设。当前，（媒介）技术对人类生活、社会发展、新闻传播学科等产生了巨大的冲击和影响。但是，技术因素的作用并非始于今天。从传播学历史来看，技术是推动人类社会进入大众传播时代的重要力量。但是，它和政治、经济、社会、文化等因素交互作用，共同对人类社会、人类传播产生重要影响。从技术层面上来说，15世纪50年代印刷术的成功革新，标志人类已经掌握进入大众传播时代的技术条件；然而，人类社会真正进入大众传播时代，却是近400年以后的19世纪30年代，这就是技术与政治、经济、社会、文化各方面因素交互作用的结果。今天，面临新传播技术对人类社会、新闻传播学科带来的新影响，一方面，我们要顺应时代变化，迎接新技术，拥抱新技术，明确目标，组织力量去研究新技术及其社会影响；另一方面，更为重要的是要认识到，技术一定是和其他主要社会因素交互作用，产生影响。今天，新（媒介）技术的发展，对传统文科的建设、发展已经提出严峻的挑战，我们需要顺应时代变化，开展跨学科、跨领域合作研究，开拓、创新新闻传播学的新发展。

为此，希望大家达成一个共识，今天的课程建设和学科发展，必须以传播(学)为基础，基于传承而创新。下面，我们与大家分享两个耳熟能详的理论模型。

第一个是拉斯韦尔的"5W"模型，涉及如何理解传播。当下各种各样的传播形态层出不穷，如果没有对"什么是传播"形成共同认知，就无法讨论各种类型的传播问题、传播研究。从全球传播学术研究来看，目前对传播的权威界定依然是"5W"理论模型，它构建了我们对传播的根本性认识、基础性理解。当前新媒介技术带来影响的背景下，依然需要在此理论模型准确界定传播的基础上，开展传播研究。之前的受众与效果研究，多数基于问卷调查、实验研究方法，基于受众自我报告，对受众接收信息之后的行为开展研究，但是自我报告不但存在误差，而且难以进行精细化测量。今天，随着认知科学、脑科学的发展，我们有可能揭开受众如何接受、处理信息的"黑箱"。在大数据背景下，研究受众如何从海量的信息中获取、处理信息，必须依据"5W"理论模型，对传播予以准确的认知、界定为基础，再考虑如何运用更加精密化的科研仪器设备，研究受众信息处理的行为、过程和效果。以前的媒体研究，媒体内容都是有限的，今天互联网中存在海量的信息，我们如何采集、分析这些海量信息，同样需要新的技术条件才能开展相关研究。新技术对中国新闻传播学科带来的巨大挑战是，我们需要有新的研究方法，有效地采集数据并予以分析。但是，对于"什么是传播"我们必须达成共识，这是开展传播研究的前提条件。

第二个是韦斯特利-麦克莱恩的大众传播理论模型，描述了大众传媒在社会中的位置。今天讨论媒介融合问题，我们需要考虑当下社会传播格局、形态到底与这个模型的描述有何差异？媒介技术急速变化，以至于人们应接不暇。理论研究，基于传承而创新。我们必须研究关乎人类生存和发展的最根本的传播基础理论问题，才能看清楚人类社会什么在变、什么没变。又如，AR 和 VR 看起来是全新的媒介技术，但是从理论研究而言，

20 世纪 50 年代传播学者已在思考传播中的感知这一重要环节；在某种程度上，AR 和 VR 是在丰富和发展原本受到局限的传播感知问题。研究这些新媒介技术时，如何和已有的理论(模型)形成有效的学术对话，是我们必须首先考虑的问题。

传播是人类信息传递的过程；有效的传播信息，才能影响不同的受众，产生不同的效果。人在社会中生存，具有多种信息需求。我们必须考虑如何建构具有中国特色的新闻传播学课程体系，培养能够在不同环境下应对和满足不同受众信息需求的新闻传播人才队伍，使其了解受众、把握受众，从而精准有效地传播。

简而言之，中国特色的新闻传播学课程体系建设，必须以传播技术、传播理论为基础来构建，坚持博雅教育与专业教育相结合，强化实证研究方法和传播实际应用相结合。从传播学(原理)课程发展来看，新闻传播学就是从以传授采写编评等新闻传播基本业务技能为主要内容，逐步地扩展到与更广泛的人文社会科学相结合的过程，并以媒介素养教育拓展博雅教育。

**廖圣清**，云南大学新闻学院(南亚东南亚国际传播学院)院长、复旦大学新闻学院教授、博士生导师，中国新闻史学会符号传播学研究委员会副会长、中国新闻史学会党报党刊研究委员会副会长、中国新闻史学会少数民族新闻传播史研究委员会副会长、中国科技新闻学会数据新闻专业委员会副理事长。

# 传播学研究的陷阱

邵国松

无论在中国还是美国，新闻传播学虽是一门显性学科，但在学界的影响力却相当有限。举例来说，大部分传播学理论基本上是从其他学科，特别是政治学、心理学、社会学引进的；传播学的著名学者，比如四大传播学奠基人拉斯韦尔、拉扎斯菲尔德、卢因和霍夫兰也都是从其他学科过来的，我们的理论输出能力则相当有限。前段时间清华大学取消新闻传播本科教育引发了讨论，但我认为这不是我们新闻传播专业本身出了问题，而是我们的新闻传播教育没有做到位。同理，我们学科的研究、洞察力还存在很多不足，不是这个学科存在问题，而是我们研究的方法需要改进，研究的水准需要提高。

我们先讲一个基本的问题：什么是研究？真正的研究是发现问题、追寻问题答案的过程。做研究时如果连研究问题都弄不清楚，怎么去做？做研究一定要充满好奇心。好的研究问题必须满足两个要求：一是有趣，二是答案未知。所以，研究就是发现问题、解决问题的过程。就像写一部小说，充满着悬念，从一开始就把读者的胃口吊起来，说明为什么做这个研究，然后通过各种手段和方法深入挖掘下去，最后把答案展示出来，这才是真正漂亮的研究。法学、经济学、政治学等很多学科中，我们都会看到这种漂亮的研究轨迹，我也希望在传播学中看到这种轨迹。

其次，为什么要做研究？对老师而言，现实层面需要发文章评职称、评奖项。但这是为谋生计，不是真正的研究目的。真正的、有抱负的研究是探求真知。对学生来说，做研究是想顺利毕业，这很正常。但是我认为毕业以后，特别是做了教授以后，就一定要将探求真知放在最重要的位置上。用一个学者的话来说，真正的研究者必须有一种"我很想弄明白"这样强烈的动力。

研究是什么、为什么做研究，中西方传播学对这个问题的回答或许大致相似。但在具体的操作过程中却有很多不同。

对中国学生来说，如果存在语言或文化障碍，理解国外的新闻传播学研究是很痛苦的。我记得20多年前在中国人民大学读书的时候，郭庆光老师给我们上传播学课程，他拿了本全英文的著作，每个同学翻译一章，并且完成Presentation。我花了二三十个小时把那一章翻译了出来，并做了口头宣讲，但全部讲完之后，我仍然不知道那篇文章到底讲什么。每个单词我都认识，每句话我也都认识，但不知道它说什么，那种痛苦我到现在还记得。那时候那么痛苦是因为不了解它的理论背景、研究方法和各种统计方式。尤其是抽样调查、实验法、内容分析等社会科学方法上的训练在20年前是完全缺乏的。同时，中西方研究路径也完全不一样。西方的研究路径是什么？就是胡适说的那句话：大胆假设，小心求证。但中国不是。到现在还有很多论文沿着议论文思路写作，先立论再论证。观点先行的议论文显然是已经知道答案，再去论证。这样做学问不是真正的学问。研究就是研究，你不知道答案才要研究。当然，我们可以假设，但前提是答案依然不太确定。

西方的传播学研究有好的方面。首先它是标准的"八股文"结构：导论、文献回顾、研究问题或假设（也在文献回顾部分提出研究问题或假设）、研究方法、研究发现、结论与讨论，没有一步是浪费的，层层递进，一环扣一环。特别是定量研究，西方传播学几乎每篇定量研究大致遵循这个结构。不好的地方是什么呢？第一是西方传播学以量化为主导，特别是美国学者为代表的主流传播学试图测量各种各样的传播行为，而这些行为本质上是主观的和复杂的，难以用简单的方式测量，更糟糕的是这些数据可能被操纵。第二是选题过于微观，很多新闻传播学者花了大量宝贵的时间去研究太过琐碎的问题。比如人们是否用音乐来调节情绪，观看暴力电视节目是否会导致儿童采取更多的攻击行为等。这种微观研究在美国很正常，因为只有文章表现出独创性才有可能发表。但由于科学的累积性，科学发展到今天很难在重大问题上有新的突破。比如在美国某些行业，业界与学界不可能打通，因为在业界里已经有顶级的咨询大师，学界很难进去，每个领域都建立起竞争的高壁垒。而中国还是缺人才，一个好的学者可以跨界，乃至受到业界的追捧。中国的业界基本上没有理论积累和更长远的战略眼光，这就是为什么中国和美国的情况具有显著差异。

回到中国的传播学研究。中国传播学研究的特点和问题是什么？以质化研究或非量化研究为例。这类文章的第一个特点是喜欢宏大叙事，但疏于论证。第二个特点是预设立场，所写的一切都是为了证明这个观点的正确性。第三个特点是不够规范，甚至看不出其研究方法。现在很多学生或学者偷懒，只采访个别人群，就说他们是网络亚文化或其他现象的典型特征，这种定性研究很省事，但在方法上是有严重缺陷的，以偏概全的问题很严重。在定量研究方面，中国传播学的研究描述性偏多，预测性太少。好的定量研究不但能解释过去和现在，还能预测未来，这样的研究才更有价值。此外，研究获取的数据质量难以保证，可以肯定的是，数据质量如果存疑，这个研究基本上可以归零。

现在越来越多的中国学者在国际期刊上发表论文，很多学生也有能力去 ICA、NCA、AEJMC 这些国际一流的学术会议进行论文陈述，但是，包括和西方传播学的对接，和中国政治和媒体实践的对接，还有许多值得思考的地方。

那我们应该怎么做呢？在我看来，高质量论文的操作路径一定要摆脱上述研究的陷阱，可以扬长避短，融合中西方传播学各自的优点。首先，应该选择重要的议题，因为中国太复杂，有太多的问题需要我们去思考，完全没必要学习西方的传播学者每天盯着鸡毛蒜皮的事情。我们要选择具有重大意义的话题，无论是中国的还是世界的。其次，做高质量的文献回顾，只需聚焦最重要的研究成果就可以了。再次，方法是最重要的，完全可以借鉴西方比较好的传播研究方法来开展研究，这是他们的强项。然后，需要良好的写作能力，特别是对于学生来说，好的文章都是打磨出来的，一定要注意修改。最后，一定要避免发表陷阱，比如一定要避免期刊的偏好和路径依赖，要找到真正想研究的是什么，真正的研究问题是什么。

我们再看一下国家互联网信息办公室 2020 年课题指南目录。第一个是网络素养研究，主要研究内容是通过实地调研、案例分析来梳理国内外网民网络素养教育新情况、新趋势，提出研究对策。第二个是互联网信息服务法律制度研究，对互联网信息服务相关法律展开系统研究等。第三个是围绕网络网信执法方式、执法层级、执法督查等事项，分类研究政府信息公开、行政执法、行政处罚、行政许可等方面的典型案例，并提出一系列对策。这三个研究看似很容易操作，实则存在一定难度。研究这些课题的目的是什么呢？是对策研究吗？做对策研究没有问题，就是探讨怎样进行执法。那执法的目的又是什么？想保护谁？在各种利益之间想找到怎样的平衡？简单来说，没有最高层的价值观判断，这个研究就属于短线操作，它不太关心研究成果或提出的对策能不能整体提升社会福祉。每一项研究一定要讲社会福祉。提升社会福祉要作为对策研究的重要目标。如果不能明晰研究的目标，研究出来的对策甚至可能会降低社会福祉，降低民众满意度，让政府的监管和运作更加痛苦。这种研究看似容易，实则困难。再如，做网络素养研究，什么叫网络素养？什么叫好的网络素养？界定了吗？若界定不清楚，那么怎么去研究？如果最开始价值观没有弄清楚，基本概念没有界定清楚，整个研究尚未开始就崩溃了，基本上没有用处，对人类知识没有帮助。传播学的很多问题已经有巨大的社会影响力，很多学科包括法学、政治学、经济学、管理学也在研究，但是如果我们的价值观和最终的研究旨趣不清楚，所有的研究必然走向虚无。

总之，若要在中西传播学研究之间取得平衡，则需将中国传统的人文关怀用科学方法来加以弥补。我们传统的人文关怀缺乏西方的科学探索精神，一定要把这种科学规范补上。大自然有规律，社会运行也是有规律的，只有采用科学方法才可以帮助我们找到人类社会运行的规律。所以我建议将重要问题和科学方法两者结合起来。重要问题一定是指向学者的学术抱负。有了学术抱负，我们才会找到学者的尊严和自我实现的价值，这是我个人的一些感受。谢谢大家！

**邵国松**，上海交通大学媒体与传播学院副院长、教授、博士生导师，中国新闻史学会媒介法规与伦理研究委员会常务理事。

# 寻求主体性：对传播学教育的思考

沈国麟

传播学概论和新闻学概论一样，在复旦大学新闻学院的教学系统里属于基础课程。我记得当年刚刚留校做青年教师的时候，不仅上传播学概论课程，还上新闻学概论课程。上了两年后，在一次跟学生的聊天中，有一位既上了我的传播学概论、又上了我的新闻学概论的同学跟我说："老师，我怎么觉得这两门课程很像。"我当时一阵冷汗就冒出来了。我后来反思我自己的这两门课，发现在教学过程中确实有很多内容是一样的，或者是很像的。比如新闻学概论讲新闻媒体，讲新闻的传播规律，也讲读者，也讲观众。读者和观众其实就是传播学概论里面的受众。再如新闻学概论也会讲效果，也会讲到新闻媒体的责任。传播学概论也会讲到报刊的四种理论、媒体的自由主义理论或者社会责任理论。我一直在思考怎么把传播学概论课上得更好，怎么在传播学概论这门课中寻求传播学的主体性。传播学本身作为学科是有边界的，跟新闻学是有区别，跟其他学科也具有差异。后来我对传播学概论这门课进行了改造，思考怎么把它上得"纯传播学"一点。在改造的过程中，我突然发现我的传播学概论其实还是大众传播学，整个课程体系还是以大众传播学的理论体系为主。其实整个传播学的内涵和外延比大众传播学广得多，大众传播学只是其中的一个分支而已。我后来带硕士、博士研究生，向每个学生都推荐了《初识传播学》，这本书绘制了较为完整的传播学地图。很多同学反馈，读了这本书以后才发现以前上的课、学到的东西，原来只是传播学中很小的一部分。传播学里面有好大一部分，比如说人际传播、关系传播、组织传播、群体传播等，是基础课程里面没有涉及的。我本人也有知识结构的局限性。我本科学的是新闻学，所以举的很多例子是与新闻传播相关的。在讲大众传播的过程中，我发现传播学的学科边界还算比较清晰，但当讲到人际传播、组织传播，包括现在讲网络传播，其实我们传播学跟其他学科的边界不太清晰，比如人际传播中会有很多心理学的研究，组织传播中也有公共管理学的研究，网络传播更是如此，计算机学、社会学、管理学、市场营销学都在研究互联网传播。我本人学术生涯的开端是研究美国的政治传播，博士毕业后也去美国做了访问学者。我记得我第一次去美国做访问学者，上他们的课，我深深的体会就是，美国传播学是社会科学（Social science）。社会科学的本质就是科学，把传播对象当作科学观察的对象来进行科学的、系统性的分析。从美国回来后，我在传播学的教学过程中，一直强调传播学是社会科学，在本科生教育当中，我就穿插了科学素养的培养，激发他们对于科学研究的兴趣。

在硕士生阶段的教学中，我认为要多介绍中国学者的本土研究。如果传播学的讲授只是局限在西方理论的介绍，学生在研究生阶段写论文的时候，视野就会变得非常狭窄。有一次硕士论文开题，5 篇论文中居然有 4 篇在用使用与满足理论。我就问他们为什么都要用使用与满足理论呢？他们回答说，好像没有其他理论可以用。于是我在反思我们老师在平时传播学的教学中，是不是教给学生的知识太狭窄了，视野不够开阔。前不久我在给一个学生做硕士论文答辩的时候，他研究的是一个健身 App，他的论文的前面引述了一大堆西方理论。我问他既然研究的是中国人用的 App，为什么都用西方理论，他回答说找不到中国的理论。我回应说最近十年，中国学者在这个方面其实已经积累了一些本土研究，虽然谈不上理论，但已经做出一些本土性的归纳和观察。我认为我们一边在说，我们要去西方化，不要老是用西方理论，但是我们在整个课程的传授当中，信手拈来的都是西方理论。其实从我个人的阅读体验来讲，最近的 10 到 20 年间，中国的本土学者在研究中国的社会和传播现象方面，其实已经积累了一定数量的研究成果。这些成果有必要让我们的学生了解，尤其在研究生的教育当中，以及研究生的论文指导过程中千万要注意，这也是我们作为老师的责任。虽然有些本土的研究和理论不够成熟，但是有必要让学生知道。很多人一直在说研究要去西方化，提倡以非洲为中心、以亚洲为中心，不要老是用西方理念。我个人的思考是，再怎么去西方化，传播研究本质上还是来源于西学。我们今天谈传播学的研究去西方化，做更本土的传播学研究，但框架还是西学，还是在西学的篮子里。就好比操作系统都是西方的，我们现在想的是如何在人家的"操作系统"上搞出我们自己的 App 来。中国的互联网发展到今天，已经处于世界领先水平，已经有很多成功的 App，希望在传播学研究上，我国也能涌现更多成熟的理论。我们有了自己的理论以后，要用、要教、要会传播，这样才能扩大中国自己的传播学话语权。

**沈国麟**，复旦大学新闻学院教授、博士生导师，中国新闻史学会全球传播与公共外交委员会常务理事。

# 巨变之下的焦虑与应对：关于新闻传播学课程教学的思考

舟　华　芦　笛

21世纪已经掀开第三个十年的序幕，一路走来的中国新闻传播学教育，从"新闻学"和"传播学"各自萌芽初创到相继建设成长，再到两个二级学科合并成一级学科，历经百余年的历史。伴随社会文明的革新，科学技术的更新，教育理念的创新，发生了巨变的中国新闻传播学不应再显现为单纯的人文学科底色，而应越发具有鲜明的社会科学特征。所谓巨变，在国内新闻传播学科发展的语境下，不是强调宏大的时间跨度，而是指学科发展的内因和外因两个向度。从寄身到跻身，国内一批学者投身学科建设，讨论新闻传播教育，包括学科的制度架构、教育的改革逻辑、专业的设置分布等，羽翼渐次丰满，是为内因；公元2000年以降，信息技术革命普遍渗透了人类活动的全部领域，① 在数字技术革命的合围之下，我们的社会形态、媒介形态均发生了天翻地覆的变化，顺势而生的新传播形态进而打破了新闻传播教育建制以来的生态，是为外因。

与学科发展和教育改革的速度相比，这种变化之剧烈和巨大，往往令我们身处其中而不自知，虽然本科教育更加注重培养跨学科知识型人才，

---

① 参见[美]曼纽尔·卡斯特. 网络社会的崛起[M]. 夏铸九，王志弘，等译. 北京：社会科学文献出版社，2001.

"千人计划"更加注重培养青年教师和打造科学有效的学术梯队,① 但这些措施依然不足以消弭由教师角色所产生的焦虑。这种焦虑源于高速变化的社会形态下,身为教育者的认知能力和认知速度的差异化增益带来的一种不安全感。这种焦虑是不能在原有框架中凭修修补补就能消弭的,而是需要在固本求变和负重快行中不断地追踪和适应社会环境的变化以及新闻传播理念的变化,不断地扩大新闻传播教育认知半径,正视教学改革中面临的压力和问题。② 基于这种巨变之下产生的焦虑,本文从如何实现新闻传播学人才培养目标的维度,针对专业课程的教学提出若干思考,并试图提出应对措施,以求抛砖引玉,听到更多学者或同好的真知灼见。

## 一、以"常变"促转型:培养方案调整需要常态化

人类社会从手工生产到机器生产,在不到 300 年的时间里就已经完成了四次工业革命(蒸汽技术革命、电力技术革命、信息技术革命、数字技术革命),且周期呈现出不断缩短的态势。换言之,在科学技术的推动下,社会、经济、文化正在史无前例地经历着高密度变化。从新闻传播学的历史演变来看,大众媒介和大众传播的诞生,均是伴随技术、社会与人的关系的变化而不断向前发展。到第三次工业革命时,互联网带来的信息技术革命,导致传统媒体发生了颠覆性的改变,报纸的消亡,广播的式微,电视的没落,无不在互联网营造的"变局"中被迫改变。时至今日,数字技术革命带来的 5G、人工智能、物联网等进一步的技术赋权,则标志着移动互

---

① 参见中国新闻史学会新闻传播教育史研究委员会. 中国新闻传播教育年鉴(2018)[M]. 武汉:武汉大学出版社,2018.

② 黄旦. 整体转型:关于当前中国新闻传播学科建设的一点想法[J]. 新闻大学,2014(6);何志武,董红兵. 新闻传播教育改革的逻辑[J]. 新闻与传播评论,2019,72(5);米博华. 负重快行的新闻传播教育如何致远? [J]. 新闻大学,2020(9).

联网正以自身的优势逐步取代传统互联网。①

面对通过机器可以自主进行深度学习的人工智能而言，清华大学经济管理学院前院长钱颖一试图站在"了解中国教育长处的基础上来反思教育存在的问题"。他认为，教育必须超越知识。人工智能的优势就是大量地识别和记忆已有的知识积累。因此，它可以替代甚至超越通过死记硬背、大量做题而掌握知识的人脑……所以，一个很可能发生的情况是，未来的人工智能会让我们的教育制度下培养学生的优势荡然无存。②

更早些时候，学界还有关于媒介融合是否意味着对于传统新闻业的新闻专业性消解的相关讨论。针对新闻传播学教育，不论是富有国际视野，以哥伦比亚大学新闻学院课程改革为例的探讨，还是扎根本土探究媒介融合为新闻教育带来的挑战，均站在"变与不变"的维度上对新闻传播教育改革做出了颇有建树的探讨。③

放眼当下的学术成果，关于"学科建设""课程改革"的研究比比皆是，即便如此，焦虑之感依然扑面而来。再加上前一段时间清华大学新闻本科专业的调整，似乎点燃了关于焦虑的讨论。虽然几年前复旦大学"二加二"模式改革的时候从业者也有过焦虑的讨论，但彼时的内卷程度并没有今天这么深，也没有今天这么多人共同讨论。清华大学新闻本科专业调整事件之所以在短时间内卷入如此多的人参与讨论，其源头是来自从业者内心深处的焦虑。

作为学科发展也好，专业设置也好，国内已有不少学者对新闻传播领域和学科的发展史做过系统梳理，新闻传播学成为一级学科不过 20 余载，在专业教育领域还较为年轻。尤其是作为舶来品的传播学，专业导入和学

---

① 中国传媒大学新媒体研究院. 移动互联网时代下，Z 世代人群获取新闻资讯习惯研究报告［EB/OL］.［2020-12-28］. http：//www. cuc. edu. cn/news/2020/1225/c1976a177430/page. htm.

② 钱颖一. 人工智能将使中国教育优势荡然无存［J］. 商业观察，2017(8).

③ 邓建国. 传统与变革：数字时代老牌新闻学院的变与不变——以哥大新闻学院的课程改革为例［J］. 新闻大学，2014(6)；肖娜. 媒介融合时代新闻教育的变与不变［J］. 新闻界，2012(2).

科建制的过程颇为艰辛和曲折。尽管专业教育的羽翼还不够丰满，但历经多年，我们还是应该看到一些学者们在传播学知识领域的贡献。早在 2013 年，新闻传播学成为一级学科 15 周年时，就有学者以四大刊（《新闻与传播研究》《新闻大学》《国际新闻界》《现代传播》）1998—2012 年刊载的 9599 篇文献为研究对象，系统梳理了新闻传播学的发展状况。①

无论是站在社会和学科发展史的维度来讲，还是作为一名身处新闻传播教育一线的教师来讲，我们都不能忽视和否认新闻传播学科自身的特性，它决定了新闻传播教育与信息传播发展现实的高关联。2019 年 4 月，教育部下发《教育部办公厅关于实施一流本科专业建设"双万计划"的通知》，提出推动新工科、新医科、新农科、新文科建设，② 所谓"新文科"之"新"，正是适应社会现实之"变"。③ 对于新闻传播教育而言，转型也好，改革也罢，培养方案都是学科发展的基石。因此，培养方案的调整理应成为一种常态的和动态的，做到每年都有细微调整，四年必有较大调整。培养方案的调整，首先应该立足于一级学科的层面，结合媒介形态来设置专业；其次，要敢于打破专业的壁垒，建构跨专业大类的教学模式。这主要涉及两个方面，一是注重数字技术，增加数字传播方面的相关课程，各个院校都在调整，可能课程名称的叫法不一，但基本上这类课程会增加得比较多；二是注重提升人文社会科学素养，加大通识课的比重，比如从 2019 年开始，武汉大学新闻与传播学院已经增设了"社会学导论""心理学基础"等通识平台课。目前我国主流院校基本上是朝着这个目标转向，不同院校、不同专业特色可能会表征出差异化，但在大方向上，即培养方案的原则和理念基本上是一致的。

---

① 廖圣清，申琦，柳成荫，李硕德，秦悦，秦绍德. 中国大陆新闻传播学研究十五年[J]. 新闻大学，2013(6).

② 国务院办公厅. 国务院办公厅关于深化高等学校创新创业教育改革的实施意见(教高厅函〔2019〕18 号)[EB/OL]. [2019-04-04]. http：//www. moe. gov. cn/srcsite/A08/s7056/201904/t20190409_377216. html.

③ 白贵，杨强. "新文科"背景下新闻传播教育的新形势与新进路[J]. 出版广角，2019(9).

## 二、以"不变"保转型：培养模式校正需要固态化

新闻传播学科建设、新闻传播教育改革……在媒介生态格局一日千里的变化之中，"宽口径""厚基础""复合型"等概念不断被提及。中国人民大学新闻学院从 2006 年起，本着"宽口径、厚基础、精专业"的人才培养原则，对所有新入学的学生在入学后的第一年统一进行学科基础课程的学习。① 与中国人民大学类似，武汉大学采取的是大类培养模式，即依托新闻与传播学院学科优势和办学力量，适应融合媒介时代人才需求的变化，适当淡化专业，强调宽口径、厚基础的人才培养理念。② 此外，复旦大学、中国传媒大学等高校也是基于这样一种思路培养人才。年轻而缺少沉淀，实务而缺乏系统，变动而不够稳定，③ 这似乎已形成一种隔膜，阻碍了新闻传播教育与信息传播发展现实的关联。因此，过去一直强调的"通才教育""厚基础""宽口径"等要求在新闻教育改革中不应弱化，而要继续坚守。④

与此同时，在 2019 年，一份基于国内 55 家新闻传播院校的调研数据显示，国内新闻传播教育界对本科专业核心课程设置的自我满意度普遍不高。该研究表明，本科专业核心课程范围在扩大，"跨学科"特征愈加明显，课程"存量"与"增量"之间矛盾突出，不同专业对学院平台课程的评价不同，不同专业面临的突出问题排序亦有差异。⑤ 通过研究我们可以看到，一方面教育界同仁数十年来不断地努力、不断地调整、不断地应对；另一

---

① 高钢. 媒介融合趋势下新闻教育四大基础元素的构建[J]. 国际新闻界，2007（7）.

② 范明献. 新闻教育时代转型的焦点问题与高校专业改革的实践取向——以四所知名新闻院校广播电视学专业教育为例[J]. 新闻大学，2017（5）.

③ 米博华. 负重快行的新闻传播教育如何致远？[J]. 新闻大学，2020（9）.

④ 蔡雯. 新闻教育亟待探索的主要问题[J]. 国际新闻界，2017（3）.

⑤ 周茂君，罗雁飞. 我国新闻传播学本科专业核心课程设置研究——基于 55 家院校调查数据[J]. 现代传播（中国传媒大学学报），2019，41（8）.

方面，这种不高的自我满意度和满足感，也再度催生了焦虑，这种感受可以说已经蔓延到主管部门，甚至包括教育部。对于新闻传播教育，我们并不缺乏概念，包括"卓越计划""拔尖计划""强基计划"等还给予了诸多制度性的支持，希望通过自上而下的强制性安排来刺激或是改变目前新闻传播教育和传媒发展现实不相适应的局面。

在高校现行评价体制下，上课对于高校教师的职称发展其实是一个相当软性且不太"有用"的指标，但在社会认知层面，教学又被视为教师的天职，这种日益显著的矛盾同样是造成焦虑的原因之一。于是乎，如何正视媒介生态的变化和带来的现实状况，并促使我们于稳中校正教育理念，不断巩固目前的转型方向，依旧是一项持续性的工作。

同时，强调宽口径和复合型的培养理念，让博雅教育和专业教育结合起来。十几年来，前辈学者也好，当下学者也好，他们对于新闻传播教育的努力和持续性工作不会被视为无用功。我们所面临的焦虑和压力，其实来自不同的层面，对于巨变之下的现实，我们的努力和应对也从未间断。其中不乏诸多已达成的共识性，例如博雅教育和专业教育的结合，"复旦模式"和"清华模式"都倡导先着眼于人格的培养与心智的训练，再进行知识的传授与职业技能的培训。[1] 再比如对于学习的理解，当互联网出现以后，尤其是数字技术革命带来的人工智能的出现，几乎已经重构了"学习"原有的概念，学习不再被视为个人的知识积累，因为对于能够自主学习的人工智能而言，靠记忆和积累知识的人脑已经完败。爱因斯坦那句"大学教育的价值不在于记住很多事实，而是训练大脑会思考"，[2] 放在当下仿佛再合适不过了。于是，链接处理成为现在较为盛行的思想之一，如何掌握这种能力，如何运用互联网和人工智能进行资料搜索和信息聚合，使之成为一种自我学习的能力。

未来的媒介形态如何发展，我们现在或许还不能做出十分清晰细致的

---

[1]　田秋生. 通识教育打造媒体精英——复旦、清华新闻学专业本科人才培养方案考察[J]. 西南民族大学学(人文社科版)，2010，31(1).

[2]　钱颖一. 人工智能将使中国教育优势荡然无存[J]. 商业观察，2017(8).

描画，但一些基本的认知不会改变："宽口径""复合型"这些概念将在一定程度上锚定我们的培养模式和方案。

## 三、焦虑后的应对：如何实现人才培养目标？

焦虑固然是消极的，但基于前文对焦虑的描述和分析，一些理念也逐渐变得清晰。对于这些共识性的理念，我们在课程设置和教学发展方面还应努力思考另外一个问题：这样的人才培养方案如何落地，目标如何实现？

以武汉大学新闻与传播学院的"传播学原理"这门课程为例，多年前它的课时量是非常充沛的，后来随着培养方案的不断调整，不仅课时量发生了变化，开课时间也发生了变化。这门课程原来是面向高年级学生开设，后来一度被调整至大一上学期开课，随着培养方案的调整，现在该门课程开课时间为大一下学期。作为一门传播学专业的基础课程，它所面临的课改压力是非常显著的。尤其现在课时量缩小以后，如何完善整个教学过程，这需要我们在教学方式和方法上有一个新的调整。希望以下两种思路可以带来更多关于课程教学思考的可能性。

一是专业课要努力做到 1∶1 实践实验课配套。相较于新闻学，传播学的引入和学科建制都相对较晚，这导致传播学在中国的一个尴尬，就是教学上落不下来（黄旦，2014）。由于传播学关注的是从媒介实践中推演理论和挖掘理论意义，而我们的传播学教学有时恰恰显得有些本末倒置，理论的讲述和理论课时的配比占据主导性地位，学生过多地吸收理论而无的放矢，造成了一些"消化不良"的局面。信息时代和智能时代的到来，极大地拓宽了媒介的疆域，可以将其视为媒介实践的大好时机。这就要求授课教师在课程设置和教学计划上具有前瞻性和设计性，在缩减理论课时的同时，对理论本身进行凝练和筛选，在增加实践实验课时的同时，提供可行的媒介实践路径，实践课时不应少于理论课时。强调培养学生的实践能力和思考能力，弱化对于理论的机械记忆能力。

二是理论课程采取"三个三分之一"模式，即理论教学、案例教学、互动教学各占三分之一，建构知识传授和知识吸收的多维度学习路径。课程设置了学习小组，以小课组模式开展教学，最大限度地把案例教学和互动教学落到实处，而不至于停留在空谈的层面。对于授课内容的规划、理论和案例的挑选都需要系统设计，无形之中也会加大教师的工作量。"三个三分之一"模式是一种开放的态势，这与参与式教学的性质相同。例如我们不会指定某一本书作为教材，而是同时提供几本参考性的书目，再比如阅读文献和论文，会要求学生运用新媒介进行搜索和阅读，因为"四大刊"现在都会及时地推送最新论文，这对思考问题非常重要，所以我们鼓励学生去阅读。这样的开放式授课方式，一方面不至于让学生的自主学习成为完全无人管理的状态，另一方面能够不断培养学生的批判性思维。

另外，哪些内容作为参与式学习和互动式学习，是需要授课教师进行规划设计的，因此这种教学方式尤其注重主讲教师的主体性和无时无刻的在场意识。对于理论内容的选择我们也会慎重思考，除了专业本身的经典理论和前沿理论，我们也会根据学生的兴趣与选择，对武汉大学大学生科研项目的关注度和热度进行设计。比如不少同学对微信的传播方式非常感兴趣，我们会把这部分内容拎出来做一些设计，其中微信显著的技术性特征促成的圈群化传播是非常值得重视的，这不仅为人际传播提供了新的媒介方式，组织传播也借助微信的圈群传播特征参与社会管理。这些内容包含人际传播、组织传播，甚至包括现在农村的组织传播力弱导致的悬浮式治理状况等。每位同学都会通过他们的相关阅读，了解现在中国基层的社会状况。我们则会引导学生去思考一个问题：微信群这种组织传播的功能在新三农问题面前，会提供怎样的可行性解决方案和思路？这样一来能够提升学生的参与度，二来能够帮助学生将中国的一些现实问题和西方经典理论进行对接。

再比如解释力的问题，本科学生经常为此感到困惑。即便是产业经济学中经典的 SCP 理论，甚至是 20 世纪两大全学科——经济学和社会学，在讨论诸如中国互联网产业的问题时，也会存在解释力不足的情况。在面向硕士生和博士生的教学中，因为具有较强的研究性，这个问题就会很正常，但是本科生遇到此类问题就会常常不知所措。因此，如何调整新闻传播教育和新闻传播实践，甚至如何重塑并与之相适应，这是作为高校教师的一种职责。

**冉华**，武汉大学新闻与传播学院教授，博士生导师。

**芦笛**，武汉大学新闻与传播学院博士研究生。

# 传播学：作为一种交叉学科的可能

徐明华

传播学走到今天，从顶层的知识体系设计，到中层的教学团队建构，再到底层的师生互动，其理论改革一直处于前进的道路上。

华中科技大学自 2000 年开始，较为领先地在国内提出了文工交叉的理念，而在实践的过程中，每年都会遇到很多困难。本文将总结与分享一些经验和困惑。

谈到传播学的历史溯源，普遍观点认为，传播学是指 20 世纪 40 年代施拉姆建立的美派传播学。而相关文献表明，除了美派传播学，也有很多来自西欧国家特别是德国的一些资深哲学家提出的相关理论——笔者称为欧派传播学。考虑到美派传播学广泛的应用前景，当下许多高校的讲解可能更聚焦于美派传播学，施拉姆从访问香港中文大学再到中国内地，其美派传播学经历了中国本土化的进程。像复旦大学新闻系和中国人民大学新闻系，在传播学的中国化进程中可谓功不可没，包括郑北渭教授以及张隆栋教授当时编译的国外传播学的学术成果，以及两所院校首次开设的课程。总体而言，西方源起的传播学来到中国已经 42 年，通过在教育改革过程中的不断反思，我们发现在过去 40 年间，传播学主要是处于以宣传为主导的理论环境下，在新闻学的基础之上引入，作为新闻学的一种辅助手段。对传播学的定义更多地倾向于科学的、理性的、实证的、工具的，我国传播学的主体意识尚未形成之时，更多的是把美派的传播学当作一种工具。

　　从工具视角出发，很多院校在尝试文工交叉的学科培养方式。在这一背景下，我国的互联网媒体也在快速发展。早期的文工交叉培养，主要是培养学生的计算机技能，服务于网络编辑的职业需求。华中科技大学在 2000 年创办传播学专业时，就是培养学生使用 Windows98、Photoshop 软件等。整体而言，工具理性思维催生的西方传播学就是偏实证、偏应用的。我国在应用西方传播学的时候更多地视其为一种技术用语，缺乏对自身主体性的思考，把它当成一种方法和技术的"搬来主义"。现在，随着互联网及人工智能技术的起步，大量的跨学科方法体系逐步建立，使得传统的实证研究掉入了"基于经验的时间陷阱"之中，因为传统的量化研究是基于人类已知的社会规律和经验，先提出假设，再通过实验、问卷调查等方法去验证，这样的实证研究虽然清晰客观，但从长远角度来看，会导致研究思维的局限，慢慢与传统的人文主义以及哲学思考渐行渐远。久而久之，可能会形成无思想的技术派，也难以对具有现实指导意义的理论进行更深层次的挖掘与思考。

　　研究过程中有一种逆向思维，研究者先不做预判，无需基于人类有限的知识经验提出一些假设，而是经过对海量数据进行分析之后，自动提取网络用户的行为特征，逆向发现和总结传播规律，这是一种"未知的创新"或"知识的创新"。这和胡塞尔的现象学理论具有非常相似的理论出发点，胡塞尔从数学研究的角度出发，发现人类的认知可能处于一个有限的框架内，但人类和更遥远的未知之间可能存在一些空间，需要在既有知识中做出选择，但是具体要如何做，胡塞尔自己也没有想清楚，只是提出这样一个愿景，后人也未能提出具体的指导。但在人工智能时代，我们可以适当地通过逆向思维达到某种"悬置"，现象学和逆向思维给未来的文工交叉培养提供了可能的方向与思路。随着技术的发展，机器与人的身体无法分割，就像传播学被当作工具、与新闻学融为一体一样，人与机器也在逐渐融合。对于这种利益共生、价值共生的理论体系，怎么去建构，可能是未来传播学作为一种交叉学科存在的基石，更是该学科亟待发展和努力的方向。

华中科技大学的探索借力于双学位教育体制，在培育人文社科理论素养的同时，还鼓励学生辅修计算机与人工智能技术的第二学位课程。当然，复合型人才的教学培养模式肯定是优势与挑战共存的，优势在于传播学人才填补了新媒体行业的需求缺口，诸如百度、阿里、腾讯等互联网巨头也在发展相关事业；挑战是专业人才的知识体系呈现"两张皮"的割裂趋势，培养过程中知识体系的融通存在较大困难。现有经验表明，仅凭老师的有意引导和学生的主动沟通仍然难以解决这一问题，传播学人才培养任重道远。

下图是数据分析的完整逻辑流程，从左至右，首先是原始数据的获取，涉及编程代码；获取到的原始数据，需要通过加工、清洗等一系列结构化处理之后，才能导入相关软件进行分析，这时已经进行到数据处理的中间阶段。之后的阶段需要具备人文知识储备的研究者在数据分析中提取有效的知识，与传统的工科人才合作完成，这个知识提取的过程是一种现象级的过程；当分析软件或者智力分析达到一定发达程度的时候，可以通过建立模型进行趋势预测，这时便达到了数据分析的第三个层次——知识创新，这是华中科技大学进行文工交叉人才培育的最终理想状态。

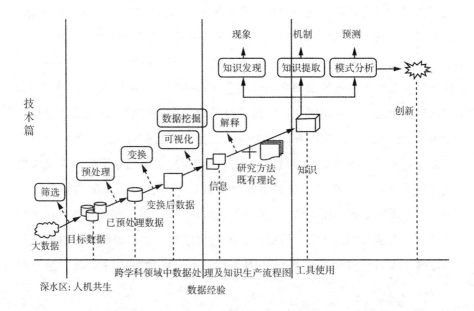

跨学科领域中数据处理及知识生产流程图

上图所示的数据分析流程可用来说明文工交叉人才培育过程中的矛盾与问题。最终的知识提取阶段是广大文科人才可以尝试独立进行的，该阶段的前一阶段是数据经验层，要求研究者使用相关软件对结构化数据进行处理分析，对其编写代码的能力不作要求，这是人工智能时代传播学人才的发展需要，体现了当前文工交叉的社会需求。基于学科交叉与人才交流的经验，传播学人才越发需要具备适当的数据挖掘能力、编程能力，以及掌握计算机语言背后的思维逻辑，踏足数据分析的初期阶段——"深水区"。以新媒体产品经理为例，如果其知识停留在知识提取层面，提出的产品设计理念可能只是柏拉图式想象，缺乏可行性；但如果其知识涉入数据分析的"深水区"，便能在提出创新观点之前确保一定的技术可行性，这是华中科技大学文工交叉的人才培养方向。即便如此，割裂的"两张皮"现象仍然存在，因为技术与知识的完美融合与自然对接并非易事；具备编程技能的学生可能在解释社会现象方面比较薄弱，而人文知识扎实的学生，涉足"深水区"了解技术逻辑存在困难，这是文工交叉人才培育的明显困惑与痛点。

华中科技大学在进行文工交叉传播学人才培育时，将课程设置划分成后端、中端、前端三个层次。后端课程涉及人文理论基础知识，作为专业培训的必修课程；中端提供给需要向"深水区"过渡学生的选修课程，主要是理念层面的教学，没有涉及代码编写；前端课程包括 Web 信息框架、数据结构、计算机语言等。在人工智能越来越强大的时代，不论是新闻系、广电系还是广告系，中前端课程都应当成为通识课程，计算机语言是未来年轻人才所需要具备的通识语言。如果以工具应用为目的开展传播学教育，必定会导致知识的失衡。社会学、哲学是大多数高校在上的大平台课或学院的小平台课，但以多年的教学经验来看，事实上学生很难以一己之力将这些人文社科的知识进行融会贯通，因此老师在其中的协助打通非常重要。笔者将人文基础理论大致划分为如下四个研究方向：身体研究、赋能研究、情感研究和话语体系研究，以此来充盈后端课程体系，让学生更加高效而精准地掌握融合后的知识体系。

　　笔者认为哲学、文学、社会学的很多课程，其实是在西方的工业革命、启蒙运动之后，在工具理性思维下衍生而来的一系列社会科学知识体系。正如史安斌老师所说，传播学应该跳出西方框架。社会科学背后多是基于西方的一套哲学理念，我国教育如果全盘接受这些社科知识体系，其实还是在走"学习西方"的老路，即沿袭西方哲学思想进行学科建制。所以如何跳出这些知识的藩篱，建立具有中国特色的学科体系？目前笔者发现传播学有几个非常合适的研究方向：第一个研究方向是身体研究，因为人类已快速进入强人工智能时代，弱人工智能是指机器学习了人类的行为经验后去复制和重复操作，而强人工智能指的是机器具备了一定的人类思维能力，模仿人类甚至直接表现得像一个人类。如果机器具有一定智力会怎样呢？因此人机结合是一个研究趋势，刘海龙老师的相关研究使笔者深受启发。未来的传播学学科发展与其停留在西方工业革命基础上形成的知识体系，不如逐渐建立起具有中国特色的本土知识体系。第二个研究方向是赋能研究，传播技术革命对社会权利进行了重构，甚至对精神哲学都产生了一定的冲击和张力，那么全球化时代中国怎么与其他国家进行关系重构，很大程度上依托于媒介权力。我们正处在后真相的媒体时代，媒体在文化交流过程中掌握着极大的权力，它可以和传统的社会学、政治学相结合产生更多的批判性观点，帮助学生寻得一个突破口，从而习得更宽泛的知识。第三个研究方向是情感研究，近几年已经有不少学者开始关注此话题。社会科学研究确实非常明显地将人与自然、人与社会、人与机构等直接视为二元对立关系，这是典型的西方人文主义思想。但反观中国的哲学和美学，比如儒家文明强调人与自然和谐共处，如果依循我国自身的哲学体系，其实更多的是将情感或者说感性的认知维度重新牵引回对社会的理解。第四个研究方向就是话语体系，我国在该领域的相关研究远不及成熟阶段，而其重要程度决定着未来的努力方向。我国国际理论的专业化以及完成专业化之后，将中国特色的话语体系和全人类的通识性或共识性内容展开传播，是重要的研究领域。

　　武汉大学单波老师认为：理论的生命力在于是否根植于人类的苦恼，

传播学的苦恼就是"交流如何成为可能"。做学术研究应该找回自己的初心，我们的初心就是回归交流的本质，在保持初心的基础上进行教育改革，将有助于我们向前迈进更大一步。

**徐明华**，华中科技大学新闻与信息传播学院教授、博士生导师，中国新闻史学会计算传播学研究委员会常务理事。

# 实践赋能　经验互鉴

平行论坛（五）
"品牌传播概论"课程研讨

# 用比较的方法讲授品牌传播本土化理论

林升栋

当今，中国学术界，尤其是人文社科领域都在讲中国化的问题，这个问题的研究处在一个进行时，目前已经有一些成果，但离真正实现还有很长的一段路要走。谈及品牌传播理论本土化存在的问题，主要是我国品牌传播的相关理论论多都源自西方，并不是说西方的理论有问题，目前世界上最强势的品牌依然在西方国家，其经验值得我们借鉴。但是，西方一些品牌进入中国后会出现水土不服的情况，中国企业照搬西方品牌理论往往存在较大的调适空间，这是客观事实，相关问题需要我们通过本土化的方式来解决。西方的品牌理论家在品牌研究方面颇有积累，影响力很大，在中国大陆也有大量追随者。本土化与国际化，或者说发展本土理论与引入西方理论不应被视为对立的东西，而应该把二者当作互相平行的理论，有待于在实践中慢慢去检验，慢慢去融合。因为中国在现代化的过程当中需要走向世界：一方面中国需要去了解世界，另一方面中国需要向世界证明"越是民族的，就越是世界的"。倡导品牌传播或广告理论的本土化，不是跟风其他学科，而是跨国公司在中国的本土实践、中国公司在中国市场以及将来走出国门的实践需要使然。从教 20 年以来，笔者一直在思考，我们的课堂，尤其是品牌传播、公关方面的课堂究竟能够给学生什么知识，让他们将来在就业市场中更有竞争力？

最近业界提出的一些有趣的新理念可以与学界教学进行结合，比如2019 年罗振宇的"时间的朋友"跨年演讲。他提出，教育要解决真实世界的挑战，就要把社会上的挑战在学校里打包浓缩，搬到学校课堂上。而关于品牌的定义，在菲利普·科特勒等人的书中有很严谨的书面化定义，但业界的定义很简洁，说品牌就是"你愿意和它自拍，把它放到社交媒体上去"。这些都带给笔者极大的震撼和更富想象力的灵感。从传播的角度来看，我们的社会存在着很多的问题，包括过马路的标语设计问题。有一次，笔者坐大巴出游，大巴在辅道上缓慢行驶的时候突然急刹，车上所有人都往前倾斜、俯冲，原来是因为大巴前方突然有一位老人从辅道与主道间的灌木丛里蹿出来，司机没有预料到，便来了个急刹车，老人也吓了一跳，虽然老人没有被撞到，却瘫坐在地上，司机赶紧下来协调，所幸老人并无大碍。笔者观察四周，发现马路最中间的隔离带栅栏已经被开了一道口，人们可以通过这个口自由穿越马路，而开口的栅栏上面写着"生命只有一次"，劝大家不要横穿马路，而且在这个开口不远处有斑马线，还有路牌提醒前方有斑马线，后方有地下通道，但附近的居民因为想走捷径，对此置若罔闻。在司机与老人协调的时间里，笔者发现又有不少居民通过这个口横穿马路。这里的交通标语和提示语设计其实就是一个社会的挑战。

在过去的几年当中，笔者也做了很多的尝试，让学生通过比较看到"传播"的力量。2015年，我们做过一个劝行人勿横穿马路的标语实验，通过前期调研设置了三条标语：第一条是常规的"请走天桥"；第二条是说明走天桥并没有比横穿马路多花多少时间，"走天桥比横穿马路平均只多花9.4秒"；第三条是学生脑洞大开的结果，结合当时社会关注颜值的现象，设计了"你丑你横穿"的标语。结果发现第三条标语的效果最好，这个实验在社会上引起了一定的争议，当然，实验的结果仅供参考与反思。我们能否去解决一些社会上不起眼的问题呢？哪怕只是一座天桥也好。在我们进行这个实验之后，厦门市思明区交警大队在马路上树起了"横穿马路可耻"的标语，这也存在一些争议，比如标语要不要采用负面诉求的手法，会不会是以暴制暴等。标语能否实际投入使用，还受制于社会的文化习俗，这种创意在欧美是没有问题的，法国有个公益广告就是讽刺那些在公共场合高声打电话的人，把这些人丑化为公鸡和驴；但在中国，这种做法就容易引发争议，这就是本土化的问题。我们还曾经设置了一个节约厕纸、避免浪费的社会挑战。因为大学里面的公厕厕纸是免费提供的，所以就会出现严重的浪费现象。当时我们想看看什么样的传播设计能带来实际效果，学生刚开始设计了没有文字的黄底黑线的标尺，用一根红线提醒拉扯厕纸的长度标准，结果第二周仅图书馆二楼就节约了十大卷的厕纸。紧接着，他们再接再厉，在原来标尺的基础上分男女厕设计出"绅士""淑女"的新标尺，长达数周的追踪发现，新标尺能够带来 20%～30% 比较稳定的厕纸节约量。这项实验结果引发了媒体的关注和报道。几个月后，笔者的一个朋友发现这个标尺设计已经被"移植"到新疆的厕所。

前述都还是传播的问题，现在回到品牌传播的问题上来。其实每个大学都能看成一个品牌，笔者之前在厦门大学工作，2019 年下半年笔者发现有些学生对食堂有很多负面印象，比如认为打菜的阿姨面无表情，打饭的大叔长得好凶、不擅沟通，等等。翻阅食堂的意见本，可以发现里面很多有趣的留言。学生的生活相对简单，主要遵循"宿舍—图书馆或教室—食堂"的三点一线。通过前期的调研访谈发现，学生非常关心吃饭这个问题，尤其对食堂里一成不变的菜式感到不满。然而食堂回应曾经努力过，但是常常众口难调，只好采取保守的方案。基于这种信息的不对称，我们做了张海报，张贴在食堂门口，标题是"年底了饭堂阿姨要冲业绩，请同学们将自己想吃的菜品留言在海报上"。当天晚上贴出海报，第二天早上学生已经把留言板写得满满当当。可以想象，食堂阿姨大叔们每天机械式地给各位同学打菜打饭，而同学也大多面无表情地指点自己要的菜品，这种冷漠实际上掩盖了其内心要沟通的欲望。后来我们把海报上大家想吃的菜品整理出来，做了个扫码的微信投票，共有 13600 多人参与到其中，每个校园食堂有一定的服务半径，投票人数体现了大家对"吃饭"问题的关心。投票结束之后，学校食堂根据投票结果做了新的菜单和厨师培训，推出了大概 10 道新菜。这一举动在社会上也产生了一定反响，如"#年底饭堂阿姨要冲业绩#"微博话题有 2 亿的阅读量，《新周刊》2019 年"中国最美大学排行榜"把厦门大学列为首位，内文特别对菜品投票的事情进行了赞美与表扬，很多其他大学的网友也对此发表评论，比如说"人家的大学是这样的""什么时候我们学校也能这样"等。《光明日报》有一段报道文字这样评价：厦门大学的这种措施体现了高校的人文关怀，与其关起门来闭门造车，不如到学生中去获取最真实的声音，这也是高校服务者放低姿态的成功尝试。在这种细微处流露的真情和责任背后，是一所大学所秉持的价值观和所追求的精神气象。这一活动客观上促进了厦门大学的品牌提升，食堂通过对比前后的菜品收入，就能看出这一活动所带来的"销售收入"上的增加效果。

　　上述是课程教学中的实践部分，回到课堂教学中，我们怎么样去讲品牌传播理论的本土化呢？以心理学常用的少女与老妇图为例，这两张图的相似率大概有95%，但一张看起来更像一个美少女，另一张看着更像老太太。很多跨国公司推出全球广告运动，对中国的广告版本做了细微的调整，这些调整就可以作为教学的素材。在教学中，学生也喜欢通过这种比较的方式去探讨本土化问题。回到中国20世纪二三十年代，李施德林在美国做的广告和在中国《申报》上做的广告画面也不太一样，20世纪90年代及到2000年之后，比如微软的中英文广告，虽然是同款广告，也并非完全一样。通过这样古今中外、横向纵向的比较，可以帮助我们去探讨品牌传播本土化的理论，进而帮助我们去了解这个社会，其中一些画面的调整意味深长。课堂上的讨论对科学研究也有一定的启发作用。

　　当然品牌传播涉及的不仅仅是广告，还有网页设计等很多方面。LV在2010年世界杯时就在广告上做了一些很有趣的调换，英文网页上马拉多纳的脸充满了桀骜不驯，而中国网页上马拉多纳的脸就被换成了一个憨厚大叔的笑脸。这昭示着不同文化中品牌与人之间的关系，体现了品牌传播理论在中国与西方之间的差异。

　　总而言之，教科书固然很重要，但正如教科书需要更新换代，我们的教学实践也提到需要不断地吸纳新的甚至超前的东西。费孝通先生在《乡土中国》的前言里提出，他在教学过程中提出的很多观念是没有经过琢磨的、大胆朴素的，因而与其所想反映的实际存在很大的差距，他之所以要这样去讲，是因为在他看来这是一个比较好的教育方法，大学不是按照教科书来照本宣科，而是要带着学生去探索未知的领域。上述案例都是一对两对的，如果要阐述一些普遍性的理论，需要再引用费老《乡土中国》里的一句话，他说："我宁可因求真实性而牺牲普遍性，若是有人觉得我这里说的真实和他自己所见到的事实不同，我会觉得很高兴，因为我们的知识就会在大家把所见不同的事实堆积起来里得到增加。"我们是要学习西方、了解西方、研究西方，但我们最终要回到中国。只有和中国的实践相结合，西方的品牌传播理论才会真正服务于中国、服务于世界。

**林升栋**，中国人民大学新闻学院教授、博士生导师。

# 品牌传播课程经典案例教学初探

张殿元

在数字化和人工智能渐成气候的背景下，大学教育甚至大学本身的存在都可能被打上问号，中国传媒大学王晓红老师提到的一个课程团队未来也许就能替代一所院校的说法虽然听起来有些极端，但随着疫情期间所有课程被搬到线上，以及包括 5G 技术在内的网络基础设施的不断完备，加之"00 后"的网络原住民成为大学生的主力，资讯接触和知识学习方式必将随之改变，王晓红老师的判断并非完全虚幻的，甚至有可能成为现实。面对大学教育和专业教学的种种不确定性，笔者做了关于课程建设方面的些微探索，主要包括以下五个方面：一是品牌传播课程教学面临的挑战；二是理解案例教学；三是商学院案例教学的启发；四是品牌传播课程案例教学的改革尝试；五是对案例教学的一点建议。

关于品牌传播课程教学面临的挑战。其实不仅仅是品牌传播课程面临挑战，大部分新闻传播本科生、研究生教学也面临着挑战，可能品牌营销所面临的挑战更为直接，冲击来得更大，因为数字营销对业态的变革力量是超乎想象的。智能营销在技术、工具、模型和其他手段方面日新月异，使其易变性、模糊性、复杂性、不确定性大大增加，新业态下传统营销理论对当代营销实践的解释力大大下降。网络时代的"教学移民"的应对策略是在原有课件基础上修补和扩充，但要做到课程内容与业界实践很好的对接，往往需要推倒重来，课程体系、底层逻辑都会发生天翻地覆的改变，而目前做到如此颠覆性改变的老师可能是不多的。如果教学思维和课程逻辑不变，面对时时巨变的营销传播环境，我们的确会有无力感。

另一方面，现在的本科生已经是"00 后"，研究生也是"95 后"了，这一代学生往往自我意识和个性比较强，比较关注现实，也富有探索精神，对于品牌营销个案、商业传播理念的敏锐度完全不逊色于老师，甚至他们作为"网络原住民"在这方面有着天然的优势。这也带来了另一个问题：因为信息获得渠道越来越多，同学们的课堂专注力也越来越弱，如何将学生的注意力拉回来，成为大学课堂教学的"痛点"。在传统媒体时代，学生对课堂、对老师有着信任和敬仰，但如今互联网时代，同学们有更多的渠道接触更多专业知识和行业资讯，因为更注重工具、方法和技巧，对于那些有着强烈营销传播行业目标感的同学而言，他们对业界精英带来的内容的价值感更强。今天"双一流"大学广告专业的教学还能撑下去，是因为已经有太多的同学不再考虑将来就业的所谓对口问题，对广告的专业属性并不太在意。这也是研究型大学中广告专业教育的困扰所在。未来的出路要么采用"大广告"的概念重构专业教育，要么打破现有的学院和专业划分，面向全校提供更为纯粹的广告教育，让真正对营销传播感兴趣的同学结成共同体，培养能够引领未来行业发展的卓越营销人才。

在现有的教育环境下，针对当下专业教学痛点，案例教学可以提供比较好的应对方案。在传统的品牌传播教学中，案例教学似乎并不陌生，每节课都会涉及案例，但这不能算严格意义上的案例教学。因为案例教学是以学生为中心，而不是以教师为中心的，它是以案例为基础将学生带入特定情境，对品牌营销传播的案例进行复盘，并思考其中蕴含的专业知识。案例教学不是将现成的结论单向度地教给学生，而是希望通过给出自己对品牌案例的解释，通过参与案例的对话、互动与体验，提升对营销传播实践的专业认知能力。案例教学可以从两种视角去理解，一种是"教"的视角，这是现在大部分老师所采用的，是"孔子式"案例教学，老师往往认为自己的知识储备高于学生，只需将案例内容和自己的理解直接灌输给学生；另一种是"学"的视角，是苏格拉底式的，强调讨论、启发、对话和反思。前者视角是单一的、线性的，老师作为主体；而后者的每一个环节都需要学生积极主动地参与，学生能获得很好的体验，能进行更多的思考与研判。案例教学是一种研究式的学习过程，学习者带着问题以研究者的眼光参与案例，思考探索，创造性地解决问题。案例教学的最终目的是培养学习者的独立思考和创造能力。案例教学能在师生之间将缄默知识显性化，是将师生对于案例的感悟进行激活的有效机制。案例教学的精髓在于教会学生思维方法，通过情景教学将学生带到传播现场，让他们代入角色、转换身份，在这个过程中完成"专业人士"式的思考。案例教学所需达成的目标是迁移知识，我们所谈的传统教学主要是知识向度，它是把知识事实传授给学生，让学生保留知识；而案例教学的目的是迁移所习得的知识，是认知向度，强调的是学习动态迁移的过程。

　　国内商学院化用哈佛商学院案例教学的经验，也许可以为广告专业教学的创新和突破提供可以借鉴的框架，当然需要我们进行相应的改造。首先，哈佛商学院案例教学法会将内容分成若干知识单元，每个单元一般是固定的 210 分钟的时长，其中个人理论阅读会占 60 分钟，小组讨论 40 分钟，课间休息 10 分钟，课堂讨论 80 分钟，课堂回顾 20 分钟。在个人阅读部分，要求对案例材料、理论材料进行阅读，哈佛将这个环节完全交给学生自觉去完成，但在中国实践中，部分学生通常不阅读或阅读质量差，国内商学院对此进行了改造：案例阅读需要案例笔记，要求课前提交并且记入总成绩的 30%，理论材料阅读会在课上完成，这意味着课堂在场的每一位同学都需要为课堂内容作出贡献；在小组讨论方面，哈佛商学院是要求在课间完成且不计入成绩，导入中国后这环节往往流于形式，因此将讨论时间改为课上，并且把不同讨论组安排在不同教室，任课教师设计、提供讨论指南，组内设置主持人和记录员；在课堂讨论部分，严格要求不能缺课，甚至要求限制使用手机；在期末考试部分，哈佛商学院是将此分数占比设置得很大，会要求学生分析一个综合性大案例，因为大案例分析指标过多，操作难度大，因此国内采用的是综合性小案例分析，成绩分数占比也会降低。这是国内商学院尝试哈佛商学院案例教学的经验，品牌传播课程借鉴这种教学模式需要再语境化，结合老师的个性化教学特点、学生的接受习惯和学校的教务管理环境，进行再创造和开发。

　　笔者近年来做了若干品牌传播教学改革的尝试。笔者创造性地导入

"虎啸数字商业传播"课程。该课程在国内多所知名广告院校都有开设，经过和课程团队的提前对接沟通，重新进行课程设计，将其分为课程讲授、专家访谈、案例研究三个部分，要求在课程讲授中包含互动环节，专家访谈为案例研究服务，案例研究部分则包括案例复盘、案例分析和案例访谈。最终课程导入的结果是非常成功的，依托以上的教学设计与课程安排，《数字商业传播经典案例系列教程》得到复旦大学教务处立项，计划于2021年正式出版；另外，结合专家访谈推出大中华区数字营销精英思想录系列，其中《泛媒时代的品牌智造——超 4A 大咖数字营销思想录》于 2020 年由东方出版社出版；同时，与品牌方、网络平台，数字营销代理公司、技术类公司沟通合作，由志邦橱柜和锐澳鸡尾酒两个品牌各投入 2 万元资金到课堂，以 25 小时（在线教育平台）为智力支持、以阿里妈妈为投放平台，以秒针公司为效果监测，为同学们提供了为期一个月的实训工作坊，真实体验品牌数字营销的实战场景，感受理论与实践结合带来的惊喜与震撼，超越日常对品牌传播的感性经验，思考数字时代品牌营销的内在规律。

案例教学在新闻传播类院校的品牌营销课程教学中的应用才刚刚开始，还没有形成一套成熟的框架模式，对其中的一些理念和方法还有争论，但有一点共识，那就是要重视案例教学，具体而言，首先，开发建立案例库。教育部早在 2015 年对此提出了规划意见，一门课程需要 200~800 个案例，形成一个优秀的案例数据库，中国传媒大学、中国人民大学率先落实案例库建设，取得一些经验和成果。其次，案例教学的激励机制，可以学习商学院的部分做法，教师案例入选一定级别的案例库可与相对级别期刊发表论文等同，这将起到极大激励作用。再次，视频教学案例开发。随着信息传播方式变化，未来视频案例将更为重要。最后，导入 SPS 案例沙盒教学模块，可以参考潘善琳、崔丽丽著，北京大学出版社 2016 年 9 月出版的《SPS 案例研究方法：流程、建模与范例》这本书，其对这种教学方式做了很详细的介绍。

**张殿元**，复旦大学新闻学院教授、博士生导师。

# 用品牌思维来思考品牌传播的课程教学

程　明

经济的发展加快了知识经济的到来，数字技术飞速发展并显著影响广告营销的手段和形态，广告的媒介策略也随之发生巨大变革，广告行业实践的变化对高校广告学专业的课程设置和人才培养方式都提出了新的挑战和要求。当前需要广告教育者思考的是，在新媒体环境下如何培养广告学专业学生的知识图景。正如华中科技大学李华君老师所提出的，广告学专业课程体系需要贯彻全媒体思维和品牌思维，从专业知识结构来考察，广告学专业的学生必须构建自己的知识框架。广告学专业是以心理学为基础、以传播学和营销学为框架的，学生也需要具备媒体的知识、广告的知识和品牌的知识。

对专业理论的学习是学生培养的永恒主题。品牌理论阐述了品牌传播过程中的相关知识，用理论解释一切；而思维作为一种方法论，则聚焦于解决具体问题。广告与品牌是两个既相关又有区别的理论。大卫·奥格威认为，每一则广告都应该被看成是对品牌形象这种复杂现象的贡献。广告是对品牌性格的长期投资，一语道出广告和品牌的关联。从这个角度去思考广告思维与品牌思维，前者是一种传播的策略思维，后者则是一种资产管理的思维。而品牌管理不同于广告管理，现今对广告管理的研究，基本上是集立法、行业自律和消费者监督为一体的管理体系；品牌管理则思考如何为顾客和企业创造价值。段淳林在《整合品牌》一书中提出营销活动的三种驱动方式——产品功能驱动、利益关系驱动和价值观驱动，新媒体时代的品牌思维就是一种价值观驱动的品牌资产管理。被称为"品牌资产管理之父"的大卫·艾克在他的"品牌三部曲"中的第一部就探讨了品牌资产管理的问题，由此，品牌、品牌资产管理的重要性可见一斑。

类似广告学这样实践性强的专业在教学过程中常常存在学界与业界的观点碰撞问题。事实上，二者不应该是割裂、对立的关系，在人类的知识生产活动中，学界与业界担任着不同的角色，承担着不同的任务。学界的知识生产是"知"的归纳与逻辑的演化；而业界的知识生产则更多的是"行"的结果与实践的检验。古人云"知行合一"，正是"知"与"行"这两种知识生产构成了人类主体的认知进步和社会发展。

如何用品牌思维思考品牌传播的课程教学？我们常说"明道""御术"和"取势"，品牌有"势能"，它与产品相异的一些性质赋予品牌独特的生命力，这些特性与认知理应贯穿品牌传播的课程教学始终。从第一个视角来看，产品竞争是一场"肉搏战"，大多数产品竞争是"单一兵种"的作战，最后往往陷入价格战的泥沼；而在产品竞争这一层次之上的品牌竞争则是一种现代化电子战、信息战，是"多兵种"作战。现在的品牌是企业和产品参与竞争的最基本单位，品牌营销的目的就是打败简单的销售手段，建立一种"关系"。传统的广告在播出后只能建立一次"交易关系"，而在关系驱动的社交媒体时代，品牌和消费者具有 N 次交易的可能，是一种情感连接下的长期交往。品牌既有共性，也具有自己的个性，但毫无疑问的是，品牌的个性一定根植于人类的普遍共性之上。

从第二个视角来看，当谈及产品思维和品牌思维时，我们认为产品是品牌的精髓，也是品牌的核心。当我们立足于产品本身及其服务谈论某一产品时，实际上是在谈论它的实用性和功能性。品牌离不开具体的产品和服务，因而这些关于产品的评论则成为塑造品牌的基础要素，也是一种关键因素。产品提供令人信服的理由，而品牌则在理由这一基础上再提供令人信服的故事。笔者认为产品和品牌之间有这样三种关系：第一，产品没有故事，品牌也没有讲出故事；第二，产品有故事，品牌讲的是另外一个故事；第三，产品有故事，品牌把故事变成了一首动人的歌，将我们的产品和品牌结合了起来。我们生活中的菜市场交易，或者一般的商品交易、门店交易，在买卖过程中缺乏品牌意识，只会带给消费者冷冰冰的买卖关系；但当我们将品牌意识融入其中，产品的交易就会变成一种具有仪式感的互动行为，产生全新的效果。一言以蔽之，当我们在讲述故事的时候，无形中缓和了消费过程中的紧张气氛，即把消费"浪漫化"了。LV等众多品牌之所以成为人人竞相购买的奢侈品，就是因为历史的沉淀与产品个性的提炼塑造了品牌的独特形象，赋予消费者一种身份象征感和特权感。在这个过程中，消费者从相信购买具体产品的理由到相信一个故事甚至是一个神话，其中共情力的作用不容忽视。事实上，品牌故事的作用就在于将产品投入一定的情绪之中，当消费者融入这一情绪时就会感受到一种品牌共情力，从而进入品牌的世界，其消费欲望受到激活和启发。而世界上的各大奢侈品品牌，以及可口可乐、中国的传统百年老字号等经典品牌就是定期从高等工艺范畴学习新的感官性的语言，用创新的方式来表达自己传承百年以上的优秀品质与精神，讲述自己独特的品牌故事。

关于品牌思维的第三个视角是品牌的进化与分化。在《品牌的起源》这本书中，作者提到"分化是世界上被知之最少却最强大的力量"。自然界发生的物种的进化为我们理解宇宙与生命提供了启示，而同样的事情也存在于市场中。产品和服务的不断分化为品牌提供了无穷的机会，也为我们理解品牌世界提供了新的模式：品牌通过进化变得更加强大、更有主导力；同时，品牌通过分化不断创造新的品类，从而也诞生了新的品牌。现在世界上享有盛誉的苹果、华为、小米等品牌就是在人类不断进化、技术不断进步、产品不断分化的过程中得以发展的。每个人类个体都有进化的天性，终其一生都在塑造着自己的品牌。基于此，企业建立"人性化的品牌"和"品牌IP"，为品牌赋予人格化的特征，就是期待品牌能像人类一样不断成长和进化，焕发持久的生命活力。

第四个视角是从垂直设计到交互设计。传统的品牌设计是线性的、垂直的设计，而在互联网时代，新媒体环境下的品牌设计更多是一种交互性设计。当今的品牌正在尝试打破以往的思维惯性，从垂直设计进入交互设计这一新的品牌思维。即便如此，传统的思维惯性依然十分强大，例如，为什么现在的铁轨间距是 1.435 米？因为这是 1937 年国际铁路协会出台的规定，1435 毫米的轨距为国际通用的标准轨距，而这一标准轨距则来源于古代，当时战车靠两匹马拉动，并排两匹马的屁股宽度等于 1.435 米。这一标准延续至今，可见惯性思维之强大。这也是为什么当今社会会认为创新是整个社会发展的最大驱动力。除此之外，这种交互设计不仅仅是产品设计的革新，更多的是对新型关系的建立和维护。无论是"果粉"还是"米粉"，都是在企业品牌、广告商和消费者之间借助共同的交互设计构建自己的品牌。

品牌应该如何更好地引领创新？张小龙在他的《30 条产品法则》中提到：从别人的产品里，你无法深刻理解需求，需求来自不断的调研、分析和讨论，需求来源于创业者的创新。无论是课程教学还是人才教育，都不仅是在培养创新型人才，更是在为未来的创新发展贡献人才储备。苹果公司是公认的创新代表，乔布斯创造出 iPod，能将 100 首歌放进口袋；日本东芝的一位工程师发明了 1.8 寸固态硬盘。只有强有力的品牌以及品牌运作能力才能引领未来真正的创新，光有创新的脑袋，没有品牌运作的能力，或者光有创新的技术，没有品牌的意识，都很难形成真正的生产力。新冠肺炎疫情期间，特殊的需求催生了新的生活方式，而腾讯会议、飞书、钉钉等线上学习、办公软件就在适应这一新的生活方式的前提下，获得了巨大的成功。这些软件技术的更新和迭代支撑我们适应后疫情时代的生活，产品所属的品牌本身也在这一过程中产生了巨大的生产力，引领着新的创新潮流。综上，只有当产品的力量转化为品牌的力量，才能将创新转化为市场需求的最大推手。

新故相推，日生不滞。创新作为一种思维活动很难被制度化，被制度化绝对不是创新的本质。走创新发展之路，首先要重视创新人才的培养，而人才培养重在教育，创造性的人才培养必须要有创造性的教育与之匹配。"一年之计，莫如树谷；十年之计，莫如树木；终身之计，莫如树人。"对广告专业人才的培养和对品牌的思考一样，应当永远走在创新的路上。

**程明**，武汉大学新闻与传播学院教授、博士生导师。

# 场域、维度、境界：品牌传播课程教学的新思考

姜智彬

　　总体而言，品牌学课程有三点值得强调，第一是广告与品牌之间的关系。舒咏平教授曾提出要用品牌学来取代广告学，当时我不是很赞同这种提法，但是现在越来越觉得对于很多新商业现象用品牌来解释更为合适，比如直播带货现象，用传统广告的观点来解释很牵强，但用品牌来解释就会比较清晰。虽然业界认为那就是广告，但工商局未把它纳入广告的统计范围，广告学者也较少研究这个现象。但 2020 年直播带货的市场规模可能达到 1 万亿元，这么大的市场规模，理应受到广告学的重点关注，尽管其没有被纳入传统广告学的研究范围。品牌学课程应该受到广告学专业的重视。

　　第二是广告学的年轻师资队伍建设，新广告现象的研究，以及广告学的深入研究，更加需要这些年轻学者。

　　第三是学科交叉，广告学也好，品牌学也好，在教学和科研层面可能还需要更多地强调学科交叉。在新文科的背景下，学科交叉本身就是新文科的要求。广告学、品牌学的教学和研究要更多地和商学院、计算机科学的教学研究结合起来。这样才能更加规范，才能获得更多的学术话语权和学术尊重。

　　下面将从新场域、新维度和新境界三个方面探讨对品牌传播课程教学的新思考。

首先是品牌传播课程教育的新场域。在现在的媒体融合的背景之下，新的媒体形式不断出现。在这种情况下，新的消费者应该是我们始终需要加强研究的重点。从我个人的角度，我认为我们对于新消费者，特别是新生代的消费者的认识已经不是那么清楚了。前段时间因新冠肺炎疫情居家，有时候会看一些娱乐节目，有一个朋友对我说，现在最火的节目叫作《向往的生活》，我就去看了一看，看过之后我不明白这个节目火的原因，我没看出它有什么值得火的地方。朋友说因为有黄磊在里面，讲明星的日常生活，所以就很火。我并不理解明星的日常生活有什么值得关注的，但是我后来想了想，可能不是别人没说清楚，也不是这个节目定位不准，而是我未能看懂现在新生代的消费者，我已经不能准确理解到他们的"点"。还有一个节目叫《乘风破浪的姐姐》，我看到最后，觉得节目本身还是不错的，但是前面拖得太长了，只有五分之一我觉得是精彩的。他们说是我不懂，现在的年轻人就要看前面的内容，看明星的准备过程。因此我觉得搞品牌传播课程的教学，对新生代消费者的研究还需要加强。因为新的消费者的出现，所以新的互动方式也出现了。针对新的互动方式，我们新的传播方式和新的营销方式要跟上，相关的研究也要跟上。在上述背景之下，品牌传播面临数字时代的转型。数字时代的品牌传播有三个阶段需要注意，第一是 Aaker 于 1997 年提出品牌的个性化；第二是 Belk 于 2013 年提出数字时代品牌的五个维度；第三是 Malthouse 于 2017 年提出基于算法的广告学研究、品牌学研究、传播学研究。针对这种数字转型，我们的教学科研也面临着严峻的挑战。在数字时代，怎样去研究消费者，怎样去研究传播，这与传统的传播是不一样的。从决策树到随机森林的计算方法，从机器统计到图灵测试的机器智能，从数据烟囱到数字足迹的消费者挖掘，对我们来说都是一个挑战，也体现了我们进行跨学科研究的必要性。因此在数字时代的新场域下，我们如何开展品牌传播课程的教学？这是我提出的第一个思考。

其次是品牌传播课程教学的新维度。新维度的"新"，其实也谈不上新，笔者的意思是，原来的品牌传播都是在商业品牌方面。但是品牌传播除了商业品牌传播，还有城市品牌和国家品牌的层面，而我们现在的教学研究主要是在商业品牌的层面。十多年前，我在做博士论文时，在城市品牌传播领域有所涉及，后来远离了这方面的研究。但是我现在发现，城市品牌领域逐渐热起来了，并且从事城市品牌传播研究的主要不是广告学领域的学者，而是传播学领域的学者。还有一个层面就是国家品牌，以国家为主体开展品牌研究。对于广告学的学者而言，曾经这是一个非常好的机遇，但却与其失之交臂。现在广告学的学者中研究国家品牌的非常少，而政府层面对国家品牌、城市品牌的重视程度都在加大。有时候我们拿不到国家社科的重大项目，抱怨没有广告学的选题，实际上国家品牌、国家形象方面的选题非常多，但我们错过了这个机会。我们做品牌传播的教学研究，不仅要立足商业品牌的维度，还要加强城市品牌和国家品牌的研究。在这个背景之下开展品牌传播的教学，要强调多维度、学术性、导向性。多维度是指加强城市品牌维度、国家品牌维度的教学和研究。只有加强了城市品牌的研究，才能和地方政府的管理者进行沟通，了解政府的需求在哪里，才能够做满足政府需求的研究，提供更有效的政策建议。国家品牌亦是如此。我们的研究维度还是要有一定的开放性和宽度，并且要加强学术性。我在从事广告学的教学和研究的过程中发现，我们一直在抱怨广告学的论文在核心期刊上发得很少，有的期刊根本就不发，这的确是一个现实问题。但是反过来说，广告学学者研究的学术性还有待加强。且不说商科和计算机科学，仅在新闻传播学科内部，我们研究的学术性、规范性都有待提高。我们这一代可能已经定型了，但希望可以寄托在年轻的学者身上，希望他们能够有所突破。另外就是要讲导向。虽然我们更多从事的是商业品牌的研究，但我们的品牌研究也是要讲导向的。前段时间我学习了习近平总书记关于新闻传播的一些论述，发现习近平总书记关于广告学方面的论述只有一句话，就是广告宣传也要讲导向。广告学研究、品牌学研究如何讲导向，这是我们要加强研究的。在评阅一些课题的时候，我很欣喜地看到有些学者也在论证广告如何讲导向，但是有些论证得还不够。面对品牌传播课程教学新维度转型的挑战，我们要把论文写在祖国的大地上，要把我们的教学和研究写在社会对我们的需求上，特别是要从国家战略需求的层面来进行研究。我个人觉得这是我们重要的转型与挑战的方向。由于工作方面的原因，我经常涉及人才的评审、项目的评审。在评审过程中，我发现我们广告学的学者入围数量少，即使入围了，竞争力也不足，主要原因是我们的研究成果数量少，质量也不高，在对接国家战略需求和社会服务上，我们做得不够。要应对这些挑战，需要我们今后在方向上有所调整。

最后是品牌传播课程教学的新境界。大背景就是中国处于百年未有之大变局，国际社会、国际关系发生了重大变化。在重大变化面前，怎样开展品牌教学，这是我们要思考的。我觉得，有两个转型是我们要思考的，第一个是品效协同，以前讲品牌，主要是强调它在心理层面或传播层面的效果；现在讲计算广告，主要是强调它在销售层面的效果，实际上目前业界更加关注市场转化效果。真正的品效协同，我们现在还是很难做到，但是可以加强品效协同研究。第二个是品牌出海。我国要从一个制造业的大国发展成一个品牌大国，不仅要在国内打造品牌，更要在国外打造品牌。所以我个人觉得，品牌出海是我们今后要研究的重点，也是业界对我们提出的迫切需求。在这种转型的背景下，品牌学的教学和研究如何在品牌强国、课程思政的背景之下，做到"盐水之融"，也是我们的一个重要方向。例如讲品牌教学，如何把本土品牌做大做强？如何增强学生对本土品牌的信心？我们需要让学生通过品牌课程的学习获得一种自信，获得一种理论上的坚定。在百年未有之大变局中，在品牌强国的背景下，我们要增强学生的信心，要传播正能量，把我们的本土品牌做好。

**姜智彬**，上海外国语大学教授、博士生导师。

# 整合品牌传播平台课程的建设与创新

段淳林

首先谈一谈在品牌传播专业相关课程的整个问题背景、探讨话题下广告传播和品牌传播之间的差异点。笔者于2003年创办了全国第一个以品牌传播为专业方向的广告学专业，当时的想法是华南理工大学若是从传统广告学的方向进行建设其实优势欠佳。在走访和调研了我国厦门大学、中国传媒大学、复旦大学等20多所设有广告学的优秀院校，研究了他们的培养方案后，笔者发现研究广告学的老师多是以文史哲甚至设计方面的为主，在教师结构、课程设计层面上反映了传统媒体背景下广告投放和传播的人才培养要求。而华南理工大学是以工科见长的学校，作为后进入者，如何差异化办学？如何做出学科亮点与特色？我们依托华南理工大学背景——工程师、企业家的摇篮，走访了多家4A公司，终于找到了我们的定位，同时也是品牌传播的定位——传播学与管理学交叉，市场营销与创意策划相融。在这一点上，我们的定位方向与华中科技大学有着深远的渊源和共鸣，华中科技大学在2002年就已经提出品牌传播的概念。舒咏平老师对我们也颇为赞同，认为我们是"学术知音"。

在2005年，受到日本电通公司在中国传媒大学所办的广告人才培训课程的启发，我认为，我们需要解决广告传播与品牌传播的两个逻辑问题：分别是实践逻辑和理论逻辑。在实践逻辑上，传统意义上将广告传播理解为单向的，而引入品牌传播的目的是应对新媒体环境下所引发的传播模式巨变：互联网带来了新的沟通互动方式，所以整个社会传播尤其是品牌传播的语境，一定要强调在网络数字媒体环境下的沟通互动交流，并以形成品牌协同闭环为最终目标。在理论逻辑上，我们常说广告学只有"术"而无"学"，从"学"的层面上，我们要把学科扎根在管理学、品牌学、传播学内涵中；同时，创意被誉为"广告的灵魂"，仅考虑创意而不琢磨受众的需求是不够的，我们需要将创意策划和品牌营销做整合。

　　自 2003 年来笔者一直负责讲授华南理工大学的 EMBA 必修课程"整合品牌传播与管理"，同时也在工商管理学院设立的企业品牌管理博士点进行教学，总结出了两个急需解决的问题——品牌传播实践逻辑如何变化，以及理论逻辑如何完成学科交叉的融合。2020 年，笔者也尝试了一次教学创新，将品牌传播内容打造为平台课程，为学生带来更丰富的学习体验。

　　下面将谈谈在以学生为中心的教育范式变革的大背景下，包括课程体系、团队建设、学习方式、效果评估等方面的改革。如今双一流"新文科"建设在人才培养方面发生了根本性的改变，如何培养出社会所需的复合型人才，成为从国家到每一个高校都要面对的重大问题。品牌传播课程在创立之初，共设有四个模块，即用户行为、品牌战略、整合品牌传播和品牌资产管理，这一课程体系已经沉淀了十几年。如今面对"大类招生"不分二级专业的变化，各分流专业都需要提供本专业方向的平台课程，这是让学生了解专业内容、专业实力的窗口，对教师来说也是一种压力和挑战。2020 年华南理工大学第一次实施大类招生，我们决定将品牌传播打造为平台课程的"第一课"，让学生对我们专业能有个系统的了解。2019 年，选择品牌传播为意向专业的学生数量稳居全院第一，看得出学生对我们专业很感兴趣，我们也要对专业充满信心。让学生自主选择专业不仅带来了平台课等课程形式上的改变，更是带动了教育范式的变革。除了教学方式的调整，我们更要明确转变带来的挑战与意义，以教材、教室、教师为中心的方式已成为过去，如今的课程调整其实代表了以学生学习发展为目的的教育新范式。

　　教育范式的变革彰显的是对大学本质的再思考。大学的根本是什么？众所周知，"大学之道，在明明德，在亲民，在止于至善"。这是《大学》的开篇，也是我们大学的"三纲"，这应该成为我们教育的目的。以教育为中心的范式应该是以学生发展为中心，以学习效果为中心，以学生学习为中心。在此之中我认为我们需要处理好三个关系：专长与潜力的关系，知识与能力的关系，以及目标与效果的关系。很多学生不清楚学习的目的，教育范式的变革需要解决这样的问题。

在建设平台课程时，第一个方面，也是我们首要的任务就是帮助学生明确这门课程的学习目标，这需要在规划教学大纲时就体现出来。除了让学生们习得扎实的专业基础、良好的专业技能、知识的运用与融通、就业能力与创新创业精神并具、广阔的全球视野之外，还需要培养创新能力、独立思考能力、洞察前沿能力，等等。

第二个方面，2020年我们也在课程团队建设上进行了新尝试。我与团队内的五位教师共享各类PPT资源，大家在学习后转化为属于自己的教学理解。课程团队建设的思路是十分重要的，关系到教学效果的优秀与否。

第三个方面则是学习方式的创新。我认为，主动式学习能显著提升学生们的学习效果。为了激发学生们的主动性，我会为大家提供丰富的推荐书目表，涵盖社会学、传播学、营销学等诸多学科。除了10本必读的经典著作外，学生们可以选择感兴趣的书目进行阅读，并撰写读书笔记进行分享。

第四个方面是学习评估方面，由于常年在工商管理学院授课，我常常采用的成绩评估方式为：学生自评占15%，平时表现占35%，期末考核（作业+小组汇报）占50%。在自评部分，除了考勤外，还要考察课堂参与度、问题反思能力等，期末考核则以案例分析作业和结业作品作为主要形式。

总而言之，首先，我们需要不断融入时下的新内容，优化课程结构。例如我主编的教材《整合品牌传播——从IMC到IBC理论构建》，从2014年至今已经完成了第三版的调整，做到了对前沿内容的更新。时代的快速发展要求我们不仅要关注前沿热点，也要将业界关注的问题概念化、理论化、体系化，更要引领学界及业界发展的前沿趋势。其次，需要将多样化的主动式学习纳入教育改革创新，要思考如何丰富学习活动、如何拓展学习空间等问题。最后，要通过学术论坛共探专业课程建设的高度与深度，例如华南理工大学已举办过两届与电通合作的人才培养活动，学院每年都会召开广告学、新媒体和计算广告论坛。同时，我校也不局限于本专业，而是积极与其他学科交流合作、汲取经验。在 2019 年举办的"计算认知世界，AI 赋能广告"跨学科论坛中，我校也取得了不俗的影响力。

　　"路漫漫其修远兮，吾将上下而求索。"学科建设与变革并非一日之功，感谢有各位同仁共同努力，以此与君共勉。

　　**段淳林**，华南理工大学新闻与传播学院教授、博士生导师。

# 大学课堂讲品牌类课程讲什么

邬盛根

　　前不久正好是我们大四本科生毕业论文的网上答辩时间，有一位本科生写了一篇关于品牌方向的毕业论文，他在论文里列出来的品牌学者都是广告界的学者和专家。广告与品牌虽然有着非常密切的关系，大卫·奥格威也曾经说过，广告是品牌的长期投资，可品牌研究不可能是广告学者所能独立完成的。从品牌研究学科范畴来讲，品牌研究并不专属于广告传播学科类别。那么学生写出这样的论文，我觉得在我们老师的教学课程里面可能出现了这样或者那样的一些方向性失偏或是误导，导致学生对品牌概念的认知不够全面。对于这个问题，我是有点担心的。基于品牌类课程教学本身，特别是对于广告学专业来讲，我们应该如何定位，是否需要研讨反思？

　　广告学专业教学体系课程或源于传播学、营销学，或源于管理学、文学、社会学等，由于广告学专业发展历史的原因，各个高校的广告学专业课程教学受到各自不同院系的学科背景和专业师资条件的限制，或多或少存在着专业课程教学内容影响因素较多、教研内容偏向于新闻与传播学科、专业学科素养与技能的课程设置存在随意性、课程教与学之间功利性目的与专业失焦、课程教学质量评估与师资队伍建设错位等课程教学运行管理问题。目前从各个高校广告学专业的课程体系、专业毕业生就业状态和业界反馈来看，学生就业压力与专业课程教学存在冲突，学生中间产生对于自身专业学习的困惑，业界对于专业学生的印象评价是：两极分化现象严重，中等能力水平的学生几乎见不到。另外，各类广告大赛把专业学生引向哪里？是就业技能，还是基本素养？广告学专业作为应用型专业的课程设置与教学科研改革具有必要性和紧迫性。

从上海大学2020年的广告学专业课程体系来看，并没有品牌传播的课程。为什么？与前文提到的担忧是有关联的。目前全国各个高校里的广告学课程体系大同小异，从这些课程体系里面可以看到专业课程虽然因素很多，却是割裂的、肢解的。我们必须要有这样一个认知，因为老师课堂教学对学生的学科兴趣影响很大，所以我们有责任去讨论广告学专业课程的建设和人才的培养。笔者讲授广告学、品牌课程20多年，广告学专业在教研上基本上是偏向新闻与传播学科的。目前广告学专业的学科素养和技能是比较随意和野生的。在课堂的教学当中，老师的"教"和学生的"学"存在很多功利性，甚至是失焦的、错位的。我们老师确实越来越重视"教"和"学"的互动，但是这两者之间的功利性的动机和失焦问题确实十分严重，尤其是广告学这门应用型学科，老师的课堂课程教学中能有多少是直接可以应用的内容？课程是不是就应该直接对接实际应用？这种功利性做法又会有多少真正价值？这需要老师们去探索。另外，我们在课程教学质量的专业评估和管理上，其实是存在错位的，这种错位应该引起重视。通过接触业界的一些创意总监、创始人等，可以了解到：现在的广告学专业学生两极分化非常严重，好的学生来了公司以后根本不用教，他们完全可以适应工作，甚至比在岗的很多员工做得都好；还有一部分不理想的学生，可能实习期一过就被开除了，因为他们完全不适应这个行业。这里面可能存在很多问题，但是其中课程教学对学生的影响是巨大的。学生到底应该注重打造哪些方面的知识结构？学生在就业中的潜力到底有多大？为什么会形成两极分化？这里面的因素很多，但是笔者认为对于中游的学生来说，重要因素是学生对广告这门学科的兴趣。当然，在这方面老师和学生双方都有原因。对于老师来讲，要看其能否把课教好、引起学生的兴趣；另外，对学生课程的规划、学生就业、前程等方面作出考量也是非常重要的。广告教育圈里的人都知道，关于"术"与"学"、课程有用与无用、技能与通识之辩，讨论了很多年，甚至这几年我们已经不再讨论了，或许这个困惑久了之后就不再是一种困惑。我国广告学专业高等教育发展到现在，历经40年的社会经济发展与广告实践，业界到处遍布着40多年来高校培养的大批广告学专业科班毕业学生，然而，实用主义的传播经验学派观点始终占据主导地位，呈现出广告业界的"饱腹感"与广告教育的"饥饿感"并存的广告底色。"饱腹感"是指当下的广告人、广告受众无论是消费还是信息需求，都自觉不自觉地处于饱腹状态；另外，大学专业课堂的广告教育是有"饥饿感"的，高校投钱投人力搞产学研联动，强化实践教学平台建设，但实际看来效果并不理想。同样，反观业界精英现在进课堂的教学要求和难度也越来越大，以往讲师带几个最新实操案例来给同学们讲就很有效果，现在最新案例老师在课堂上都已经讲过了，网络上也看过了，同学们感兴趣的点并不局限于有意思的光鲜创意表面，而是与专业相关的方法论知识与能力的提升，广告专业教育的"饥饿点"确实在发生转变。面对新技术、新媒体、新玩法的冲击，必须回溯到专业理论与实践教学的逻辑原点与背景上来，我们广告学专业学生除了学习一些广告知识，更应该去了解企业、了解市场、了解商业、了解产品。先行者在很早以前带学生的时候，会要求学生去超市记录货架上的产品价格，因为学生必须了解市场，不能只在课堂上学一些广告知识、广告理论，否则学生可能会对产品无感，对企业无感，对商业无感，这是个很大、很实际的问题。我们老师对品牌传播、品牌课程的教学和研究，最终要把学生引到哪里去？还有一些大赛，其实大赛就是注重结果，比如说注重学生的表现技能，以前是"证书逻辑"——学生拿了某一个证书，就证明他拥有了某种就业技能。但业界反映，表现好的不一定是这些拿了证书的学生。广告其实需要真的热爱和付诸情感的学生，学生要有知识、有技能，更要有价值感，拥有对广告和广告创意的热爱，并对市场品牌有很高的熟悉程度。

所以品牌传播是品牌的方向还是传播的方向？"整合品牌"中的"整合"蕴含了很多其他的知识，并非就传播来看品牌传播。舒咏平老师曾经想要将广告学专业改为"品牌传播"。我们需要理解，品牌学有更加宏观的知识结构和学科基础，比如说管理学、经济学等，同时还有一些微观上的东西，比如文化层面、传播层面、经济层面、社会层面、品牌运行层面的知识。品牌包括内部化和外部化，我们常常比较重视品牌外部化，即通过媒体对外宣传，却忽略了品牌内部化的问题，而这正是品牌管理学关注的内容，特别是一些经济学方面的知识。

就笔者个人而言，在广告学的多年教授经历中，我始终想找一门课程可以把广告的所有知识串联起来，品牌类的课程或许可以做到。在广告学专业课程体系中，品牌类课程的教学定位如下：第一，成为学生在广告学专业本科四年所学知识理论的融会贯通性课程，品牌类课程教学就是融通学广告专业学生四年所学。第二，成为一门让学生了解企业、产品、市场、商业等相关理论与实践的思维训练性课程，在品牌课堂上引入一些管理学、经济学的知识，要求学生去了解企业、走进市场、了解产品，然后在课堂上进行互动，因为品牌类的课程是超越消费日常的品牌案例和实践经验的灌输。如果学生对当下市场上消费流行品牌不熟悉或缺少认知积累，那么理解广告和品牌传播是比较困难的。第三，在品牌类课程教学内容中增加和提升与品牌相关的经济学、战略管理等内容。因为品牌本身不仅仅是操作层面上的问题，品牌在企业实际运行中是有战略地位的，虽然只是个职能，但是在企业的总体战略层面上都包含品牌这一重要部分。第四，在品牌课程教学环节中，增加品牌案例与文化审美分析等教学内容，这一方面的训练不可或缺，一方面，要提高同学们对于品牌流行文化、当代商业消费审美的基本素养，因为广告只有与时尚文化、流行文化相结合，才能更好地进行广告实务操作与创意延伸；另一方面，提高同学对于品牌历史、品牌消费和品牌审美等品牌研究的兴趣与研究能力。

**邬盛根**，上海大学新闻传播学院副教授，上海广告研究院公益广告中心主任。

# 智媒时代品牌传播的课程建设与人才培养

李华君

品牌传播课程具有多元化与创新性，是一门密切联系企业实践和技术发展的偏应用型课程。近年来，计算广告、MarTech、直播带货、5G 营销等日新月异的营销技术与不断涌现的营销模式让品牌传播的新名词和新理念出现爆炸式的增长，品牌传播知识的快速增叠给高校教师和学生带来一定的压力和挑战，品牌传播的教学任务和课程设置急需进行相应的变革。目前品牌传播课程在一定程度上反映了整个行业的发展态势，但其教学内容仍显滞后，实战教学仍显不足，如何协调品牌传播传统理论和新型营销技术之间的关系是课程教学面临的重要问题。基于此，我们结合品牌传播的专业培养特色，提出了"五个一"：一种培养思路的变革；一项课程教学方式的创新；一个教学课程组的设立；一个学生创新团队的组建；一个协同育人平台的搭建。

## 一、一种培养思路的变革：以培养策略性品牌传播人才为目标，创新人才培养新体系

人才培养体系的构筑是一项复杂的系统工程，它不仅要体现该专业的教育理念，更涉及该专业课程的整体规划、教学内容的系统规范、师资的知识结构、教学设备的配置调度、专业实习和课外辅导的时间安排。为适应智媒时代品牌传播发展的时代背景，华中科技大学广告学专业重点培养

学生"创意思维—策略制定—问题解决"三种核心的专业特质，加强品牌传播人才培养目标、模式的研究和探索，强化专业课程体系建设和改革，重视学生理论和实践创新能力的培养；加强品牌传播课程与其他相关人文社会科学专业之间的交叉与融合，选修社会学、逻辑学、政治学等课程，同时对专业教学内容进行整合，促进课程与实践教学体系创新。

## 二、一项课程教学方式的创新：以项目实战制创新课程教学方法，增强学生团队协作能力

专业核心课程"品牌传播策略"采用项目实战制教学方法，由学生们组建团队、联系企业、设计实题，开展系统工作，不仅形成近 20 册《品牌传播策略》陈列于教学档案室与图书分馆，而且实实在在地帮助学生们提高了品牌传播能力，并助益于他们的就业与深造。该课程的成绩综合评价，同样富有创新性、系统性、有效性。按团队计算课程成绩，形成了一种集体荣誉感，每位团队成员均努力为团队成绩作贡献。采用过程打分制，即每次课程的实践交流均有分数记载，学期末累计并平均为团队成绩，使得整个学习过程均有成绩激励。每位同学按团队贡献量，在课程结束时进行团队中的民主评议。分数评定公开透明，即每次学生演示时，教师会在点评后公开打分，并记录在案，这既挑战了教师的能力，又使得打分相对公平。通过这种项目实战制，增强了学生的集体荣誉感，同时通过这种模拟实战，也让学生们对所学知识有了系统性的掌握。

## 三、一个教学课程组的设立：以品牌传播课程组形式定期研讨教学内容，及时反映行业发展新动态

在全国高校较早推出"品牌传播课程组"，开设若干课程，组建核心教师团队，提升课程品牌影响力。课程组核心课程有："品牌传播概论""品牌传播管理""品牌传播策略""感官品牌营销"等。其中"品牌传播概论"已

经在中国大学慕课网开设在线视频教学，社会反响极佳。品牌传播课程组积极与业界对接，这里的业界不仅有广告公司界，还有企业管理层，尤其是目前有大量企业设置了品牌传播与管理部门，课程组与这些部门对接，以走出去、请进来的方式建立广泛的社会资源。同时深化品牌传播理论、品牌传播教学的研究，创办"中国品牌传播青年学者论坛""品牌周讲座"等活动，以科研带教学，以教学促科研，使得课程组继续保持国内高校的课程教学优势。

## 四、一个学生创新团队的组建：以学生团队加强品牌传播专业素养的训练，提升学生动手实践能力

在人才培养过程中，重点要求学生接受市场营销研究、广告策划、公共关系实务、品牌策略传播、市场营销策划等基本能力训练，通过课堂、项目、实习基地等学习平台，熟知各类媒体传播特性，形成"厚基础、宽口径、术理兼备"的知识结构，培养"懂市场研究、善创意策划、精整合营销传播"的能力。同时，注重品牌传播知识技能的应用，而不在于学生掌握知识的量；重视学习方法的掌握、能力的提高等。例如，创建以学生为主体的"红树林策划创意团队"，通过团队提高学生的思想道德修养，增强学生的社会责任感，培养学生的创新创业能力和品牌策划实践能力。

## 五、一个协同育人平台的搭建：以丰富的实习实践教学资源，搭建协同育人平台

学院通过学校本科协同计划和学院的师资交流，由高校牵头，与品牌咨询公司共同研究课程培养方案，设置社会发展急需的课程，增强专业学习的适用性和针对性。通过聘用业界师资，丰富专业教学的内容和形式，倡导教师集"教学—研究—咨询"于一身，学生集"创想—研究—实战"于一体，进一步提高品牌传播课程教学的可行性和实用性。借助学院打造的融

媒体实验平台，与国内知名媒体实验室共建品牌传播课程实践平台，通过软件平台将品牌实时信息引入课堂，模拟品牌发布、品牌效果评估，进一步提升课程教学效果。同时与国外知名高校联合开设品牌传播高水平课程，提升品牌传播理论教学的深度和广度，掌握前沿的发展态势。这些丰富的教学资源，都为学院开展品牌传播人才培养奠定了坚实的基础。

　　智能时代的品牌传播的人才应该是具有国际化视野的，兼备经济学、社会学、政治学、传播学、管理学等多种学科知识体系，具有创新能力与数字品牌运营思维的综合性人才。未来我们还将结合省部共建项目、品牌传播虚拟仿真项目等进一步完善课程的教学内容，创新学习方法，提升课程教学的针对性和有效性。

**李华君**，华中科技大学新闻与信息传播学院副院长、教授、博士生导师。